애프터 워크

AFTER WORK
by Helen Hester & Nick Srnicek

헬렌 헤스터·닉 스르니첵 지음 | 박다솜 옮김

애프터 워크

가정과 자유 시간을 위한 투쟁의 역사

AFTER WORK

소소의책

일의 미래, 그리고 한국의 노동 현실

지금 당신이 손에 들고 있는 책은, 일의 미래에 대해 점점 커져 가는 담론에서 무언가 중요한 것이 빠져 있다는 감각에서 시작되었다. 어떤 논평가들에게 일의 미래는 디지털 기술이 적극적으로 활용되고, 생산성이 제고되며, 사람들이 받는 임금도 높아지는 미래를 의미한다. 또 다른 논평가들에게 일의 미래는 지금 사람이 하는 일의 많은 부분이 자동화되고, 근로시간이 줄어들며, 기술적 실업이 일어나는 미래를 의미한다. 그런데 두 유형의 미래 모두에서 '사회 재생산'이라는 이름 아래 급여를 받거나 받지 않고 행해지는 방대한 양의 노동은 간과되는 경향이 있다. 요리, 청소, 돌봄과 같이 사람과 사회를 재생산하는 활동은 일의 미래에 대한 담론에서 좀처럼 주목받지 못해온 것이다.

일의 미래가 프로그래밍, 네트워크 엔지니어링, 디지털 기술에 있다고 믿는 사람들은 재생산 노동 부문이 그보다 훨씬 크고 더 빠르게 성장하고 있다는 사실을 놓치고 있다. 일의 미래를 자동화 수준이 높아지고 자유 시간이 늘어나는 것으로 그리는 사람들은 전통적으로 남성의 영역으로 여겨지는 공장, 창고, 사무실의 노동에 초점을 맞추고 있다. 주로 여성이 무보수로 혹은 저임금으로 매일 사회에서 수행하는 방대한 양의 재생산 노동은 이들의 시각에서 배제되고 만다.

우리의 책은 발전한 기술로써 일을 줄이고 더 낫게 만들고자 하는 프로젝트와 입장을 같이한다. 그러나 우리는 이러한 정치적 프로젝트가 자율주행 자동차나 완전 자동화된 공장에만 집중할 게 아니라 다른 유형의 일과 더불어 사회 재생산이라는 일도 충분히 고려하기를 바란다. 이 책은 그러한 야심의 산물이다. 이 책에서 우리는 가정이라는 공간을 중심으로 사회 재생산 노동에 탈노동 개념을 적용한다는 것이 어떤 의미인지 알아보고자 했다. 그리고 그 과정에서 일반적으로 통용되는 '탈노동'과 '사회 재생산'의 개념부터 수정해야 한다는 걸 깨달았다.

이 두 개념에 대한 관습적인 생각에 이의를 제기하는 것은 여러 이유로 인해 특별히 중요해진다. 우선, 사회 재생산이라는 일은 (우리 시간의 상당 부분을 차지한다는 점에서) 우리 삶의 중심이다. (인구가 노령화하고 경제가 성숙함에 따라 총 노동시간의 많은 부분을 차지한다는 점에서) 우리 사회의 중심이기도 하다. 또한 사회 재생산은 젠더 불평등을 유지시키는 핵심 요인이다. 세계적으로 여전히 여성이 남성보다 일을 많이 하는데, 그 일의 많은 부분이 무보수 사회 재생산 노동이다. 젠더 평등을 이룩하려면, 현재 가정 내에서 이루어지는 노동 분화에 맞서야 하는 것이다.

코로나19 팬데믹이 전 세계에 창궐한 상황에서 위의 쟁점들은 더 뚜렷이 드러남과 동시에 중요성을 더했다. 코로나19 팬데믹으로 인해 가정이라는 공간과 가정을 구성하고 가정에서 살아가는 사람들은 새로이 공적인 중요성을 부여받았다. 보육과 같이 일반적으로 학교 등 공공 기관에서 담당한 일이 갑작스레 가정으로 되돌아왔고, 가족들은 박살난 워크-라이프 패턴과 이전보다 높아진 가정 내 긴장감을 관리하기 위해 고투해야 했다. 코로나19 팬데믹은 가정이 오랫동안 시달려온 시간 부족, 자원 부족, 내적 다툼 등의 압박을 가시화하는 한편, 심화시키고 때로는 폭발시키기까지 했다.

우리는 이 책을 쓸 때 주로 서방세계에 속한 고소득 국가들 – 사회 재생산 제도에서 대체로 유사한 궤도를 그리며 발달했고, 그로써 몇 가지의 일반화가 가능해지는 국가들 – 에 초점을 맞추었다. 한국은 그런 국가들과 몇 가지의 공통점을 보이지만, 물론 현저한 차이점도 있다. 한국 독자들이 이 책의 어떤 면모 – 특히 이 책에서 건네는 제안 – 를 읽는 방식이 서구의 영어권 독자들과 상당히 다르리라는 데에는 의심의 여지가 없다.

그렇지만 과로에 반대하고 자유 시간의 젠더 불평등을 강조하는 이 책은 한국에 유독 적합하다고 볼 수도 있다. 한국은 긴 근로 시간으로 악명이 높다.* 2022년 한 해 동안 한국의 평균 노동자는

---

* 이하에서 언급되는 모든 통계의 출처는 2023년 11월을 기준으로 OECD 데이터베이스 내 최신 자료이다.

1,901시간을 일했는데, 이는 독일 노동자가 일한 시간보다 560시간이나 길었다. 한국 노동자의 주당 근로시간은 세계에서 가장 긴 수준이다. 기업 측에서는 법적으로 허용되는 주당 근로시간을 주 52시간에서 주 69시간으로 늘리라는 압박을 가했으나, 노동조합과 청년들의 저항으로 겨우 저지되었다. 모든 분야의 노동자가 지난 몇십 년간 여가 시간의 감소를 겪었다. 2000년대에서 2010년대로 오는 동안 한국의 평균 노동자는 여가 시간을 14퍼센트 넘게 잃었다.

오랜 시간 일하는 문화는 한국 사회 도처에 남아 있는 젠더 격차에도 영향을 미친다. 과거에 비해 한국 여성의 노동시장 참가율은 높아졌으나, OECD 평균에 비해 여성 취업률은 여전히 낮은 편이다. 퇴근 후 회식 문화와 OECD 최장 수준인 통근 시간은 돌봄 의무를 지고 있는 여성을 노동력에서 배제시키는 데 일조했다. 한국의 젠더 임금 격차는 아주 크다-그로써 여성은 재정적 독립성이 부족해지고, 가족 내에서 무보수 돌봄 노동이 요구되는 경우 여성이 떠맡는다는 합리적 계산이 도출된다. 그 결과 여성은 매일 남성에 비해 무보수 가사 노동에 거의 세 시간을 더 쓰고 있다-1년으로 따지자면 42일에 해당하는 시간이다. 남성의 유급 노동시간이 더 길다는 점을 감안해도 여성에게 주어지는 자유 시간은 여전히 남성보다 짧다. 이 책에서 주장하는 바에 따르면 한국 여성들에게는 자유의 기본적인 토대가 되는 시간이 부족한 것이다.

사회 전반이 임금노동을 중심으로 돌아가는 한국에서, 일의 종말을 논하는 이 책이 때와 장소를 잘못 찾아온 불청객처럼 느껴질지도 모르겠다. 하지만 어쩌면 바로 그 이유에서, 한국 사회야말로 일과 가정과 자유 시간에 대한 접근법을 결정적으로 재고하자는 제안에서 얻는 것이 가장 많을지도 모르겠다.

이 책은 유토피아의 지평을 내다보는 동시에 어느 정도까지는 즉시 실천할 수 있는 정치 계획으로서 의도되었다. 젠더 격차를 공동체 차원에서 효과적으로 철저하게 없애고 재생산 노동을 송두리째 재구성하는 장기 프로젝트에는 당연히 크나큰 노력과 투쟁과 자원이 요구될 것이다. 그러나 그 목표를 향해 가는 길에서 내디딜 수 있는 작은 발걸음은 무수히 많기에, 이 책에서 우리는 당장 취할 수 있는 다양한 조치를 개괄했다. 그중 어떤 전술이 적절할지는 문화, 역사, 정치, 권력, 노동, 자본 등과 관련해 국가마다 상이한 수많은 변수에 달려 있을 것이다. 우리는 이 책에 담아낸 몇 가지의 개념이 한국 독자들에게 탈노동 프로젝트를 시작할 – 그리고 그 프로젝트에서 누군가가 배제되지 않도록 유념할 – 영감을 주길 소망한다. 자유를 위한 투쟁은 반드시 보편적일 수밖에 없다. 보편성을 잃는 순간 단지 한 집단이 다른 집단을 지배하기 위한 투쟁에 불과해질 테니.

2023년 11월 런던에서
닉 스르니첵과 헬렌 헤스터

차례

①
일을 줄일 수 있을까?

탈노동과 새로운 가능성

소비에트 연방이 붕괴한 뒤, 2008년 세계 금융위기가 닥치기 전까지 자본주의는 '승리한' 것처럼 보였다. 인류는 역사의 종언에 다다랐다. 자유민주주의적 자본주의를 구현하는 것이야말로 다른 어떤 이데올로기도 뛰어넘을 수 없는 최고의 사회 조직 방식으로 여겨졌다. 반자본주의 좌파조차 자본주의의 결점을 지적하는 정도로 만족하여 탈자본주의에 관한 성찰은 뒤로 제쳐두었다.[1] 그런데 이렇듯 안정적이었던 합의가 2008년 금융위기로 단번에 뒤집어졌다. 자본주의 리얼리즘은 갑자기 이전처럼 완전무결해 보이지 않게 되었다.[2] 금융위기의 여파는 세상을 긴축과 빈곤, 불평등과 고통으로 밀어넣었다.

그러나 한편으로는 희망과 낙관, 새로운 결의가 피어날 공간도 생겨났다. 탈자본주의 미래가 취할 모습에 관한 상상과 성찰이 쏟아져 나왔다. 최근 몇 년간은 지속 가능성, GDP에 대한 집착 탈피, 호사에 대한 재고를 목표로 하는 생태사회주의 프로젝트도 여럿 전개되었다.[3] 현재의 플랫폼 자본주의의 대안으로 삼을 디지털 사회주의와 플랫폼 협동조합에 관한 아이디어가 확산되었다.[4] 경제계획의 가능성과 한계에 대한 토론 역시 부활했다.[5] 공산주의가 21세기에 거둔 실패와, 현실에서 드러난 잠재력을 성찰하는 작업과 더불어 공산주의의 기본 원칙으로 돌아가자는 움직임도 생겨났다.[6]

　　이렇듯 전반적으로 미래지향적인 전환에서 가장 눈에 띄는 가닥 중 하나가 일의 종말에 관한 – 즉 일을 최소화할 대상으로 보는 – 프로젝트의 부상이다. 우리 시대의 일은 비교적 특권을 누리고 있는 글로벌 노스*에서조차 강도가 점점 높아지는 데 반해 보상은 줄어들며 갈수록 위태로워지고 있다.[7] 그래서 어떤 이들은 우리의 목표가 노동조건을 개선하고 괜찮은 일자리를 만드는 것이어야 한다고 믿는다.[8] 하지만 탈노동 사상가들에게는 그것만으로 부족하다. 일의 문제는 비단 이 시대에 우리가 일하고 있는 모습에만 있는 게 아니라 보편적인 자본주의 노동의 형태에도 있기 때문이다.

　　임금노동으로서 일은 이중으로 속박되어 있다. 이 사실이 가장 선명하게 드러나는 건 노동자들이 노동시간에 (그리고 갈수록 노동시간이 아닌 때에도) 일상적으로 경험하는 복종에서다. 임금노동에

는 우리 시간의 상당한 부분을 다른 사람이나 조직에 팔아넘기고, 그럼으로써 우리에 대한 통제권도 상당 부분 넘겨준다는 의미가 있다.[9] 한 예로 2021년 12월에 아마존 창고에서 일하던 노동자 여섯 명이 토네이도로 창고가 무너지면서 사망하는 사건이 있었다. 관리자는 그들에게 마지막 순간까지 계속 일하라고 강요했다고 한다.[10]

이런 사실에 비추어볼 때, 19세기의 노동공화주의자들이 시장에 의존하는 새로운 자본주의의 형태를 '임금노예제'라고 일컬은 것은 놀랍지 않다. 이는 당대의 두드러지는 사회적 특징이었던 노예제를 의도적으로 들먹이며, 그 외연을 확장하는 명명이었다.[11] 임금노동자는 사람, 즉 관리자와 상급자로부터의 지배뿐만 아니라 사람이 아닌 자본주의 자체가 강제하는 지배로부터도 자유롭지 못하다.[12] 대부분의 사람은 생존하기 위해 스스로 임금노동에 복종한다.[13] 우리는 길바닥에 나앉아 배를 곯고 빈곤하게 살게 될까봐 두려워서 임금노동을 하지 않을 수 없다. 탈노동주의는 바로 이런 전제에서 – 모든 임금노동은 노동조건이 어떠하든 이중으로 속박된다는 것에서 – 시작하며, 이런 사회 형태를 없애는 것을 목표로 세상에 대한 대안적 전망을 제안한다.[14]

탈노동 프로젝트가 최근에 유독 부각되는 이유의 적지 않은 부분은 대중 미디어에서 일의 미래에 대해 불러일으킨 불안 때문이다. 많은 이들이 기계학습과 같은 신기술을 앞장세운 불가피한 자동화의 물결이 노동시장을 뒤덮고, 인간을 고용하는 일자리의 수를 극적으로 줄일 거라고 예측한다.[15] 이런 예측은 진실이거나 아니거나, 좋은 일자리의 부족에 대해 실재하는 불안을 포착할 뿐 아니라 더욱 부추겼다.[16] 일자리에 관련된 불안에 새로운 기술 훈련과 교육, '괜찮은 일자리'를 만들려는 노력으로 응답하는 정통적 접근법과 달리 급진적인 탈노동주의 접근법에서는 일의 중심성 자체를 거부하고자 한다. 탈노동 옹호자들은 우리에게 지금 위기로 인식되는 상황―좋은 일자리가 부족한 상황―을 오히려 모든 사람이 더 적게 노동하고 시장에 대한 의존을 줄이는 새로운 정치·경제적 질서의 밑바탕으로 삼자고 주장한다. 탈노동 사상가들은 일을 문제의 해법이 아니라 문제 자체로 설정한다. 우리가 (노동을 통해 해방되는 게 아니라) 노동으로부터 해방되길 추구해야 한다는 것이다. 이렇듯 우리 시대의 탈노동주의는 지금 우리가 상상하는 일자리 기반 문화의 종말에 선제적으로 대응하면서, 일을 찬양하는 대신에 임금노동을 우리 삶과 사회의 중심에서 밀어낼 때 새로 열리는 가능성들을 역설한다.

일이라는 게 뭘까?

　최근 르네상스를 맞은 탈노동주의의 관점은, 그럼에도 불구하고 일의 스펙트럼 전체를 조망하지 못하는 경향이 있다. 특히 탈노동에 관한 사유는 거의 전적으로 임금노동―주로 남성 위주의 산업과 일자리―에만 집중해왔다. 그 결과 미래의 노동자를 키워내고, 현재의 노동인구를 재생시키고, 일하지 못하는 사람을 부양함으로써 사회 자체를 재생산하고 유지시키는 '사회 재생산'이라는 일은 '일의 종말'에 대한 성찰에서 대체로 등한시되었다.[17] 탈노동 사상가들의 상상 속에서 일의 종말이란 로봇이 공장, 창고, 사무실을 차지하는 장면이지 병원, 요양 시설, 보육 시설에서 일하는 장면이 아니다.

사회 재생산 노동은 왜 이렇듯 외면되어왔을까? 재생산 노동은 애당초 '진짜' 일로 대우받지 못하고 묵살되었다. 특히 무보수 노동이나, 가정 내에서 일어나는 활동이 그러했다. 한 예로 철학자 앙드레 고르André Gorz는 탈노동의 목표가 '여성을 가사노동에서 해방시키는 것이 아니라 가사노동의 비경제적 합리성을 가정 너머로 확장시키는 것'이어야 한다고 말한다.[18] 이런 생각은 임금노동에 접근하는 기틀로도 기능한다. 교육, 보육, 간호처럼 여성화된 돌봄 일자리는 여느 직업과 다른 '천직'이며, 여기에는 단순한 금전적 이득과 구별되는 보상이 따른다는 프레임이 씌워진다. 돌봄 노동은 막대한 노력을 통해 '가정을 가꾸는 데 적성이 있다'거나 '모성애가 있다'는 등 타고난 여성적 자질이 표출된 자연스러운 일로 꾸며졌다.

이런 전제를 바탕으로 재생산 노동이 특수한 노동이며, 탈노동주의의 야망에 속하지 않는다는 개념 역시 장려된다. 돌봄 노동은 애정에서 우러난 자동적인 행위로, 사랑의 노동으로, 심지어 탈자본주의적 저항으로 간주된다.[19] 가족에 대한 대중의 이해도 이와 다르지 않다. 가정은 외부 세계의 스트레스와 부담에서 벗어날 수 있는 휴식의 공간으로 이해되며, 친밀한 가족은 더 나은 세상의 본보기로 여겨지기도 한다. (기업에서 직원들에게 모두가 '하나의 큰 가족'이라는 느낌을 심어주려 하는 건 우연이 아니다.)

재생산 노동이 '일'이라는 것을 인정하면서도, 재생산 활동의 영역과 탈노동주의의 야망이 양립할 수 없다고 주장하는 사상가들도 있다. 지난 수십 년간 재생산 노동을 거부하거나 줄이려는 시도는 오만하고, 분별없고, 심지어 비윤리적인 것으로 간주되었다. 가령 자동화를 통해 노동시간을 줄인다는 개념은 로봇이 공장, 농장, 창고, 사무실에서 일한다고 상상할 때에는 비교적 간단하다. 사람을 기계로 대체하고, 그로써 사람에게 잘 사는 데 필요한 자유 시간을 돌려주는 것이다. 그런데 대부분의 재생산 노동처럼 자동화가 불가능하거나 바람직하지 않은 경우에는 어떻게 되는가?

사실 많은 재생산 노동이 생산성 증가에 저항하는 특성을 지닌다. 노동시간을 줄이면 돌봄 자체가 줄어드는 건 아닐까? 이미 많은 돌봄 대상자가 방치된다고 느끼는데, 돌봄 시간이 줄어들면 불만이 더 심해지고 오래가지 않을까?[20] 이런 종류의 질문에는 간단하게 답할 수 없다. 재생산 노동의 이러한 특성으로 인해 많은 이들이 생각의 방향을 돌려 재생산 노동을 가치 있게 여기고 추앙하는 것, 더 낫게는 재생산 노동을 인구 전반이 지금보다 더 평등하게 분담하는 것이 유일한 희망이라고 믿게 되었다.[21] 가사노동 자체에 '반대하는' 과거의 급진적 제안은 잊었고 우리는 교착 상태에 빠졌다. 탈노동주의는 재생산 노동의 조직에 대해 아무 할 말이 없다.

코딩이 아니라 돌봄이다

선진 자본주의 국가에서 재생산 노동에 쓰이는 시간은 이미 노동시간의 큰 부분을 차지하는데다 갈수록 늘어나고 있다. 공식적 경제에서 사회 재생산은 일자리가 창출되는 주된 분야다. 2017년 기준으로 대략 190만 명을 (직간접적으로) 고용한 영국 국가보건서비스National Health Service, NHS는 세계에서 가장 큰 고용주 중 하나로 꼽힌다.[22] 스웨덴에서는 가장 많이 고용하는 일자리 다섯 개 중 세 개가 돌봄 노동 및 교육과 관련되어 있다.[23] 지난 50년간 보건, 교육, 식품 서비스, 숙박, 사회복지 부문에 속한 일자리의 비중은 늘어났다.(〈도표 1-1〉 참조) 미국에서는 돌봄 노동이 수십 년째 저임금 일자리의 성장을 견인한 결과, 2000년대에는 전체 저임금 일자리의 74퍼센트를 차지하게 되었다.[24] G7 국가에서는 사회 재생산 일자리에 전체 노동인구의 4분의 1 또는 그 이상이 고용되어 있다. 제조업의 전성기

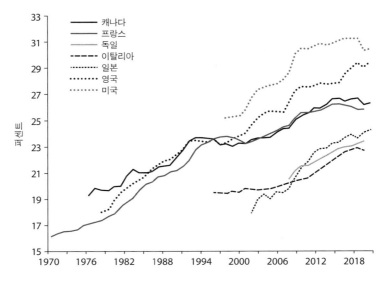

〈도표 1-1〉 전체 임금노동에서 사회 재생산 일자리가 차지하는 비율(1970~2018년)[26]

였던 1960년대에 미국의 일자리 중 제조업의 비중은 30퍼센트였다. 당시 미국을 '제조업 강국'이라고 불렀듯, 오늘날에는 사회 재생산을 중심으로 돌아가는 경제에 대해 논의할 필요가 있다.[25]

이런 추세는 앞으로도 계속 이어질 것이다. 일의 미래는 코딩이 아니라 돌봄에, 기계가 아니라 살갗을 만지는 일에 있다. 미국에서 가장 빠르게 성장하는 일자리의 거의 전부가 요리, 청소, 돌봄 업무를 그 중심으로 하며(〈도표 1-2〉 참조) 새로 만들어지는 일자리도 절반 가까이 이 부문에 속한다. 비슷한 경향이 나타나는 영국에서도 2017~2027년에 늘어나는 일자리 중 절반 이상이 보건, 청소, 교육 부문에 속할 것으로 전망된다.[27] 일의 미래에서 가장 눈에 띄고 문화적으로 영향력 있는 서사들은 대개 디지털 기술에 의지하는 전문화된 고연봉 일자리가 지배적일 것이라고 추정한다. 그러나 현실은 다르다. 미래의 일자리는 대부분 상급 공식 교육을 필요로 하지 않을 것이며, 보수도 아주 높지 않을 것이다. 한 예로 〈도표 1-2〉에 제시된 직업 11개 중 중위 임금보다 보수가 높은 직업은 하나뿐이다. 지금 새로 만들어지는 일자리들은 그럴싸한 월급을 받아가는 의사나 공인 간호사가 아니라 가정 간병인, 식품 노동자, 수위들을 필요로 한다. 자기 집에서 생활하는 사람들을 지원하고 보조하는 방문 요양사의 임금은 패스트푸드업계 노동자와 엇비슷할 것으로 기대된다.[28] 지금 추세대로라면, 이게 진짜 일의 미래다.

여기서 살펴본 사회 재생산 노동은 보수를 받는 부문만을 대상으로 한 것이다. 국가 통계에 포착되지 못하는 가정 내에서는 이보다 훨씬 많은 양의 '무보수' 노동이 이루어지고 있다.[30] 가정 내 노동

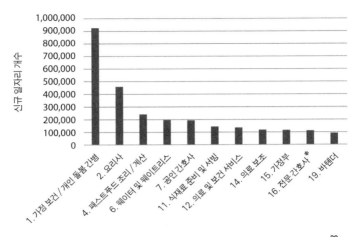

〈도표 1-2〉 가장 빠르게 성장 중인 일자리 20개 중 일부(미국, 2021~2031년)[29]

의 불투명성은 경제학자 낸시 폴브레Nancy Folbre가 짚었듯이, '가정부와 결혼하면 GDP가 낮아지고 어머니를 요양원에 보내면 GDP가 높아지는'[31] 왜곡을 낳는다. 가정 내 무보수 노동 부문의 규모를 짐작할 수 있는 정보가 체계적으로 수집되기 시작한 건 최근에 이르러서다.[32] 그로써 밝혀진 바, 가정 내에서 이루어지는 무보수 재생산 노동의 양은 어마어마하다. 2014년 한 해 동안 영국에서 장기 무보수 돌봄 노동에 자그마치 81억 시간이 소요되었다.[33] 미국인들은 알츠하이머를 앓는 가족을 무보수로 돌보는 데에만 180억 시간을 썼다.[34] 국제노동기구International Labour Organization, ILO에서는 데이터를 보유한 64개국에서 하루 동안 이루어지는 무보수 노동시간이 164억 시간에 달한다고 추산한다.[35] 종합해보면, 대부분의 국가에서 국민 전체

---

* 일반 간호사와 달리 독자적으로 치료 계획을 수립하고 약물 및 검사를 처방하며 개원할 수 있는 권한을 가진 미국의 간호사 유형 - 옮긴이

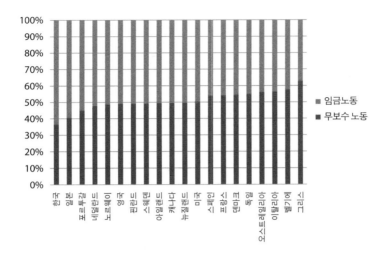

100% 90% 80% 70% 60% 50% 40% 30% 20% 10% 0%

■ 임금노동
■ 무보수 노동

〈도표 1-3〉 임금 및 무보수 노동에 쓰인 시간의 비율[36]

노동시간의 45~55퍼센트가 무보수 재생산 노동에 사용된다.(〈도표 1-3〉 참조) 그러니 어느 모로 보나 사회 재생산이 우리 경제에서 빠르게 성장 중인 큰 부분을 차지하는 건 틀림없다. 사회 재생산 노동을 무시한다면, 선진 자본주의 사회에서 벌어지는 구체적 노동의 의미 있는 부분을 무시하는 셈이다.

자유 시간을 위한 싸움

그런데 탈노동 개념들은 사회 재생산 노동을 바람직하게 조직하는 방법과 아무런 상관이 없을까? 이 책에서는 재생산 노동과 탈노동 야망이 이렇게 교착 상태에 빠진 채 끝나지는 않으리라고 주장한다. 적절한 수정을 거친다면, 탈노동 프로젝트는 재생산 노동을 더 낫게 조직하는 방법을 이해하는 데 의미 있는 기여를 할 수 있다. 반대로 탈노동 프로젝트를 온전히 실현하려면 막대한 양의 재생산 활동을 반드시 고려해야 한다.

하지만 탈노동 관점에서 재생산 노동을 조망하는 데에는 상당한 노력이 필요하다. 일단 우리 시대 탈노동 관점의 동력이 되는 주장들 — 일의 '이중 속박'에 관한 주장들 — 은 임금노동에는 적합한 반면 사회 재생산의 큰 부분을 차지하는 무보수 노동에는 잘 들어맞지 않는다. 물론 우리 시대에 갈수록 비율이 높아지는 유급 재생산 노동에는 앞서 논의한 탈노동주의의 주장들이 잘 들어맞는다(돌봄 노동이 자본주의의 합리화에 유독 부적합하다는 논점이 더해질 수는 있겠다). 하지만 현재 사회 재생산에 들어가는 엄청난 양의 무보수 노동을 아우르려면, 한 걸음 더 나아간 사유가 필요하다. 먼저, 우리가 무보수 사회 재생산에 쓰는 시간을 줄여야 하는 건 왜일까?

사회주의 페미니스트들은 사회 재생산 노동도 여느 노동처럼 지루하고, 단조롭고, 인간을 소외시킬 수 있다고 지적한다. 재생산 노동에는 물론 아이와 놀아주는 것, 친구들을 위해 요리하는 것, 나이 든 이웃을 돕는 것처럼 즐겁고 만족스러운 측면도 있다. 하지만 재생산 노동의 많은 부분이 허드렛일이며, 숨 돌릴 틈조차 주어지지 않아서 특히 고단하게 느껴진다 — 혹사당하는 돌봄 노동자들은 (정신 건강이 악화되는 동시에) 자신이 소진되고 있다고 느낀다.[37] 재생산 노동의 많은 부분이 말 그대로 '끝이 없다'. 일찍이 자가 청소 주택을 발명한 사람은 집안일을 두고 말했다.

'신경을 곤두서게 하는 따분한 일. 굳이 하고 싶은 사람이 있겠는가? 도대체 누가!'[38]

앤절라 데이비스Angela Davis 역시 재생산 노동의 젠더화된 분담에만 집중하는 제안들을 비판하면서 '가사노동의 성차별을 없앤다고 해서 가사노동의 억압적 성격이 진실로 바뀌지는 않을 것'이라고 말했다. '결국 여자든 남자든 흥미롭지도, 창의적이지도, 생산적이지도 않은 일에 인생의 소중한 시간을 낭비해선 안 된다.'[39] 이런 주장들이 재생산 노동을 부분적으로라도 최소화할 동력이 된다.

그런데 알고 보면 무보수 노동을 줄이자고 주장하는 유력한 논거는, 그럼으로써 여성을 '임금'노동 시장에 들여보낼 수 있다는 것이다. 오랜 역사를 자랑하는 이 제안은 프리드리히 엥겔스와 알렉산드라 콜론타이Alexandra Kollontai* 같은 혁명가, 베티 프리단Betty Friedan처럼 제2세대 페미니즘에 속한 중간계급 페미니스트, 셰릴 샌드버그Sheryl Sandberg**처럼 확실한 자본주의자까지 다양한 옹호자를 두었으며 오늘날 복지국가에서 널리 받아들여지고 있다.[40] 여성 해방이 노동시장을 통해 이루어진다는 것은 많은 이들에게 기정사실로 여겨진다. 그런데 임금노동이 여성에게 재정적 독립과 사회적 인정을 쟁취하는 길을 열어준 건 엄연한 사실이지만, 모든 사람이 밖에 나가 임금을 벌어야 한다는 기대가 보편화된 건 마냥 기뻐할 일이 아니다. 앞서 보았듯이 임금노동 자체가 사라져야 마땅한 지배와 억압, 착취의 한 형태다. 여성들이 임금노동에 종사하도록 무보수 재

---

* 러시아의 마르크스주의 여성 해방 이론가 - 옮긴이
** 미국의 기업인 - 옮긴이

생산 노동을 줄여주는 건 해방적 프로젝트이기는커녕 어느 형태의 부자유를 다른 형태의 부자유와 맞바꾸는 것에 지나지 않는다. 게다가 현실에서 이는 거의 언제나 저임금 노동력에 재생산 노동을 떠넘기는 것을 뜻한다 – 노동은 줄어드는 게 아니라 재분배될 뿐이다.

이런 접근법에 대항하여 우리는 무보수 노동을 줄여야 하는 이유가 사람들에게 더 많은 임금노동을 시키기 위해서도, 단순히 무보수 노동이 힘들어서도 아니라고 주장해야겠다. 무보수 노동을 반드시 줄여야 하는 이유는 그로써 모든 의미 있는 자유의 전제 조건인 자유 시간이 확장되기 때문이다. '일에 대항하는 투쟁은 – 어떤 형태든 – 자유 시간을 위한 싸움이다.' 자유 시간이 주어질 때에만 우리는 우리의 유한한 삶을 어떻게 살아갈지 – 어떤 인생의 길에, 프로젝트에, 정체성에, 기준에 헌신할지 – 결정할 수 있다. 이는 단순히 '가족을 위한 시간을 더 내는' 문제가 아니요,[41] 더 많은 임금노동 시간을 확보하는 문제도 아니요, 워크-라이프 밸런스라는 미신에 가까운 개념과도 무관하다. 자유 시간을 위한 싸움은 궁극적으로 자유 자체의 영역을 열어젖혀서 개인이 자율적으로 선택하는 활동을 극대화시키는 문제다.

이 책에서는 새로운 규범을 세우기 위해 사회 재생산에 있어 모든 사람의 자유를 존중하는 방법을 알아내려 한다. 사회 재생산을 일로 '인정'하고, 그 일을 가능한 한 '절감'하고, 그러고 나서도 남아 있는 일을 공평하게 '재분배'하는 방법을 찾아내고자 한다. 사회 재생산의 어떤 요소에 들어가는 필수 시간을 줄임으로써 돌봄 제공자들이 호소하는 기력 소진과 돌봄 수혜자들이 흔히 경험하는 방임에도 대응할 수 있을 것이다. 노동을 줄인다는 보편적 목표의 일환인 이상, 새로운 규범에서 사회 재생산 노동의 의무와 고통과 즐거움은 어느 특정 집단에 쏠리지 않고 공평하게 분배되어야 한다. 돌봄 노동을 이민자 여성에게 떠맡기고 성차별적인 가사노동 분담을 나 몰라라 하는 현재의 시스템으로는 탈노동 사회 재생산이라는 보편적 프로젝트를 성공적으로 추진할 수 없다. 노동을 계속 이동시키는 건 해법이 아니다.[42]

탈노동 사회 재생산 프로젝트의 틀을 잡기 위해 우리는 지난 몇 세기에 걸쳐 사회 재생산이 겪은 변화를 현재 관점에서 설명하며, 특히 가정 내 무보수 노동과 가사노동을 줄이려 한 노력에 초점을 맞출 것이다. 여기서 가정이 중요한 건 자본주의자들에게 비교적 관심을 받지 못하는 영역이자 선진 복지국가가 갈수록 의존하는 대상이며, 가정 내에서 가사가 분담되는 방식이 완고하게 굳어져 있기 때문이다.

이 책에서 우리의 초점은 주로 서방세계에 속한 고소득 국가이지만 돌봄의 사슬을 비롯한 다른 국제적 영향까지 고려하기 위해 불가피하게 전 지구로 확장되기도 한다. 우리가 집중하는 국가들은 그 궤도를 묶어 생각해도 좋을 만큼 전형적으로 충분한 사회경제적 유사성을 보인다. 이들 국가가 세계적으로 중요한 또 다른 이유는 젠더 역할, 적절한 가족 구성, 적절한 청결, 이상적 주택, 보건에 대한 올바른 접근을 비롯해 많은 개념을 식민지를 통해, 또는 이 개념들을 강화시키고 확장시킨 매우 폭넓은 체계(제품 디자인, 연구 개발, 마케팅과 광고, 저널리즘, 학문, 교육, 기타 국가 기관 등)에 녹여서 다른 나라로 수출

했기 때문이다.[43] 다만 전 세계의 사회 재생산을 비교하는 관점에서의 역사는 매우 필요한데도 아직 쓰이지 않았다.

이런 한계점을 염두에 두고, 다음 장에서는 제일 먼저 기술의 발전이 사회 재생산 노동의 부담을 경감해줄 가능성을 대체로 실현하지 못한 역사를 살펴본다. 우리 시대의 가정 기술에서 일어나는 혁신이 어쩌다가 노동을 줄인다는 야심을 거의 내려놓게 되었는지, 가사노동과 돌봄 노동의 자동화가 잠재력을 품고서도 막다른 길에 다다른 이유는 무엇인지 숙고해본다.

제3장에서는 기술이 가사노동을 줄이는 데 실패한 핵심 요인의 하나로서 가사에 대한 기준이 높아지는 현상을 살펴본다. 새로운 가정 기술이 도입된 20세기 초에 기술 발전과 더불어 청결 및 위생 기준을 비롯해 가사의 수준에 대한 기대가 치솟음으로써 노동의 양이 대폭 줄어들 희망은 사라졌다. 오늘날에도 가사노동 전반에 어떠한 기대 수준이 설정되고 그에 맞추어 노동의 의무가 생겨나는 패턴으로 인해 개인의 자유 시간이 지속적으로 침해받는 현상이 이어지고 있다.

제4장에서는 논점을 가정 내의 사회적 관계로 옮겨, 특히 자본주의 체제에서 사회 재생산의 주체인 핵가족에 주목한다. 이때 우리는 가족이 변형 불가능한 자연적 구성체가 아니라 어느 정도까지는 가족이 속한 경제체계에 대한 적응적 반응이라고 주장한다. 일과 가족은 근본적으로 연결되어 있으므로 둘 중 하나에 저항하려 한다면 다른 하나도 반드시 고려해야 한다.

마지막으로 제5장은 가정 기술의 저장소인 집 자체에 초점을 맞추어 가사노동을 공간적으로 어떻게 조직하면 탈노동 야망을 사회 재생산으로 확장시킬 수 있을지 살펴본다. 여기서는 가정 내 무보수 노동과 돌봄 노동이 겪는 난관이 전형적 가정 공간의 건축 형태에서 비롯될 수 있다는 점을 숙고하고 역사적으로 생활공간 내에서, 그리고 생활공간에 관해 일어난 실험들을 훑어보며 대항적인 사회적 상상을 찾아본다.

이 책의 결론인 제6장에서는 이전 장들에서 밀고 나간 분석에 기초하여 일련의 제안을 내놓는다. 우리는 공동 돌봄, 공공 호사, 시간 주권이라는 세 개의 중요한 주제에 따라 우리의 요구를 써내려 갈 것이다. 이 세 가지 개념이 여태껏 탈노동주의 요구에서 집중해온 임금노동의 영역 너머로 자유 시간을 위한 투쟁을 확장시키는 데 유익하리라 생각한다.

2

기술의 배신

기술은 탈노동 개념에 대한 어떤 논의에서나 존재감이 크다. 그 이유는 알기 쉽다. 기술은 삶의 질을 기존과 똑같이 유지시키면서 노동의 총량을 줄여주겠다고 약속한다. 그렇다면 기술을 활용해서 사회 재생산 노동도 줄일 수 있지 않을까? 재생산 노동의 부담을 덜어줄 기술을 가장 갈망하는 이들은 결국 노동을 수행하는 당사자다. 예를 들어 여성들은 가사 로봇의 가정 도입을 간절히 바라며, 여성이 남성보다 가사노동을 유의미하게 많이 하는 국가에서 더욱 그러하다.[1] 스마트 홈이 처음 등장한 1990년대에 가정 자동화에서 가장 바람직하게 여겨진 건 새로운 청소 기술이었다. 그보다 최근인 2019년에 진행한 설문조사에서 사람들은 아직 이론만 존재하는 기술 중 가장 실현되길 바라는 것으로 자가 청소 기능을 갖춘 집을 꼽았다.[2] 현재 집 안 청소를 도맡은 사람들은 청소에서 (조금이나마)

벗어날 날을 손꼽아 기다리는 모양이다. 돌봄 수혜자들 역시 더 많은 기술의 도입에 찬성한다. 여러 설문조사에서 연금 수령자들은 노인 돌봄에 로봇을 도입하는 안에 대해 다른 집단보다 확실히 긍정적이었다.[3]

하지만 우리 시대의 재생산 노동에 관한 담론에서 기술이라는 이슈는 아예 묵살되거나, 부정적 맥락에서만 호출되기 일쑤다.[4] 사회 재생산 노동은 자동화가 어려운 한계 영역으로 간주되며, 유모 로봇과 간호 로봇이 존재감을 발휘하는 건 오로지 무정하고 냉혹한 테크노-미래의 디스토피아적 상상에서다.[5] 사회주의 페미니스트 실비아 페데리치Silvia Federici는 가정 로봇과 돌봄 로봇이라는 개념에 수사적인 질문으로 답한다.

'이게 우리가 원하는 사회인가?'[6]

사회 재생산 노동에 대한 기술 도입을 덮어놓고 거부하는 현상에 맞서려면 몇 개의 핵심 단서를 들이밀어야 한다. 우선 '사회 재생산'이라는 개념이 워낙 광범위하다 보니 우리는 온갖 유형의 일이 이 분류에 속한다는 사실을 자꾸만 잊는다. 실제로 재생산 노동의 어떤 유형은 윤리적으로 기계가 침범할 수 없는 영역으로 지켜내는 것이 옳을 것이며, 어떤 활동은 현재의 기술로 자동화가 불가능하다. 하지만 그렇다고 해서 모든 재생산 노동이 기술에 적합하지 않다는 의미는 아니다. 어쨌든 '자동화는 아주아주 좋은 일을 할 수 있다. 예를 들어…… 많은 돌봄 제공자가 수행해야 하는 단순하고 간단한 돌봄 기능을 대신함으로써 그들에게 다른 감정적 관계를 맺을 자유를 주는 일'처럼.[7] 우리는 임금을 받는 돌봄 노동자들과 이야기를 나누면서 위의 표현에서 느껴지는 것과 유사한 정서를 체감했다. 많은 이들이 자신의 업무 중 어떤 요소를 자동화로써 줄일 수 있는지 거침없이 짚어냈다 – 그로써 더 확실히 인간을 향하는 업무에 쏟을 시간을 늘리고 싶다는 것이었다.

자동화를 비판하는 많은 사람들 사이에서 공유되는 암묵적 전제는 또한 돌봄이 인간의 특기이며, 자동화가 돌봄 수혜자들에게서 타인과의 소통을 송두리째 앗아갈 위험이 있다는 것이다. 그러나 이 전제에서 가정 안팎을 막론하고 돌봄 관계에서 이루어지는 인간적 소통이 자주 적대적인 학대로 흘러간다는 사실은 간과되며, 돌봄에 수반되는 심한 신체적·정신적 부담 역시 무시된다. 돌봄은 엄연히 일이다. 그리고 일은 힘들고 절망스럽기 마련이다. 무보수 돌봄 제공자들의 경우 상황은 더욱더 어려워서, 대다수가 돌봄 노동을 하느라 감정적으로 심한 스트레스를 느끼고, 재정적 압박을 받으며, 워크-라이프 밸런스가 무너졌다고 보고한다.[8] 이 대목에서 기술을 분별 있게 도입함으로써 어떻게 재생산 노동 관련자들의 부담을 줄여줄 수 있는지 살펴볼 필요가 생겨난다.

집 안의 산업혁명

가정 기술이 미친 영향을 살펴보는 우리의 여정은 '집 안의 산업혁명'이 일어난 20세기 초에서 시작된다.[9] 전례 없는 변화가 일어난 이 시기에, 사회 재생산의 수단은 그 토대인 기반 시설부터 개인이 사용하는 구체적 도구와 기술까지 모든 층위에서 대대적인 변혁을 겪었다.

그전에 가사노동은 진이 빠지도록 고된 노역이었다. 과거에는 삶과 가정을 유지하는 데 필요한 원재료를 전부 가정 바깥에서 들여와야 했다. 예를 들어 집 안에 빛을 드리우는 등유 램프와 벽난로는 장작을 쪼개고, 석탄을 모으고, 램프를 살펴야 하는 등 유지와 관리에 큰 노력을 필요로 했다. 난방도 상황이 비슷해서, 난로에 불을 지피려면 많은 양의 장작을 쪼개어 실내로 들여와야 했다. 취사, 청소, 목욕(여전히 세계적으로 여성의 노동에서 큰 부분을 차지하는 일로.[10] 1960년대만 해도 아일랜드 시골 지역에서는 대부분의 여성이 매일 몇 시간씩 목욕을 위한 노동에 할애했다.[11])에 필요한 물은 밖에서 길어 와야 했다. 게다가 자원을 '집 안으로' 들여와야 했듯, 폐기물을 '집 밖으로' 내보내는 일도 있었다. 가족 구성원들은 세탁하고 남은 비눗물, 요강, 타고 남은 재를 손에 들거나 등에 짊어지고 끊임없이 가정 밖으로 내보냈다. 1890년대에는 '평균적인 가정이 연간 석탄 7톤과 물 9,000갤런을 날랐다'.[12]

식품과 의류 같은 생활필수품은 여전히 가정에서 생산되었다. 여성들은 '자유 시간'의 대부분을 흔히 바느질, 뜨개질, 자수로 보냈다.[13] 이 시기에 시장 기반 소비로의 이행이 시작되긴 했지만, 소비는 아직 부유한 가정의 전유물이었다. 가장 어려운 일 중 하나였던 세탁은 한 번에 몇 시간이 소요되었기에, 여느 가정에서는 1주일에 하루 빨래하는 날을 정해두었다. 어느 기록에 따르면 '빨래하는 날은 평영으로 힘차게 8킬로미터를 나아가는 것만큼이나 힘들었다'

고 한다. 물을 길어 오고, 빨랫감을 빨래판으로 옮기고, 세탁이 끝난 옷을 널어 말리고, 마지막으로 어느 계절에나 난로에 불을 때어 거추장스러운 다리미로 다림질을 해야 했다.[14]

이 시기에 가정 내에는 기술이 거의 도입되지 않았다고 해도 무방하다. 당대의 한 사회주의 페미니스트는 '산업적으로 (여성의 일과 남성의 일은) 3세기나 차이가 난다'라며 통탄했다.[15] 오늘날 우리가 아는 형태의 아동 돌봄과 노인 돌봄은 지금에 비하면 전혀 관심의 대상이 아니었다. 대다수의 어린아이가 교육기관에서 시간을 보내며 가정에서는 그러한 학습 과정을 적극적으로 지지하고 돕는다는 개념은 아직 보편화되기 전이었다. 가족의 어린 구성원들은 가사노동에 동원되어, 일을 잘해내기는커녕 오히려 일거리만 늘리기 일쑤였다. 오늘날 우리가 아는 형태의 은퇴는 당시에는 짧은 수명과 연금의 부재로 사실상 존재하지 않았다. 죽는 날까지 일하는 게 기본이었고 노인 돌봄의 필요성은 최소 수준에 머물렀다.

그러나 20세기가 밝아올 무렵, 가사노동의 많은 부분이 의미 있는 변혁에 돌입했다. 가장 중요한 변화는 수도, 전기, 가스의 도입 같은 기반 시설에서 일어났다. 더 많은 도시에서 (그리고 나중에는 시골 지역에서도) 수도를 공급하고 쓰레기를 수거해가는 시영 시스템을 설치하기 시작했다. 1900년대 초반에 이르자 대부분의 유럽 도시가 대규모 하수 및 수도 시스템을 갖추게 되었다.[16] 물을 집 안으로 길어 오고 집 밖으로 내다 버리는 고되고 시간 소모적인 노동은 점점 과거의 유물이 되어갔다. 수도가 공급된 덕분에 각 가정에서는 물을 긷고 옮기고 데우는 시간을 매일 한 시간 30분에서 두 시간씩 절약한 것으로 추산된다.[17] 같은 시기에 많은 유럽 도시가 가스 공급망을 구축해서, 석탄을 때는 난로에서도 탈피하게 되었다.[18] 그리하여 각 가정에서는 석탄재를 치우고 청소하는 데 드는 하루 30분의 시간을 절약하게 되었다.[19] 과거에는 쓰레기를 처리하려면 야외에서 불을 피우고 폐기물을 가져와 태우고 재를 치워야 했지만, 1930년대에는 쓰레기통을 끌고 거리로 나가 폐기물을 내놓으면 공공기금으로 운영되는 서비스에서 쓰레기를 수거하고 처리해주었다.[20] 이렇듯 가정 내에서 행해지는 노동의 속성과 범위에 가장 큰 영향을 미친 건 개별 도구들이 아니라 기반 시설 차원에서 일어난 변혁이었다.[21]

그렇다고 개별적인 가정 기술이 중요하지 않았던 건 아니다. 기반 시설의 변화가 중요했던 건 새로운 기술을 사용하는 도구들이 출현할 밑바탕이 되어주었기 때문이기도 하다. 예를 들어 고기를 구울 때 불 위에서 꼬챙이를 돌리는 일은 하도 고되어서, 특수 도구를 개발해 특별히 훈련된 노동견(지금은 멸종한 이들에겐 '꼬챙이개turnspit dog'라는 걸맞은 이름이 붙었다)의 힘을 활용할 정도였다.[22] 이들은 19세기 중반에 이르러 대부분 자동 꼬챙이 회전기로 대체되었고, 석탄과 나무를 연료로 사용하는 난로가 등장하자 (인간이든 개든) 육체노동을 할 필요가 줄어들었다. 1920년대에 기존의 난로가 가스, 석유, 전기를 사용하는 난로로 대체되면서 노동은 또 한 번 유의미하게 감소했다.[23] 이에 따라 취사와 청소 노동도 덩달아 크게 줄어들었다. '연료를 채워 넣고 재를 치우는 것과 같은 잡일'이 사라지자 가정 내의 난로는 '불을 피우고, 유지하고, 조절하기 훨씬 쉬운' 물건이 되

었으며 부엌은 '석탄재가 상습적으로 떨어지지 않아서 청소하기 훨씬 쉬운' 장소가 되었다.[24]

한편 냉동고의 출현은 음식 생산에서 규모의 경제를 가능하게 했다. 매일 저녁 재료를 준비해 음식의 가장 첫 단계에서부터 조리를 한 과거와 달리, 며칠 동안 먹을 음식을 대량으로 조리해둘 수 있게 된 것이다. '남은 음식' 개념이 대중화되었으며 남은 음식을 활용하는 방법을 다루는 요리책도 등장했다.[25] 세탁에서도 비슷한 혁명이 일어났다. 먼저 1920년대에 상업 세탁소가 대중화되면서 많은 양의 세탁 일이 무보수 노동 부문에서 임금노동 부문으로 이동했다. 웬만큼 가난한 가정에서도 의류의 일부를 세탁소에 맡기곤 했다.[26] 그러나 얼마 지나지 않아 가정용 세탁기가 등장하고 불과 10년 사이에 빠르게 보급되면서, 세탁소에 맡겨졌던 노동의 많은 부분이 고된 부분을 덜어낸 새로운 형태로 가정에 되돌아왔다.[27] 세제가 발명되어 세탁기의 성능이 향상되자 옷을 깨끗이 세탁하는 데 드는 육체노동의 양은 크게 감소했다. 강력하게 회전하는 세탁기와 건조기에서 손상되기 쉬운 19세기의 옷감 대신 새로 개발된 합성섬유를 사용하게 되면서 기계 세탁은 실용성이 한층 높아졌다. 다림질이 필요 없는 '워시 앤드 웨어' 옷감의 발명으로 다림질 시간도 현격히 짧아졌다. 이 시기에 기반 시설과 가전제품은 둘 다 빠르게 변화했다. 집 안에서 산업혁명이 일어나는 동안, 여성을 위한 전기 연맹Electrical Association for Women 같은 단체들은 소비자에게 새로운 가전제품의 개발 소식을 알려주는 한편 (일반적으로 남성 중심이었던) 기계 설계에서 여성의 관점을 옹호하고

나섰다.[28]

　이렇듯 기술에서 주요한 변혁이 일어나는 사이, 가사노동의 속성상 중요한 또 하나의 결정적 변화가 일어났다. 가정 내 생산에서 시장 상품 소비로의 이동이 이루어진 것이다. 가장 먼저 산업화된 작업 중 하나는 밀가루 생산이었다. 과거에는 밀가루가 필요하면 집에서 밀을 빻았지만, 이내 밀가루는 점점 더 크고 자동화된 제분소에서 생산되었다.[29] 다른 식품도 금세 밀가루의 선례를 뒤따랐다. 냉장고는 변질되기 쉬운 식품을 더 오래 저장하게 해주었다. 대규모 생산 기술로 식품 가격은 낮아졌고 상점들은 더 많은 물건을 판매용으로 쌓아놓기 시작했다. 1890년대에 캠벨 사의 상징적 제품인 수프 캔이 처음 등장한 이래로 몇십 년간 통조림 캔과 (아침용 시리얼 같은) 각종 간편식이 우후죽순으로 출시되었다.[30] 세기가 바뀔 즈음에는 미국 제조업의 20퍼센트가 식품 가공 부문에 속할 정도였다. 대량 생산과 새로 문을 연 대형 식료품점 체인 덕분에 가공식품은 노동계급 가정에서도 구매할 수 있는 품목이 되었다.[31] 1944년에 이르자 미국에서는 냉동식품이 연간 2억 7,000킬로그램씩 팔려나갔다.[32] 식품을 생산하고 저장하는 무보수 노동은[33] 가정에서 시장으로 이동했고, 자본 축적의 요구에 의해 점점 더 구조화되었다.

　의류 생산도 식품 생산처럼 가정을 떠났다. 우편 주문 카탈로그가 부상하고 19세기 말에 백화점이 세워지자 의류 구매는 아주 간단하고 돈도 많이 들지 않는 활동이 되었다. 임금노동 부문으로 이동한 식품과 의류 생산을 뒤따라, 마지막으로 보건 또한 가정 바깥으로 이동했다. 보건은 갈수록 전문화되었고(이런 경향은 여성 보건 종사자는 물론이고, 때론 환자에게도 피해를 초래했다) 나중에는 많은 국가에서 공공으로 공급되었다.[34] 질병의 세균 원인론이 힘을 얻으면서 소독이 새롭게 강조되었는데, 소독 절차에 더 적합한 건 일반 가정보다는 위생 공간으로 설계된 병원이었다. 미국의 병원은 20세기가 밝아올 무렵 4,000개에 달했고,[35] 1930년대가 되자 이전과 달리 죽으러 가는 곳이 아니라 낫기 위해 가는 곳으로 탈바꿈했다. 이처럼 보건이 임금 영역으로 이동하면서, 가정 내에서 무보수로 간호사 역할을 도맡은 여성의 전통적 노동은 줄어들었다 – 여기엔 부담이 덜해졌다는 의미도 있었지만(간호는 직장에 다니느라 시간이 부족한 여성들에게 특히 힘든 일이었다) 도전적이고, 기술이 필요하며, 잠재적으로 보상을 받을 여지가 있는 영역을 외주하게 되었다는 덜 긍정적인 의미도 있었다. 당시 많은 백인 중간계급 논평가가 푸념했듯이, 19세기 말과 20세기 초에 가정이란 갈수록 잡일이 되풀이되는 더욱더 제한적인 곳이 되고 말았다.

지금까지 살펴본 것과 같이 가정의 산업화에는 여러 변화가 뒤따랐다. 수도, 난방, 전기가 과거의 어느 때보다도 쉽게 가정으로 유입되면서 가정의 기반 시설은 급진적으로 달라졌다. 이런 변화를 활용하는 신기술이 연이어 등장해서 재생산 노동의 많은 부담을 대폭 줄여주었다. 같은 시기에 식품 생산, 의류 생산, 보건은 전부 가정 내 무보수 노동에서 시장의 직접적 압박 아래 수행되는 임금노동의 영역으로 이동했다. 확실히 혁명적인 변화였다. 그런데 이것이 실제로 노동의 양에는 어떤 영향을 미쳤을까?

코완의 역설

앞서 소개한 기술들은 1940년대와 1950년대를 거치면서 서구의 가정에서 표준이 되었다. 그런데 수많은 신기술의 등장과 상반되는 놀라운 사실이 1970년대에 밝혀졌다. 가사에 들어가는 시간의 총량은 줄어들고 있지 '않았다'. 1974년에 가사노동이 의외로 변하지 않았음을 처음 지적하는 논문을 쓴 조앤 바넥Joann Vanek은 전업주부들이 1924년에 가사노동에 주 52시간을 들인 데 비해, 1960년대에는 55시간을 들였다는 경악스러운 사실을 밝혀냈다.[36]

오늘날 '코완의 역설'로 불리는 이 현상에 이름을 빌려준 역사학자 루스 슈워츠 코완Ruth Schwartz Cowan은[37] 어째서 노동을 절감시켜주는 모든 장치에도 불구하고 가정 내에서 노동이 줄어들지 않았는지를 설명했다. 그녀의 연구에 따르면 1870년대에서 1970년대 사이에 가사노동 시간은 감소하지 않았다.[38] 각기 다른 경제 발전의 단계에 놓인 12개국을 조사한 훗날의 연구에서도 기술이 가사노동의 총량을 거의 변화시키지 않았다는 사실이 밝혀졌으며,[39] 다른 연구들에서도 다수의 국가에서 이런 폭넓은 경향성이 확인되었다.[40] 그 이유를 탐구해보면, 기술과 사회 재생산 노동이 어떻게 복잡하게 연결되어 있는지 이해하는 데 도움이 될 것이다.

첫째로, 집 안의 산업혁명이 일어나는 동안 가사노동이 사회적으로 조직되는 방법도 극적으로 달라졌다. 가사노동은 갈수록 개인화되어 '가정주부'라는 한 인물에게로 집중되었다. 이전에 가사노동은 여러 무보수 노동자(예를 들어 자녀, 친척, 이웃들)와 가정 내 하인들이 다 같이 분담하는 것이었다. 예를 들어 20세기가 시작될 무렵 영국에서는 노동인구의 14퍼센트가 가정 내 하인으로 고용되어 있었다. 이는 가사노동이 집단적으로 수행되었다는 뜻이다(물론 평등하다고 할 수는 없다). 절대적 노동시간이 길었는지는 몰라도, 적어도 여러 사람이 함께 나누어 일하는 문화였다. 하지만 신기술로 인해 19세기 전반에 걸쳐 가사노동이 점점 개인화되었고(반대로 신기술이 높아진 개인화 수준에 반응하기도 했다), 결과적으로 가정주부 혼자서 한 집안의 가사노동 전체를 떠맡기에 이르렀다.

아이들은 학교에 다니느라 이전처럼 집안일을 도울 수 없었으며, 남자들에게는 온 가족의 밥벌이를 책임지는 생계 부양자 역할이 주어졌다. 가사노동을 가정 내 하인에게 의존했던 부유한 가정은 점점 '일손'이 줄어드는 변화를 겪었다. 가정 내 하인의 공급 부족은 해가 갈수록 심해졌다. 빈곤한 여성의 입장에서 선택할 만한 새로운 일자리가 등장하고 제1차 세계대전에서 다른 일을 해본 경험으로 시야가 넓어지자, 가정 내 하인 산업은 가파른 내리막길을 걷게 되었다. 사회관계가 달라지자 가정 기술의 도입은 더욱 권장되었고, 가정 기술은 가사노동을 더욱 개인화했다. 그 결과 사회 재생산에 참여하는 인력의 수는 줄었으며, 한때 여럿이 힘을 모아 해냈던 집단 활동은 이제 무보수 노동자 한 명의 몫이 되었다. 마르크스주의 페미니스트 마리아로사 달라 코스타Mariarosa Dalla Costa와 셀마 제임스Selma James가 표현했듯이, 가정주부는 '가전제품이 없어서가 아니라 모든 가사노동을 혼자서 해야 되는 바람에 퇴근하지 못하는' 신세에 처했다.[41]

가사노동의 개인화는 가정 기술의 설계와 발전에도 큰 영향을 미쳤다. 신기술을 도입한 제품은 가사가 이루어지는 방식에 대한 깊은 고려 없이, 단순히 가정 내 하인을 대체할 물건으로서 착안되고 홍보되었다. 그저 단편적인 업무를 기계에 떠넘긴다는 발상이었다.[42] 세탁 노동이 겪은 변화가 이를 특히 잘 보여준다. 가정용 세탁기가 보편화되기 전에 세탁은 보통 세탁부(시장에서 공급된 노동자들로, 미국에서는 주로 흑인 여성이었다)나 상업 세탁소에 맡겨졌다.[43] 그렇다면 세탁기를 처음 고안할 때, 기계를 활용해 상업 세탁소를 개선시키고 세탁 노동을 집단으로 수행하는 방안을 강구할 수도 있었다. 사실 열두 가구당 한 개의 상업 세탁소를 이용하게 하자는 미국 교육자 캐서린 비처Catherine Beecher의 주장에서 드러나듯이, 무려 1869년에 이미 여성들은 세탁 노동의 사회화를 원했다.[44] 그러나 세탁기는 단순히 하인 한 명의 일을 대체하는 수단으로 발명되었고, 집단적인 산업화가 가능했을 노동은 오히려 가정주부 한 명이 도맡는 형태로 주저앉고 말았다.

집단 세탁을 실현시킬 규모의 경제(혹은 정부의 지원)는 끝내 달성되지 못했다. 세탁기 제조사들은 집단 사용보다 대중 시장을 겨냥한 생산에서 더 큰 수익을 얻을 잠재력을 보았다.[45] 그리하여 세탁소 산업은 쇠퇴의 길을 걷게 되었다. 가정용 세탁기·건조기의 기술적 발전, (흔히 그 지역 사람이 소유한 작은 세탁소에 비해) 광고에 막대한 예산을 쓰는 대형 가전제품 제조사들의 권력, 세탁부의 임금 상승, 자신의 세탁물이 다른 가정의 세탁물과 섞이는 것에 대한 계급주의적이고 인종주의적인 불안이 모두 결합된 결과였다.[46]

코완의 역설이 일어나는 두 번째 이유는 새로운 가정 기술의 도입과 더불어 청결과 위생의 기준이 강화된 것이다. 다음 장에서 이 주제를 더 면밀히 살펴보겠지만, 여기서는 20세기 전반에 가사 노동의 양을 늘린 핵심 요소 몇 가지를 짚고 넘어가자. 특히 중요한 건 대중에게 새로운 위생 지식이 퍼져나가고, 질병의 세균 원인론이 굳게 자리잡고, 영양과학이 출현한 것이었다. 건강을 위해 청결과 적절한 영양이 필요하다는 지식이 일반 대중에게 퍼지자 – 그럼으로써 개별 가정에 더 많은 책임이 주어지자 – 까다로운 (다시 말해 대단히 노동 집약적인) 위생 기준을 유지하고, 영양적으로 균형 잡힌 복잡한 식사를 계획하고 준비하는 데 더 많은 노력이 들게 되었다. 이렇게 늘어난 일거리로 인해 당시의 첨단 기술이 절약해줄 수 있었던 시간은 곧바로 상쇄되었다.[47] 새로운 가전제품은 하나하나가 '할 일의 물질적 구현체이자 노동하라는 소리 없는 명령'이 되었다.[48]

코완의 역설이 일어나는 마지막 이유는 집 안의 산업혁명이 기존의 일거리 몇 가지를 줄여주거나 없애는 반면, 새로운 일거리도 연이어 만들어냈기 때문이다. 예를 들어 의류의 대량 생산이 보편화되자 사람들은 옷을 더 많이 샀고, 그러자 세탁할 옷의 가짓수도 늘어났다. 수도 공급 역시 새로운 일거리를 만들었다. 화장실이 생기자 화장실 청소를 해야 했다(게다가 집의 다른 구역보다 더 자주). 집에 딸린 잔디밭이 넓어지고 정원 기술이 도입되자 야외 공간을 관리하는 데에도 엄청난 노동과 에너지가 소요되었다.

새로 만들어진 기술에는 젠더 편향도 존재했다. 난로, 공장에서 생산된 옷, 제분소에서 나온 밀가루 같은 초기의 발명품은 남성의 일(예를 들어 장작을 패고 옮기는 일, 가죽 제품을 만드는 일, 밀을 제분하는 일)을 줄여준 반면, 여성의 일(예를 들어 더 다양한 음식을 요리하는 일, 면 의류를 세탁하는 일, 새로 얻은 흰 밀가루로 더 오랜 시간 동안 빵을 굽는 일)은 늘렸다.[49] 이런 편향은 가전제품의 가짓수가 늘어나는 내내 지속되었는데, 한 연구에서는 '가정 기술이 실제로 가정의 일을 줄여줄 경우 그 수혜자는 남성인 경향성'을 짚어내기도 했다.[50]

가정이 생산의 공간에서 소비의 공간으로 전격 변신한 결과, 기존의 의무가 확장되기도 했고 새로운 의무가 생겨나기도 했다. 장보기, 재정 관리, 물건을 사기 위한 원거리 이동 등이 새로 출현한 일거리였다. 예를 들어 간편식의 발명으로 요리가 어느 정도 편해진 반면, 식품을 사러 장을 보는 일은 더 고되고 잦아졌다.[51] 새로 등장한 물건의 소비를 주로 담당하게 된 여성들은 살 것을 알아보고, 가정 예산과 소비를 관리하고, 가족들이 사용할 상품 대부분을 구매했다.[52] 1910년대에는 일반적으로 상품과 서비스가 집으로 배달되었다. 음식, 침구류, 약, 집수리, 보건 서비스를 전부 방문 외판원에게 제공받을 수 있었다.[53] 상점을 방문하는 경우에도 점원이 상품을 설명하고, 가져오고, 계산하고, 포장해서 배달해주었다. 19세기 말에 인기를 얻은 우편 주문 카탈로그는 가정에서 장을 보러 외출하는 노동까지 줄여주었다.

그러나 이런 포괄적 서비스의 시대는 20세기 초에 자동차가 차츰 보급되면서 빠르게 달라졌다. 대형 상점 체인과 백화점이 더 많은 물건을 확보하기 시작하면서, 장을 보러 이동하는 데 소요되는 시간도 점점 늘어났다. (오늘날 한 사람이 쇼핑에 들이는 시간은 1주일에 대략 세 시간이다.)[54] 소비재가 확산되고 대량 소비가 늘어나자 소매업은 심한 이윤 압박을 견디지 못하고 재조직되었다. 대공황 기간에 상점들은 점원이 물건을 꺼내 고객에게 갖다 주는 전통적 방식을 대체할 '셀프 서비스'를 실험하기 시작했다. 고객이 직접 물건을 가져가게 하면, 점원들이 고객을 응대하느라 다른 일을 못하는 시간이 줄어드는 만큼 생산성이 높아지리라는 생각이었다. 이제 점원들은 판매대에 물건을 채운 다음 다른 일에 집중할 수 있었다. 노동력이 부족해지고 새로운 비용 절감 방법이 필요했던 제2차 세계대전 시기에 이런 전환은 가속화되었다. 더 많은 상점이 셀프 서비스 방식을 채택하게 되었다. 1950년대에는 고객에게 제품을 보여주고, 계산을 보조하고, 잠재적 절도를 감시하는 여러 기술이 도입되면서 대부분의 상점이 노동 절차의 재조직을 마치게 되었다.[55]

코완의 역설은 여러 중요한 논점을 제기한다. 기술은 그 자체만으로 노동을 줄여주기에 불충분하다. 개별적인 도구들은 더 넓은 사회·기술적 체계 안에서 존재하며, 그것이 놓인 맥락에 따라 영향력도 달라진다. 사회 기준과 기대의 변화, 젠더화된 노동 분리의 속성, 가정의 형태(예를 들어 다세대 가족, 비혈연 가족, 핵가족) 모두 노동을 절약시킬 능력이 있는 도구들이 실제로 효과적인지 여부에 영향을 미친다. 기술로써 사회 재생산 노동을 줄이려는 모든 프로젝트는 이를 염두에 두어야 할 것이다.

가사노동의 외연 확장

사회 재생산과 기술에서 두 번째로 중요한 시기는 1970년대와 2000년대 사이에 찾아왔다. 급속한 변화를 겪은 직후였던 이 시기에 기술 발전은 정체에 가까울 만큼 속도를 늦추었다. 2010년대로 접어드는 무렵의 기술은 거의 모든 영역의 거의 모든 작업에서 1970년대 말과 사실상 형태가 같았다. 1870년대의 가정주부는 1940년대의 집을 아예 딴 세상으로 여기겠지만, 1940년대의 주부는 2020년대의 집을 얼추 같은 공간으로 여길 것이다.[56] 1950년대 이후 새로 등장한 주요 가전제품은 전자레인지가 유일하다.[57] 전자레인지는 1940년대에 발명되었지만 비용과 안전 문제로 인해 1980년대에 이르러서야 대중에 널리 보급되었다.[58]

냉장고, 식기세척기, 진공청소기, 오븐에서 (새로운 기능 추가와 에너지 효율성 제고를 비롯한) 자잘한 발전이 이루어졌지만 완전히 새로운 혁신은 거의 없었다.[59] 주방 가전의 세계에서는 여러 유행이 왔다가 지나갔다 – 제빵기, 수비드 조리기, 인스턴트팟 모두 주방에서 소소하게 흥행을 거두었지만 그중 어디에도 노동을 줄여줄 잠재력은 없었다. 세탁기도 한층 발전했지만, 많은 경우 수정된 설계의 목적은 가사노동을 덜어주는 게 아니라 제조 절차를 단순화하는 것이었다. 예를 들어 통돌이 세탁기는 사용자가 허리를 덜 굽혀도 되지만 생산하기가 까다롭다는 이유로 드럼 세탁기에 주류의 자리를 넘겨주었다.[60] 로봇 청소기 룸바는 2002년에 발명되어 대중에 공개되었지만, 출시 당시 (성능이 더 좋은 수동 진공청소기보다

3~4배나 높은) 고가로 책정되는 바람에 최근에야 널리 사용되기 시작했다.

이 시기에 기술보다 더 의미 있었던 발전은 (가사노동을 절감시키는 기술로 조망되는 경우는 거의 없지만) 피임의 보편화로, 출산율을 낮추고 많은 자녀를 돌보는 노동을 확실히 덜어주었다. 페데리치가 지적하듯, 피임 기구는 그 시기에 '여성이 사용한 유일한 실질적 노동 절약 기구'였다.[61] 육아 이야기가 나왔으니 말인데, 일회용 기저귀 역시 주된 혁신품이었다(도시 쓰레기 매립지에 큰 영향을 미쳤다는 점도 짚고 넘어가야겠다). 1940년대에 발명된 일회용 기저귀는 곧 아기 기저귀의 주류로 등극했다.[62] 일회용 기저귀는 세탁물을 줄여주었을 뿐더러 갈아주는 주기가 천 기저귀보다 길어서 육아 노동을 줄여주었다.[63]

비교적 새로운 기술 중 하나인 유축기는 원래 고가의 병원 장비였는데, 1990년대에는 가격이 부담스럽지 않고 들고 다닐 수 있는 가정용 도구로 변신했다.[64] 유축기는 노동 절약 도구로서의 잠재력은 비교적 작지만 '시간 이동'을 가능하게 해준다. 즉 어떤 작업을 더 바람직한 시간에 수행할 수 있게 해준다. 우리 시대에, 특히 미국에서 유축기가 제공하는 시간 이동 능력은 사회체계의 근본적인 모순을 땜질해준다. 미국에서는 공식 지침으로 모유 수유를 권장하는 반면, 모성 지원은 사실상 없다시피 해서 젖먹이를 키우는 대부분의 부모는 아기를 떼어놓고 임금노동에 종사해야 한다. 유축기는 출산휴가 혹은 육아휴직을 연장하지 않고도 노동자들이 일터에서 쉬는 시간에 유축을 해두었다가 아기에게 먹이는 기술적 해법이다.[65] 일을 중심으로 돌아가는 사회에서 유축기라는 기술은 산모가 임금노동과 무보수 재생산 노동을 둘 다 해내야 한다는 기대를 높이는 데 일조했다.

일의 이동

1970년대 이후 등장한 새로운 기술들은 노동시간을 줄여주는 측면에서 정체되었을 뿐더러 보건 노동과 관련된 시간적 부담은 오히려 확실하게 '증가'시켰다.[66] 비용을 낮추려는 병원 측의 동기와 시설 환경보다는 가정에서 치료받고 싶어 하는 많은 환자들의 소망에 힘입어, 신기술은 보건 노동의 여러 요소가 비교적 생산적인 전문 영역에서 임금이 주어지지 않고 생산성도 낮은 가정으로 이동하도록 도왔다.[67] 최근 몇십 년 사이에 산소호흡기, 카테터, 모르핀 링거, 혈액투석기를 비롯해 많은 기구가 가정에 들어왔다. 이는 보건 노동이 무보수 혹은 저임금 아마추어 인력 및 비전문 '치유자'들의 영역에서 점점 더 (주로 남성인) 고임금 전문가들로 이동한 과거의 움직임에 역행하는 것이었다.

이런 이동을 유발한 중요 동기 중 하나는 포괄수가제에 근거한 의료비 청구가 보편화된 것이었다. 포괄수가제에서 병원은 실제로 들어간 비용과 무관하게 진단명에 따라 표준화된 금액을 지불받는다. 병원 입장에서 이는 환자들을 가능한 한 빨리 문밖으로 밀어내어 비용을 절감해야만 고정된 수입에서 이윤을 극대화할 수 있는 보상 체계를 의미한다.[68] 1980년대에 미국이 선구적으로 도입한 포괄수가제는 이윽고 전 세계에서 널리 채택되었다.[69] 포괄수가제가 도입된 이래로 미국에서는 환자 돌봄의 질이 낮아졌고, 입원 환자 수가 감소했으며, 개인이 병원에서 간호를 받는 시간이 크게 단축되었다.

1980년대까지 병원 입원 서비스는 '확실한 공공선으로 인식되었다'.[70] 그러나 오늘날에는 '데이터가 보고되는 어느 곳에서나 병원 입원이 급감했다'.[71] 미국 내에서 평균 입원 일수는 1980년에 7.3일에서 2000년에 4.9일로 줄어들었다. 같은 기간에 노인 환자의 평균 입원 일수는 반토막 났다.[72] 가정 내 무보수 돌봄으로의 전환은 병원의 비용 절감을 위해 장려되었으며, 실제로 1985년 한 해 동안 병원 업계에 임금 100억 달러를 아껴준 것으로 추산된다.[73] 부유한 국가들 전반에서 비슷한 경향이 나타나는데, (인구 1,000명당) 병상 수는 1970년대 이래로 계속 감소하고 있으며 환자들이 병원에 머무는 기간은 점점 짧아진다.[74]

입원 기간이 짧아졌다고 반드시 보건 업무가 줄어들었거나 환자가 더 빠르게 회복했다는 뜻은 아니다. 많은 경우, 보건 노동은 사라지는 게 아니라 다른 영역으로 옮겨갈 뿐이다. 과거엔 전문 간호사가 담당했을 (경관급식, 주사, 카테터 교체, 혈압 및 혈당 모니터링, 혼합 약제 제조, 상처 관리 등의) 업무가 이제는 허술하게 교육받은 무보수 돌봄 제공자의 몫이 되었다.[75] 이런 업무는 실제보다 훨씬 단순하고 숙련이 불필요한 것처럼 폄하되기 일쑤다.[76]

본래 병원에서 사용하도록 만들어진 기구들이 가정용으로 개조되면서 가정 돌봄에서 활용되는 기술은 훨씬 복잡해졌다. 그런데 애초에 보건이 가정을 벗어나 소독된 환경으로 이동한 건 질병의 세균 원인론 때문이었다. 보건 기술을 안전하게 사용하려면 가정 자체가 병원처럼 소독된 환경으로 바뀌어야 하는 것이다. 게다가 위급 상황이 발생하거나 기계가 오동작할 위험으로 인해 돌봄 제공자들은 '만연한 불안감'에 시달린다.[77] 돌봄 제공자들은 일상적 물건들을 환자의 생활에 맞추어 변형시키고 조작하는 이른바 '장애 세계 만들기' 과제마저 억지로 떠맡게 된다.[78] 보건 시스템이 원격 모니터링과 원격 진료tele-health를 통해 가정으로 더 많은 일을 이전 시키고 있는 만큼, 코로나19 팬데믹 기간에 이루어진 '가상 돌봄' 실험은 보편화되고 정상화될 가능성이 높다.[79]

이런 기술이 사용된다는 건 가사노동이 전통적 의미에서 외연을 크게 확장했다는 뜻이다. 여성들은 – 맞다, 보통은 여성이다 – '단순히' 집을 청소하고 식솔들을 보살피는 것을 넘어 고급 기술이 필요한 의료 업무까지 담당하게 되었는데, 이로써 전문가인 동시에 아마추어이며 거의 존중받지 못하고 (지원은 더더욱 받지 못하고) 책임만 잔뜩 떠안은 돌봄 제공자가 탄생한다.[80] 1997년에 이르자 미국에서는 2,600만 명에 이르는 사람들이 1주일에 평균 열여덟 시간을 가정 내 무보수 보건 노동에 쓰는 것으로 추산되었다.[81]

쉬는 시간과 필수 휴일을 보장받는 전문 인력은 노동과 나머지 삶 사이에 (비교적) 명확한 경계가 있는 반면, 가정 내 돌봄 제공자들에게는 끊임없이 쏟아지는 돌봄 노동의 요구에서 숨을 돌릴 여지가 거의 주어지지 않는다.[82] 결과적으로 가정 내에서 돌봄 의무를 떠안은 이들은 갈수록 늘어나는 일에 허덕이게 되었다. 보건 노동이 가정으로 옮겨가 무보수 돌봄 제공자들의 몫이 되자, 생산성은 낮아졌고 노동의 총량은 줄어들기는커녕 늘어났다.[83] 세탁기가 가정으로 일거리를 돌려보냈듯이, 의료 신기술 역시 가정으로 일을 떠넘긴 것이다.

일의 이동은 소매업에도 영향을 미쳤다. 기술은 날이 갈수록 노동을 소비자에게 부분적으로 떠넘기는 데 사용되고 있다.[84] 1970년대에 셀프 서비스 문화가 발전하면서, 한때 임금노동자가 수행했던 노동을 이제는 소비자가 직접 해내야 한다는 기대가 차츰 높아졌다.[85] ATM이 늘어났고, 셀프 주유소가 문을 열었고, 셀프 계산대는 이제 어디서나 찾아볼 수 있다 – 특히 팬데믹 시대에 사회적 거리두기에 대한 요구는 셀프 서비스를 확산시키는 연료가 되었다.[86] 이런 '셀프' 기술들은 자주 '자동화'로 오해받지만, 실은 노동을 임금노동자에서 무보수 사용자로 이동시키는 '노동 이동' 기계로 보는 것이 더 정확하다.

최근에는 플랫폼이 사용자에게 일을 떠넘기는 또 다른 수단으로 떠올랐다. 과거엔 여행을 계획하거나 생명보험 등을 설계하는 일이 임금노동자의 몫이었지만, 이제는 인터넷에서 사용자 주도 서비스로 제공된다. 정부에서는 실익이 적은 걸 알면서도 기후변화를 막으려는 '지속 가능성을 위한 노력'을 각 가정에 맡기고 있다.[87] 지금껏 살펴보았듯이, 신자유주의 시대에 가정 내 기술은 침체되었으며, 비용 절감을 위해 여러 활동을 임금 영역에서 무보수 영역으로 이동시키는 도구는 늘어만 가고 있다.

기술은 어째서 침체되었을까?

신자유주의 시대에 혁신은 속도를 크게 늦추었다. 같은 시기에 일어난 사회적 변화를 감안하면 이 사실은 놀랍다. 더 많은 여성이 가정을 떠나 임금노동에 합류한 이 시기에 가사노동을 절약해주는 도구에 대한 수요는 증가했을 것으로 추측된다. 기업들은 왜 예상되는 수요에서 수익을 창출할 신기술을 개발하지 않았을까? 다시 말해, 어째서 혁신이 둔화되었을까?

가능한 이유 중 하나는 지난 50년간 기술 분야 전반에서 일어난 둔화다. 경제학자 로버트 고든Robert Gordon이 이야기했듯이, 1920년대에서 1970년대는 직전 수십 년간 등장한 여러 급진적 기술에 힘입어 생산성이 대대적으로 개선된 역사상 전무후무한 시기였다.[88] 경제 전반이 발전된 기술의 혜택을 입었고, 생산성은 전례 없는 (그리고 반복될 수도 없는) 수준으로 치솟았다. 그러나 이런 기술들이 충분히 퍼져나가자 한계 혜택은 줄어들었다. 더 중요한 건 기존의 기술을 대체할 획기적인 신기술이 더 이상 등장하지 않았다는 것이다. 심지어 인터넷조차도 생산성(노동 절감성) 측면에서는 전기, 증기기관, 전보와 같은 예전 발명품에 비하면 보잘것없었다.[89] 이렇듯 전체적인 기술 발전이 둔화된 이상, 재생산 노동을 줄여주는 기술들역시 별로 발전하지 못한 건 놀랍지 않다.

그런데 혁신이 줄어든 이유는 이게 다가 아니다. '기계보다 하인'이라고 부를 수 있는 원리도 한몫을 했다. 가사노동을 절감시키는 도구들은 대개 같은 일을 수행할 수 있는 저임금 노동자를 부리는 것보다 비싸다. 완전히 자동화된 가정을 꿈꾸는 사람에게는 안타깝게도, 가정 내 사회 재생산 일거리 중 많은 일은 기계에 맡기기 어렵다. 예를 들어 빨래를 개는 일은 다양한 조명 조건하에서의 복잡한 이미지 인식, 정교한 손재주, 조직화되지 않은 환경에서 작동하는 능력을 요구한다.[90] 모두 오늘날의 첨단 기계에도 엄청나게 어려운 능력이다. 세탁기에서 빨래 꺼내기, 가구 위에 올려놓은 잡동사니 정리하기, 장식품 먼지 털기를 비롯해 가정 내의 수많은 일거리에 이런 능력이 요구된다. 물론 기술을 활용해 일을 줄이기가 어렵다고 해서 아예 가망이 없다는 뜻은 아니다. 자동화에 적합하도록 구조화된 환경을 구성하는 방법도 있다. 가령 식기세척기는 갖가지 모양의 그릇 여러 개를 한 번에 세척할 수 있는 구조적 환경으로 개발되었다.

하지만 이런 노동을 자동화시키는 기계는 – 설령 현재 개발할 수 있더라도 – 다소 비싼 가격이 매겨지는 게 일반적이며, 고가의 노동 절약용 기계를 구매할 만큼 부유한 사람은 짐작건대 고용인을 부릴 돈도 있을 것이다. 고용인은 다양한 가사를 해내는 능력을 긴 세월에 걸쳐 증명 받았으며, 기계와 달리 스스로를 유지 관리할 수 있다. 임금을 받는 인간 가사 도우미는 사용자가 청소하고, 수리하고, 업그레이드하고, 어딘가에 보관하지 않아도 된다. 룸바를 살 돈은 있지만 가사 도우미를 고용할 돈은 없는 사람이 있을까? 가정에는 비싼 기계와 저렴한 가사 도우미(혹은 무보수로 일하는 배우자[91])라는 두 개의 선택지가 주어진다. 둘 중에 기술 발전의 두 번째 시기에 주로 선택받은 것은 인간 가사 도우미였다. 많은 사람들의 임금이 정체되고 여러 국가에서 불평등이 심화되자 부유한 가정에서는 고용인을 부리는 게 기계를 들이는 것보다 더 쉽고 비용 면에서도 효율적인 선택이 되었다.[92] 부유한 여성들이 임금을 주는 일터로 이동하

고 그들을 대체할 가정 내 노동자의 수요가 높아지면서 전 지구적 돌봄의 사슬이 탄생했다.[93]

디지털 사회 재생산

최근 몇 년간 가정 기술에서는 소소한 발전이 일어났다. 세탁하고 다림질하기 쉬운 옷감을 구하기가 어느 때보다도 쉬워지면서 옷을 깨끗하고 단정하게 유지하는 데 드는 노동은 계속 줄어들었다. 태블릿 PC 시장은 지난 몇 해 동안 둔화되었지만, 아동의 주의를 붙들어두는 (그로써 부모들이 자녀가 떼를 쓸까봐 걱정하지 않고 공공장소로 외출할 수 있게 해주는) 장치로서는 여전히 인기가 높다.[94] 보육 자동화의 고전적 도구라고 할 수 있는 텔레비전을 인터랙티브한 태블릿이 보충하게 된 셈이다. 미국에서는 1997년과 2014년 사이에 어린 아동의 스크린 시간이 두 배로 늘어났다.[95] 더 길어진 보육 자동화 시간의 수요에 맞추어 아동을 상대로 하는 유튜브 영상의 시간도 덩달아 길어졌다.[96] 아이러니하게도 스크린이라는 도구로써 아이와 눈을 맞추고 같이 놀고 상호 작용하는 것과 같은 보육의 즐거운 부분은 자동화된 반면, 더 힘들고 반복적인 부분에선 별다른 변화가 없었다.[97] 부모들은 아이가 먹을 저녁을 차리고 체육복 세트를 정리하는 시간을 내기 위해 자녀의 여흥과 교육, 정신적 풍요를 기술에 맡기게 된 셈이다. 그 반대여야 마땅하지 않을까.

지난 반세기 동안 새로운 노동 절약 도구는 거의 등장하지 않았지만, 실질적으로 의미 있는 변화가 적어도 하나는 일어났다. 지난 세기 말에 광범위하게 영향을 미친 변화와 마찬가지로, 이번 변화도 본질적으로 기반 시설의 변화였다. 가정에 네트워크가 들어온 것이다. 지난 세기에 수도와 하수 시스템, 전기, 가스의 도입이 가정 내에서 무엇을 할 수 있는지 규정했듯, 인터넷의 도입 역시 오늘날 가정 내에서 무엇이 가능한지를 결정한다. 인터넷이라는 기반 시설은 훗날에 또 다른 변혁이 일어날 무대로서 가정 내 사회 재생산 기술에 대한 관심이 부활하도록 불을 붙이고 있다.

가사노동의 외주화

첫째로, 디지털 플랫폼은 수십 년간 이어진 고용인 산업의 쇠퇴에 역행하여 개인 서비스 부문의 급속한 성장을 북돋웠다. 우버(승객과 운전자를 연결해주는 택시 앱)가 두각을 나타낸 이래로 앞다투어 등장한 수많은 디지털 플랫폼은 '음식 배달, 청소, 개인위생, 아이 돌봄, 심부름, 정원 일, 애완견 산책, 집수리, 건물 관리, 수납장을 채우고 분류하고 조립하는 일 등 무보수 노동을 임금노동으로 대체할 수 있도록 해주는' 각종 개인 서비스를 제공하기 시작했다.[98] 전통적 가사노동을 외주하는 수단인 디지털 플랫폼은 지난 수십 년간 일어난 가장 중요한 기술적 변혁 중 하나로 꼽을 수 있다. 물론 디지털 플랫폼의 역할이 노동의 총량을 줄여주는 것이 아니라 일을 가정에서 시장으로 이동시키는 것에 불과하다는 건 잊지 말아야 할 것이다.[99] 많은 국가에서 디지털 플랫폼은 상류층의 전유물에 머무르지 않고 여러 계층으로 퍼져나갔다. 유럽 7개국을 대상으로 이루어진 한 연구에서는 넷 중 하나의 가정에서 플랫폼을 통해 가정 내 노동력을 고용해본 적이 있음이 밝혀졌다.[100]

디지털 플랫폼의 등장으로 인해 우선 식생활이 달라졌다. 플랫폼은 식사가 가정에서 시장으로 이동하는 장기적 추세를 확장시켰다. 기존에 이 추세의 가장 명백한 사례는 외식의 증가에서 찾아볼 수 있었다.[101] 여러 연구를 통해 부유한 서구 국가에서 1970년 이래로 집에서 식사하는 시간은 줄어들고 외식하는 시간은 늘어났음이 밝혀졌다.[102] 어느 경제학자가 표현했듯이, '패스트푸드 산업은……전 세계의 가정주부에게 요리하고 치우는 데 소요되는 시간을 1조 시간은 줄여주었을 것'이다.[103] 미국 가구들은 갈수록 식비 예산의 높은 비율을 외식에 사용하고 있다.(〈도표 2-1〉 참조) 미국인의 열량 섭취 역시 점점 더 외식에서 이루어지고 있다.[104] 특히 가구 소득이 높아질수록 그런 변화가 눈에 띈다. 중간계급과 부유층은 빈곤층에 비해 (패스트푸드 음식점에서든 정식 레스토랑에서든) 외식할 가능성이 훨씬 높다.[105] 실제로 가장 부유한 가구는 집밥보다 외식에 더 많이 지출하고 있는데, 이는 식사에 들어가는 노동의 많은 부분을 외주하기로 결정하는 중요한 요인이 가족의 바람이 아니라 돈임을 시사한다.[106]

이런 상황에서 등장한 디지털 플랫폼은 음식 배달 서비스를 급속히 확장시킴으로써 식사와 관련된 가사노동을 줄여주고 있다. 우버이츠, 메이투안, 도어대시, 그랩, 딜리버루 같은 플랫폼은 급여가 형편없고 불안정하기로 악명 높은 노동자들의 등에 업혀 음식 배달

업에서 큰 성장을 일궈냈다. 레스토랑에서 가정으로 음식을 배달해 주는 서비스는 특히 과로한 사람들이 빠르게 끼니를 때우는 방법으로서 매력적이며, 대체로 외식에서 배달로의 전환보다는 집밥에서 배달로의 전환이 이루어진 결과로 보인다.[108] 식생활 영역에서 큰 성공을 거둔 디지털 플랫폼들은 이제 '다크 키친' – 배달 음식을 만들기 위해 도시 곳곳에 설치한 소형 주방 – 을 세우고 있다.[109] 팬데믹 기간에 레스토랑을 직접 방문하지 못하는 소비자들이 집에서 음식을 주문하면서 배달 플랫폼의 이용이 더욱더 치솟았다.[110] 어떤 논평가들은 가정에 속했던 요리가 산업화된 음식 생산의 영역으로 이동하면서 2030년경에는 '주방의 죽음'이 올 것이라고 예언하기까지 했다.[111]

음식 생산을 외주하는 또 다른 사례로, 간편식의 활용 또한 증

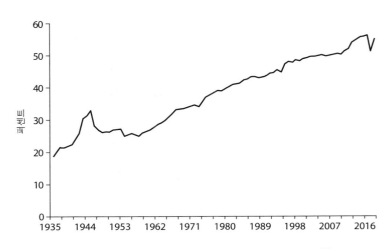

〈도표 2-1〉 미국 가구의 식비 지출 중 외식 비율(1935~2016년)[107]

가했다. 간편식은 좀 더 편하게 생활하고 싶은 바쁜 사람들에게 사랑받는 선택지다.[112] 시간이 없는 현대인들은 슈퍼마켓에 자주 들러 냉장고에 끊임없이 신선한 식재료를 채워 넣기보다 스케줄을 단순화하기 위해 레디밀 ready meal*과 냉동식품에 의존하게 되었다. 이런 식품은 시간 관리를 용이하게 해줄 뿐만 아니라(이제 바구니에 담아둔 과일 중 무엇이 충분히 익었고 냉장고 안에서 어떤 식재료가 썩기 직전인지 신경 쓰지 않고 무엇을 언제 먹을지 정할 수 있다) 조리에 소요되는 시간을 줄여준다 – 시간에 얽매인 사람들에게 매력적인 선택이 아닐 수 없다.[113] 대량으로 제조되는 간편식은 전반적인 기술 발전에 힘입어 생산성이 증대되자 시간이 흐를수록 더욱 저렴해졌다. 외식 시간이 늘어나고, 간편식이 활용되고, 식기세척기와 전자레인지가 도입되면서 요리와 설거지에 쓰이는 시간은 1970년대부터 계속 줄어드는 추세다.[114]

디지털 플랫폼은 쇼핑 경험 역시 바꾸고 있다. 지난 수십 년간 사람들이 쇼핑에 들이는 시간은 점점 늘어나는 추세였으나, 지난 몇 년 사이에 온라인 주문과 배송이 부상하면서 1930년대 이전의 소매업 형태로 복귀하려는 경향이 생겨났다. 일이 시장으로 되돌아오고 있는 것이다. 온라인 쇼핑 또는 이커머스로의 이동은 쇼핑의 패러다임을 우편 주문이 성행했던 지난 세기 말로 돌려놓는 중요한 전환이다. 카탈로그를 활용했던 우편 주문처럼, 온라인 쇼핑을 하는 고객은 디지털 플랫폼을 통해 물건을 주문하고, 포장된 물

---

* 별도의 조리 없이 곧바로 또는 데워서 먹을 수 있는 식품 – 옮긴이

건을 문 앞으로 배송 받는다. 온라인 쇼핑의 약진에 쇼핑몰, 백화점, 상점 모두가 악전고투하고 있다.[115] 물론 물건을 운송하는 일은 그냥 사라진 게 아니라 수많은 저임금 노동자의 손으로 옮겨갔다. 일이 이루어지는 '장소'가 시장으로 확실히 이동한 것이다. 여러 사람이 멀리 있는 가게를 찾아가 물건을 구매해서 집으로 돌아오는 것에 비해 전문 배달부는 에너지와 시간을 효율적으로 활용할 수 있으므로, 물건을 운반하는 데 필요한 이동의 총량은 확실하게 감소했다.[116]

오늘날 세계적으로 온라인 쇼핑을 하는 사람은 15억 명이 넘는 것으로 추산된다.[117] 온라인 쇼핑 이용자의 증가세는 팬데믹으로 인해 가속화되어, 소매업 전체에서 온라인 쇼핑이 차지하는 비율이 영국의 경우 20퍼센트에서 35퍼센트로, 미국의 경우 11퍼센트에서 16퍼센트로 뛰었다.[118] 이탈리아처럼 온라인 쇼핑에 저항하던 국가들조차 팬데믹 기간에 봉쇄를 겪으며 온라인 쇼핑이라는 신문물을 받아들였다.[119] 변질 우려로 인해 다른 유형의 물류를 필요로 하는 식료품을 제외하면, 온라인 쇼핑은 영국에서 나머지 소매업의 절반 가까이를 차지한다.[120] 온라인 식료품 장보기 역시 다른 온라인 쇼핑 부문보다 뒤처지긴 해도 많은 국가에서 빠르게 성장하고 있으며[121] 팬데믹으로 인해 몸집을 크게 불렸다 – 영국에서는 (워낙 규모가 작긴 했지만) 두 배로 성장했을 정도다.[122] 구멍가게와 편의점을 대체하는 것을 목표로 빠르게 식료품을 배달해주는 소규모 창고 허브인 '다크 스토어'도 지난 몇 년간 수백 군데가 생겨났다.[123] 디지털 플랫폼들은 훗날 처방약과 주류 같은 품목으로 배달 산업을 확대할 것을 기대하며, 더 짧은 – 배달원 입장에서는 더 위험한 – 배달 시간을 약속하고 있다.

이렇듯 가정의 쇼핑은 여전히 변화를 겪는 중이므로, 앞으로도 잠재적으로 상당한 양의 일이 가정에서 시장으로 넘어갈 것이 분명해 보인다. 많은 밀레니얼 세대가 주말 이틀 중 하루는 여기저기 돌아다니며 식료품을 사고 쇼핑 목록의 항목을 지워나가는 추억을 갖고 있겠지만, 달라진 시대에는 점점 더 다양한 물건이 문 앞으로 직접 배송되고 있다.

전통적 가사노동을 외주하는 수단으로 여길 때, 개인 서비스 산업을 급속히 성장시킨 디지털 플랫폼은 지난 수십 년간 가장 의미 있었던 기술적 변혁 중 하나로 꼽을 수 있다. 하지만 그렇다고 해서 하나의 일거리에 들어가는 노동의 사회적 총량이 반드시 '감소' 했다는 의미는 아니다. 디지털 플랫폼이 불러온 변화의 더 중요한 면모는 노동이 가정에서 시장으로 이동했다는 질적 변화에 있다. 맞벌이가 늘어나면서 임금노동에 쓰이지 않는 시간이 감소하고, 돌봄의 사슬이 확장되고, 새로운 플랫폼 산업이 등장하는 등의 사회 경제적 변화로 인해 점점 더 많은 양의 가정 내 사회 재생산 활동을 시장으로 외주할 수 있게 되었다. 바버라 에런라이크_{Barbara Ehrenreich}가 썼듯이, '이는 마침내 가사노동 임금 운동*의 옹호자들이 상상도 못했을 방식으로 가정을 온전히 자본주의적인 일터로 변혁시키고 있다'.[124]

---

* 마르크스주의 페미니즘 관점에서, 가사노동에 대한 국가의 임금 지불을 요구한 운동 – 옮긴이

스마트 홈이 진짜로 가져다주는 것

플랫폼이 시장으로 일의 이동을 부추겼다면, 최근 가정 내에서 혁신이 일어나는 주 무대는 '스마트 홈'이다. 스마트 홈이란 다수의 기구가 하나의 네트워크로 묶인 개별 가정을 뜻한다. 개념 자체는 새롭지 않다 – 스마트 홈이라는 단어는 1980년대에도 존재했으며, 당시 많은 기업이 나서서 '미래의 가정'이 어떤 모습일지 시현하는 실험주택을 지었다. 정말로 놀라운 건 우리 시대의 스마트 홈에 대한 상상이 과거와 거의 달라지지 않았다는 것이다. 예를 들어 1987년에 작성된 스마트 홈에 대한 묘사를 보자.

연구 개발에서 주력하는 분야는 외부 온도 및 습도의 원격 표시, 실내 공기 질 조절, 개별 구역 내 온도 및 환경 통제, 조명 조절을 통합하는 통제 시스템 구축이다. 동작 감지기를 활용한 고급 보안 시스템의 통제도 포함된다. (……) 서비스 또는 진단 도구도 들어가며, 음성 인식과 음성 정보를 활용한다.[125]

인터넷 연결만 추가하면, 이 설명은 현대의 스마트 홈에도 그대로 들어맞는다. 1980년대에 텔레비전, 냉장고, 커피메이커를 비롯해 대부분의 기계는 이미 오랫동안 '멍청한' 형태로 존재하고 있었다. 스마트 홈 개념에서 참신한 건 단 하나, 이 기계들을 하나로 통합한다는 점이었다.[126] 스마트 홈은 그 안에 포함된 다양한 스마트 기기를 관리하는 기능을 수행하며, 모든 동작과 환경 변화를 전반적으로 살피고, 디지털 통제 및 음성 통제 시스템과 결합하여 이런 요

소들을 활용하고 원격으로 조정할 수 있다.[127]

가사노동의 절감은 오래전부터 이상적인 미래의 가정을 상상하는 사람들에게 우선순위로 여겨졌다. 예를 들어 가정에 갖가지 변화가 일어난 19세기 말에는 다수의 페미니스트 개혁가가 청소하기 쉬운 집을 옹호하고 나섰다.[128] 스마트 홈 역시 그 기원을 들여다보면 가사노동을 절감한다는 개념과 밀접하게 관련되어 있다. 실제로 '가정 기술을 통한 더 많은 여가 시간의 추구는 오랫동안 (스마트 홈과 같은) 가정에 대한 상상의 특징'이었으며, 통합된 기술 시스템을 홍보하는 자료에서는 흔히 가정 기술이 가정 내 여러 절차를 단순화하고 능률화한다고 소개한다.[129] 그러나 초연결된 하이테크 스마트 홈에 대한 상상을 잘 들여다보면, 가사 자체에 대한 고려는 부재하다.[130] 기반 시설의 웅장한 발전이 가정 내 일의 성격을 바꾸는 것처럼 보이지만, 실제로 노동은 줄어들지 않는다. 이건 왜 그럴까?

첫째로, 스마트 홈은 주로 노동 자체의 절감보다 '편의'를 지향한다. 둘의 차이는 미묘하지만 중요하다. 편의라는 개념은 구체적으로 시간을 절약하거나 일의 양을 줄이는 게 아니라 어렵고 성가신 부분을 없앰으로써 보다 편안하게 일하는 것을 뜻한다. 그러므로 편의성은 생산성의 문제라기보다는 주관적인 사용자 경험의 문제다. 애초에 편의성이라는 개념 자체가 아주 작은 규모에 적용될 소지가 있으며, 실제로 스마트 홈의 여러 면이 그런 규모에서 기능한다. 작은 일의 자동화(예를 들어 사람이 들어오면 자동으로 불이 켜지는 것)와 집 관리를 보조하는 것(예를 들어 우유가 떨어지면 거주자에게 알리는 것)은 전부 살림의 곤란한 멀티태스킹을 줄여주는 방식이라고 홍보된다.[131] 이 지점에서 궁극적으로 스마트 홈의 야망이 일상에서의 작은 마찰을 줄이는 것임이 분명해진다. 한 기술 분석가는 이렇게 표현했다.

> 전기주전자나 채소 벗기는 기계가 하루에 몇 시간을 벌어주거나 고된 노역을 줄여주지는 않는다 – 단지 여생 동안 아주 작은 마찰을 하루 몇 차례씩 줄여줄 뿐이다. 오늘날 스마트 기기 업계는 주변을 두리번거리며 또 어떤 마찰을 줄일 수 있을지 물색하는 모양새다. 그런데 이런 마찰은 특성상 자동화해서 제거하기 전까지는 문제로 인식되지도 않는다 – 과거에 자동차의 사이드 미러를 수동으로 조절하는 게 문제로 느껴지지 않았듯이.[132]

따라서 스마트 홈은 자가 청소 기능이 탑재된 집이라는 영원한 꿈을 실현시키기는커녕 기껏해야 일상의 짜증스러운 모서리를 다듬는 정도를 목표로 삼는다.

여기서 짚고 넘어갈 건, 어떤 이들에겐 사소한 불편인 것이 다른 이들에겐 보다 큰 걸림돌로 느껴질 수 있으며, 후자의 집단에 스마트 홈의 영향이 강렬하리라는 것이다. 아마존이 출시한 알렉사와 같은 음성 기반 인터페이스는 노인들에게 선호된다. (맹인이거나 약시인 사람들은 물론이고) 시력이 저하된 사람들은 자판을 치는 것보다 말해서 정보를 얻는 게 더 편하다. 근육 떨림이 있는 사람들은 터치가 아닌 목소리로 메시지를 주고받는 게 더 쉽다.[133] 우리는 허리 양쪽에 갓난아기와 좀 더 큰 유아를 안고 돌아다니면서 핸즈

프리 인터페이스에 대해 재평가하게 되었다 - 아이들이 스마트 기기와 유창하게 직접 소통하는 법을 배웠을 때 어떤 일이 일어나는지는 아직 알지 못하는데도.

하지만 이런 잠재적 이득을 누리고자 하는 사람은 스마트 홈이 만들어내는 새로운 일거리도 수용해야 한다. 원래의 가정 공간과 그 안에서 일어나는 행동에 스마트 홈 기기를 적용시키는 데에는 일거리가 따른다. 예를 들어 로봇 청소기는 사람이 카펫 위로 청소기를 밀고 다니는 노력을 덜어주지만, 동시에 공간을 아주 특정한 방식으로 정리하도록 강요한다. 바닥에 잡동사니가 없어야 하고, 걸림돌이 될 만한 물건은 어딘가로 옮겨야 하고, 모퉁이와 틈새에는 로봇 청소기가 끼지 않도록 울타리를 쳐야 하며, 계단은 로봇 청소기의 수명을 끝장내는 추락의 위험성이 있으니 막아야 한다. 기계가 우리의 생활환경에 맞추는 게 아니라 기계를 더 편안하게 해주기 위해 우리의 생활환경을 조정해야 하는 것이다. 게다가 스마트 홈은 완전히 새로운 기술적 업무를 줄줄이 만들어낸다 - 기기 업데이트, 알림에 대한 대응, 기기들이 함께 작동하도록 설정하기, 자잘한 고장을 처리하기 위해 인터넷 뒤지기 등등.[134] 스마트 홈의 미래를 그려보고 싶다면, 평생 오작동하는 프린터를 고치는 걸 상상해보라. 디지털 가사노동의 시대에 돌입하면서 가정 내 IT 전문가가 할 일은 크게 늘어날 것이다.

마지막으로, 스마트 홈이 만들어내는 일거리는 재생산 노동의 균형을 잡아주기는커녕 기존의 젠더화된 위계를 강화시키려 작정한 것처럼 보인다. 현재의 기술·물질적 조건에서 이성 부부로 이루어진 가정의 IT 기기를 일반적으로 남성이 관리한다는 점을 감안할 때, 디지털 가사노동의 증가는 '아빠가 할 일이 늘어난다'는 뜻일 수도 있다.[135] 그런데 이는 가사노동의 평등한 재분배를 장려하기보다 오히려 '디지털' 가사노동을 맡는 사람과 '전통적' 가사노동을 맡는 주부의 젠더화된 구분을 굳힐 위험성이 있다.[136] 이런 구분은 재생산 노동을 분담할 때 이성 부부 중 남성이 '제일 좋은' 일을 맡는 특성을 답습하는 셈이기도 하다.

가사노동과 보육에 참여하는 남성들은 여성인 배우자보다 자동화되고, 덜 반복적이고, 더 소통하는 일을 맡는 경향이 있다.[137] 이런 경향은 가사 영역 내의 디지털 노동에서도 거의 동일하게 적용된다. 스마트 홈 기술을 주도적으로 사용하는 사람은 이를 일종의 취미처럼 여기곤 한다 – 적어도 처음에는 그렇다.[138] 물론 스마트 홈 기술을 관리하는 일도 시간이 흐르면 부담스럽거나 성가시게 느껴지기 십상이다. 끊임없는 감독과 유지 관리 없이도 기술이 그냥 잘 작동했으면 좋겠다는 게 사용자들의 바람이다. 그럼에도 불구하고 젠더에 따라 수행하는 재생산 노동이 양적으로는 물론 질적으로도 달라지는 현상은 페미니즘 관점의 탈노동 상상에서 중대한 이슈가 된다. 평등한 재생산 노동은 단순히 노동시간만의 문제가 아니다.

스마트 홈이 노동을 별달리 줄여주지 못하는데도 갈수록 확산되는 것처럼 보이는 이유는 무엇일까? 각종 기술의 집합체인 스마트 홈은 소비자 또는 사용자의 수요에 대한 반응이라기보다, 알고 보면 자본주의가 주도하는 플랫폼 시장이기 때문이다. 20세기 초에 제조 기업들은 가격이 저렴해진 전기모터를 오늘날 사용되는 대단히 넓은 범위의 기계에 장착하고 끊임없이 홍보했다. 사회학자 주디 와이즈먼Judy Wajcman이 썼듯, '칫솔질, 레몬즙 짜기, 고기 썰기까지 가정 내 모든 작업을 전동화하려는 추진력은 필요에 따른 반응이었다기보다 모터를 생산할 수 있는 경제적·기술적 역량의 반영이었다'.[139] 오늘날 우리는 스마트 홈 기기에서 비슷한 역학을 목격하고 있다. 가정 내 모든 작업을 '스마트'하게 만들려는 추진력은 필요에 따른 반응이라기보다 데이터를 수집하고 컴퓨터 칩을 생산할 수 있는 경제적·기술적 역량의 반영이다. 전동화가 진행된 시기에 그러했듯, 지금은 기업들이 하나쯤은 시장에 통하기를 바라며 각종 스마트 기기를 마구잡이로 내놓는 실험적 단계로 볼 수 있다.[140]

가정 내 도구들을 전동화하려는 추진력이 '더 많은 기기=매출 증대=이익 증대'라는 단순한 수익 논리를 따른 반면, 스마트 홈의 기초가 되는 건 플랫폼 자본주의가 특별히 갖는 원칙이다. 그중 첫 번째이면서 가장 명백한 것은 가정 공간에서의 데이터 추출이다. 이때 데이터에 당장의 직접적 목적이 있는지 여부는 중요하지 않은데, 데이터의 추출 및 저장이 비교적 저렴해지자 기업들이 사용처는 나중에 찾으면 된다는 생각으로 일단 데이터를 수집하러 나섰기 때문이다. 가정 내의 개인적 행동 패턴이 인터넷 서비스 제공자, 데이터 브로커, 주요 플랫폼에 점점 가시화됨에 따라 스마트 홈은 엄청나게 많은 양의 데이터를 생산해내게 되었다.[141] 룸바 같은 몇몇 기업은 아예 공개적으로 이런 전환을 받아들여서, 가정 내부

구조에 대해 전례 없는 접근권을 약속하는 데이터 기업으로 거듭나고 있다.[142] 이에 비추어볼 때 아마존 같은 기업이 풍부한 데이터를 보유한 작은 기업들을 인수하는 것도 놀랍지 않다.[143] 플랫폼 기업의 입장에서 궁극적으로 '가정은 데이터가 있는 곳'이다.[144]

스마트 홈 기기 – 특히 기기들을 중앙에서 통제하는 음성 작동 허브 – 는 중요 서비스를 확장하고, 굳히고, 사용자가 다른 서비스로 넘어가지 못하게 고착화시키고자 하는 플랫폼 자본주의의 목표에 핵심적이다. 이 세 가지 중 실제 이윤을 발생시키는 것은 마지막 목표로, 사용자들을 서비스에 묶어두면 장기적 소득원을 확보하기가 용이해진다. 따라서 플랫폼 자본가들은 스마트 어시스턴트와 그에 대응하는 장치를 가정에 편입시키고자 끊임없이 노력하고 있다. 아마존에서는 알렉사를 전자레인지, 반지, 시계, 안경에 이르기까지 무수한 저가 장치에 심음으로써 이윤을 거두는 데 성공했다.[145] 기기에 스마트 어시스턴트를 간단하게 추가시키는 칩을 공급하고 특정 플랫폼 서비스를 사용하고자 하는 제3자에 전반적인 지원을 제공하는 것도 이런 노력을 보충한다. 여기에 더해 플랫폼 자본가, 임대인, 보안 회사, 경찰 사이에 이루어진 악마의 거래로 인해 스마트 기기들은 사용자 및 임차인의 소망과 무관하게 가정으로 쳐들어오기도 한다.[146]

오늘날의 스마트 홈이 과거 전기화와 전동화가 이루어진 시기와 유사한 역학을 따르는 반면, 데이터 추출의 논리는 이런 역사적 패턴을 독특한 방식으로 굴절시킨다. 오늘날 우리에게 제공되는 스마트 홈은 전적으로 자본주의적인 제품으로서 이윤을 얻고, 데이터를 추출하고, 기기들을 통제한다는 예측 가능한 목표를 지닌다. 반대로 가사노동과 가정 주거 공간 내 재생산 노동자들의 실제 노동에 대해서는 예측 가능한 공백이 존재한다. 따라서 우리 시대의 스마트 홈은 가정을 해방적으로 변혁시키는 것과 거리가 멀며, 도리어 재생산 노동의 부담을 덜어주거나 개선시키는 일에는 효과가 미미했던 예전부터의 수많은 가정 기술 중 하나에 불과함을 알 수 있다.

상상에 갇히다

우리는 여전히 노동을 줄여줄 잠재력을 별로 실현하지 못한 가정 기술의 세계에서 살아가고 있다. 가정 기술의 잠재력 덕분에 여성의 노동시장 진입이 용이해졌다는 증거는 있다.[147] 그러나 가사노동을 유의미하게 줄여줄 역량은 가사노동의 사회적 조직, 기술에 결부된 새로운 일거리의 출현, 일반적인 기대 수준의 상승으로 인해 제약되었다. 그 결과 코완의 역설은 아직도 유효하다. 가사노동에 들어가는 시간은 20세기 내내 대동소이했다. 핵심생산인구에 속하는 연령의 성인이 1주일 동안 가사노동에 들이는 평균 시간은 1900년에 26시간이었던 데 비해 2005년에는 24시간으로 고작 두 시간 줄어들었다.[148] 전업주부가 무보수 가사노동에 쓰는 시간은 20세기 내내 주당 약 50시간으로 꾸준했다.[149] 이 시기에 가사노동을 여성들이 이전보다 적게 하고 남성들이 이전보다 유의미하게 많이 하는 성역할의 전환이 두드러졌지만, 최근의 한 연구에서 밝혀졌듯이 '가전제품의 보급이 가사 업무의 전통적 젠더 분화를 의미 있게 바꾸었다는 증거'는 없다.[150] 기술의 영향은 미미했고, 무보수 가사노동에서 젠더 균형을 예측할 수 있는 훨씬 더 중요한 요소는 여성의 고용 상태였다.

우리가 도달한 결론은, 우리가 누릴 자격이 있는 기술을 아직 갖지 못했다는 것이다. 가정 기술을 처음 설계한 이들은 가사노동이 이루어지는 방식에 대한 젠더화된 상상을 바탕으로 삼았으며, 가사노동에 가장 많이 참여하는 노동자 및 사용자의 의견을 고려하지 못했다. 결과적으로 가정 기술은 젠더화된 가사 분담을 더욱 고착화시켰을 따름이다. 가정 기술에서는 보통 노동을 맡은 사람을 여성 한 명으로 상정한다 – 가사노동의 재분배는 가정 밖에서는 물론이고 가정 '내에서조차' 상상되지 못했고, 집단적 사회 재생산 절차는 끝내 구상되지 못했다. 제약된 상상에 갇힌 가사노동은 한쪽에서 줄어드는 동안 다른 쪽에서는 오히려 늘어났다. 대안적 기술은 그에 필요한 사회관계와 기반 시설이 존재하지 않은 탓에 개발되거나 활용되지 못했다. 그 대신 개별 가족을 위한 간편식이 출시되었고, 개별 가족을 위한 가전제품이 생산되고 가격이 책정되었으며, 가정 기술 제품들은 일생의 대부분을 벽장과 창고에 처박혀 보내게 되었다.[151]

오늘날에 이르러서도 젠더화된 가사노동의 이미지는 우리의 상상 속에 변함없이 굳건히 자리잡고 있다. 스마트 홈을 선도하는 많은 이들이 최첨단 기술로 가득한 미래를 그리지만, 그 미래는 항상 노동이 전통적 방식으로 분배된 개별 가족의 가정을 배경으로 한다.[152] 다른 모든 것이 변해도 가정 기술을 둘러싼 사회관계만큼은 변하지 않는 모양이다. 그렇다면 가정 기술의 현실적 영향력이 미미했던 것도 많은 부분 여기서 기인한 것일 테다. 기술을 창조하고, 배치하고, 활용하는 방식에 대한 사회적 상상이 기술의 잠재력을 가로막고 있다. 기술은 탈노동 사회 재생산의 만병통치약이 아니다. 그러나, 그렇다고 해서 아무 의미 없는 막다른 골목도 아니다. 사회 조건이 달라질 때 기술은 시간 주권을 되찾고, 재생산 노동을 인정받고 재분배하고 줄이는 여정에서 든든한 아군 역할을 해낼지도 모른다.

③
기준의 강화

앞에서 살펴보았듯이, 사회 재생산에 들어가는 기술의 핵심적인 역설은 실제로 노동을 거의 줄여주지 않는다는 것이다. 기술은 재생산 노동에 쏟는 시간을 줄여주기는커녕 오히려 늘리기 일쑤다. 기대가 높아지면서 일은 자꾸만 불어난다. 청소 기술이 도입될수록 가정은 더 깨끗해지길 기대받는다. 부엌에 기구들이 들어오면서 요리는 오랜 시간을 들이는 복잡한 일이 된다. 수도꼭지에서 온수가 나오고 화장실이 가정의 표준 구성품이 되면서 샤워와 개인 몸단장은 더 자주, 꼼꼼히 해야 하는 일이 된다. 이런 기준들은 전부 주하원의원의 홍보, 광고, 사회적 기대 등의 압박을 통해 강요된다. 기술 덕분에 자유 시간을 늘릴 역량은 커졌는지 모르지만, 그 역량을 상쇄할 만큼 사회적 규범, 기준, 기대 역시 진화한 것이다.

기준이 강화되는 경향은 심지어 몇몇 탈노동 사상가의 글에서도 포착된다. 탈노동 이론의 다양한 갈래에서, 가사에 대한 높은 (다시 말해 극도로 노동 집약적인) 기준이 흥미로울 정도로 자주 언급된다. 독일의 크리시스 그룹Krisis Group에서는 '맛있는 식사를 준비하는' 데 드는 노동은 결코 사라지지 않으리라 주장한다.[1] 앙드레 고르는 '집 안을 돌보고 장식하는 일······ 훌륭한 식사를 차리고 손님들을 즐겁게 하는 일' 등을 찬양한다.[2] 영국 철학자 케이트 소퍼Kate Soper는 '요리, 바느질, 집수리가 – 심지어 청소도 – 더 보람을 주는' 세상을 기대한다.[3] 영국 예술가 윌리엄 모리스William Morris의 고전 유토피아 소설 『유토피아에서 온 소식News from Nowhere』*에서는 손님을 환대하고, 남을 돌보고, 공간을 아름답게 꾸미는 일이 크게 늘어난 세상을 그린다. 소설의 화자가 새로운 세상에 도착하자 한 무리의 여성들이 즉시 하던 일을 멈추고 부지런히 그를 시중든다. 남성 동료에게서 지시가 떨어지자 이 여성들은 '분주히 움직이더니 금방 우리에게 돌아와서 손을 이끌고 홀의 아주 아름다운 구석으로 안내했다. 그곳엔 테이블 위에 아침이 차려져 있었다'.[4] 음식을 마련하고, 집 안을 꾸미고, 손님을 돌보는 일은 자발적으로 행해질 때 분명히 큰 기쁨을 주지만, 이런 일을 탈노동 상상의 중심으로 삼았다가는 은연중에 강압적인 의무가 다시 등장하도록 허락할 위험이 있다.[5]

게다가 많은 탈노동 프로젝트에서 젠더 문제가 거의 언급되지 않는다는 점을 감안하면, 여성을 비롯해 이 일을 전통적으로 수행

---

* 한국어판 제목은 '에코토피아 뉴스'다 – 옮긴이

해온 사람들은 미래 사회에서도 여전히 이 일에서 벗어나지 못할 가능성이 상당히 높다. 시간을 전부 요리, 청소, 돌봄에 쓰고 싶은 게 아니라면, 일에서 해방된 뒤에도 얼마든지 열망할 수 있는 훌륭한 가정생활에 대해 생각하기보다는 특정한 사회적 기대의 강제력을 줄이는 문제를 더 고민하는 것이 바람직하다. 가사 활동을 즐기는 사람에게서 그것을 금지하자는 건 아니지만, 재생산 노동을 둘러싼 제약적 규범이 이대로 굳어져선 안 되며, 사회적으로 받아들여지는 삶의 기준에 관한 생각을 재고해볼 필요가 있다는 것이 우리의 주장이다. 탈노동 상상에는 노동 집약적인 '집밥'만큼이나 훌륭한 구내식당도 들어 있어야 마땅하다.[6]

이번 장에서는 청결, 안락함, 육아, 전반적인 분주함에 대한 기준이 제각기 발전해온 역사를 살펴보려 한다. 여기엔 '방향성'이 있다. '안락함과 청결은 특수한 형태로 강화하고 표준화할 대상이 된다.'[7] 이번 장에서 보듯 그 방향이 반드시 한쪽으로만 쏠리지는 않지만 가정 내 청결, 말쑥한 몸단장, 육아 등의 규범은 대체로 점점 더 많은 것을 요구하면서 보편화되어왔다. 그 결과, 노동을 줄일 수 있는 사회 재생산 기술의 역량은 실제로 노동시간을 줄이는 데 쓰인 게 아니라 더 강화된 기준을 만족시키고 더 많은 결과물을 내는 데 투입되었다.

지금 우리에게 당연한 것처럼 보이는 습관과 규범은 어떻게 만들어졌으며, 그 대안은 무엇일까? 기준과 관련하여 이미 젠더화된 역학이 존재하는 만큼, 기대 완화는 사회 재생산의 부담을 줄이고 젠더 평등을 촉진시키는 중요한 방법이기도 하다.[8] 우리의 목표는 일률적으로 기준을 낮추는 것이 아니라 우리의 사회적 체계가 어떻게 우리에게 의식적 숙고 없이 특정한 규범을 받아들이도록 강요하는지 인식하는 것이다. 그럼으로써 우리는 더 나은 미래로 나아가는 방법을 상상할 수 있다.[9]

더 깨끗해지려는 강박

　　제일 먼저 점점 강화되고 있는 청결 기준부터 검토해보자. 무엇이 깨끗하고 더러운지에 대한 우리의 개념은 존재론적 기정사실이 아니라 과학 지식, 사회 관습과 편견, 도덕성, 문명의 담화, 기술 지원이 복잡하게 결합한 결과물인 사회적 구성체다. 청결은 흔히 품위에 대한 인식과 결부되며, 사회 질서를 유지하기 위한 절대적 필수품으로 꼽힌다.[10] 가정을 연구한 최초의 경제학자 중 한 명인 존 리즈John Leeds는 '가정과 개인의 강화된 청결이 민주주의의 성장에 기여했다. (……) 청결은 독실함에 버금가는 가치일 뿐더러 인류의 유대를 키우는 데 필수다'라고 주장했다.[11] 청결의 기준은 사회적 구분의 선을 긋는 역할도 하는데, 가령 다른 문화를 차별하는 핑계로 '부적절한 냄새'라는 모호한 개념을 들먹이는 사람들도 있다. 비누는 대영제국이 다른 국가에 나누어준 훌륭한 선물 중 하나로 간주된다. 유니레버 사에서는 '비누가 문명이다'라는 노골적인 선언을 기업 슬로건으로 삼기도 했다.[12]

　　이렇듯 청결은 사회 질서의 표현(이자 재생산), '품위 있는' 문명사회로 진입하는 길, 사람을 본질적으로 문명화하는 습관이라는 지위를 얻었다. 우생학자들도 인종 '개량' 프로그램에서 청결을 주된 부분으로 삼았다 – 적어도 그들이 품위 있는 수준으로 끌어올릴 수 있다고 느낀 대상의 경우에 한해서였지만.[13] 혁명적 공동체들도 청결을 크게 강조했는데, 대회를 열거나 시찰 단체를 구성해 엄격한 기준이 지켜지는지 확인했다.[14]

청결은 사회 내에서 개인이 겉모습을 드러내는 방식이자 특정한 지위를 나타내는 방식이기도 하다. 노동계급이 '씻지 않은 위대한 자들'이라는 멸칭으로 불리고 청결이 품위의 표지가 되는 데엔 이유가 있는 것이다.[15] 더러운 상태는 가치 없음을 의미한다. 깨끗함과 더러움의 도덕적 구분은 많은 국가에서 엄격한 사회적 형태를 취하기도 한다. 예를 들어 인도에서는 높은 카스트 사람이 낮은 카스트 사람에게 청소를 맡기는데, 이때 낮은 카스트 사람은 '상징적으로 태생에 의해 더럽고 불순한' 것으로 여겨진다.[16] 이와 유사하게 흑인 여성과 이민자 여성은 예전부터 '더러운' 가사를 떠맡아 백인 중간계급 고용주들이 가사에서 거리를 유지할 수 있도록 했다.[17] 이러한 청결의 다면성은 개인위생, 세탁, 집 청소까지 가사의 다양한 요소에 영향을 미쳤다.

개인위생

개인위생은 이 책의 주안점은 아니지만, 목욕과 샤워의 역사는 청결이라는 이름 아래 일어난 변화를 소개하는 데 유익하다. 개인위생 개념은 신체에 대한 이해와 밀접하게 관련된다. 서로 다른 체액이 체내에서 미세하게 균형을 잡고 있다고 믿은 16세기에 목욕은 땀구멍을 열어 악한 것을 몸 안으로 들여보내는 일로 여겨졌다. 반면 전염병의 원인이 공중의 독기라고 주장한 독기론에서는 질병이 공기를 통해 전파된다면서 냄새 제거를 매우 중시했다(질병에 맞서는 방법으로 향수 및 여러 향료가 사용되기도 했다). 이런 관점에서 목욕은 딜레마에 놓였다. 어떤 이들은 때를 공중 전염을 막아주는 보호막으로 여겼고, 다른 이들은 몸에서 냄새가 나는 것을 질병의 경고라고 생각했다.[18] 그러나 이윽고 등장한 질병의 세균 원인론에서는 이야기가 달라졌다. 청결은 건강의 표지라는 확실한 가치를 지니게 되었다. 게다가 세균은 육안으로 보이지 않는 만큼, 겉보기에 청결하다고 해서 반드시 건강이 좋다고 확언할 수는 없었다 – 그렇게 끊임없는 자기 감시와 강박적인 세균공포증으로 향하는 문이 활짝 열렸다. 질병에 대한 지식과 위생·보건 개념은 신체에 대한 인식과 더불어 목욕 및 개인의 몸단장 기준을 바꾸어놓았다.

위생 기준은 당시 가능했던 기술에도 영향을 받았다. 목욕을 하려면 집으로 물을 길어 와 데우고 그 뒤처리까지 해야 했던 과거에는 너무 번거로워서 자주 씻을 수 없었다. 하지만 실내 배관과 공공 수도 시스템이 도입되면서 이 방정식이 크게 달라지자 목욕하기가 훨씬 쉬워졌다(다만 여기에도 문제는 있었는데, 제일 일찍 집에 실내 배관을 들인 부유한 가정들은 잘못된 공사와 하수 문제로 인해 실제로는 위생이 오히려 악화되는 상황에 처했다).[19]

마지막으로, 이번 장에서 반복해서 다루겠지만 광고업계 역시 개인위생 기준을 강화하는 데 주요한 역할을 했다. 체취 제거제와 땀 억제제는 발명 직후였던 20세기 초에는 대중에게 관심을 받지 못했다. 대중은 먼저 '입 냄새'와 '체취' 같은 것들이 고쳐야 할 문제라고 설득되어야 했다. 그렇게 원래 의료 수술에 쓰이는 소독약이었던 리스테린을 비롯한 일군의 제품이 새로 발명된 구취라는 질병의 해법으로 변신했다.[20] 광고업계에서는 꾸준히 여성을 겨냥하여, 사회적으로 수치를 당할 두려움을 건드렸다. 노골적인 광고 하나를 보자.

> 메리, 넌 예쁜 여자아이이고 똑똑하게 행동하지. 하지만 그런 너도 자신에 대해 놓치고 있는 부분이 있어. (……) 너처럼 세상의 많은 예쁘장한 여자애가 자기가 아직까지 혼자인 진짜 이유를 모르고 있더구나. 세련된 현대 사회에서 여자가 (남자도 마찬가지지만) 불쾌한 겨드랑이 땀 냄새를 옷이나 몸에서 풍기고 다니는 건 관례에 맞지 않는단다. 이 잘못에는 반드시 벌이 따르지. 인기가 없어지는 벌이야. 암, 그래야 마땅하지.[21]

광고주들은 자녀에 대한 어머니의 책임감을 겨누어 가족이 아픈 건 어머니의 책임이라고 대놓고 탓했다. 미국 비누 및 글리세린 제조사 연합 – 1927년에 청결협회라고 교활하게 이름을 바꾸었다 – 에서는 깨끗한 손과 자주 씻는 일의 중요성을 설파하는 어린이 책을 펴내기까지 했다.[22] 개인위생을 둘러싼 사회적 규범은 결국 어떤 식으로든 강화되었겠지만 비누, 체취 제거제, 화장실 설비 제조사는 새로 성장한 광고업계와 손잡고 그 과정을 재촉했다.

세탁

세탁은 점진적으로 강화되는 가사의 기준을 가장 명확하게 보여주는 사례다. 1800년대에는 대다수의 가족이 세탁을 거의 하지 않고 살았다. 몇 주에 한 번꼴로 빨래를 하는 게 보통이었다.[23] 그러다가 가정용 세탁기가 도입되면서 세탁 횟수가 급격히 증가했다. 1960년대에는 대부분의 가족이 1주일에 수차례 세탁을 하게 되었다. 몇몇 기록에 따르면 이 시기에 미국인의 세탁 횟수는 1950년대에 비해 거의 세 배나 늘어났다.[24] 오늘날 일본과 같은 국가에서는 매일 세탁기를 돌리는 게 일반적이다.[25] 세탁은 더 이상 '1주일에 한 번 끝없는 일거리를 마주하는 악몽'이 아니었다.[26] 어쩌다 이런 변화가 일어났을까?

물론 첫 번째 이유는 세탁기의 도입이라는 기술적 지원에서 찾을 수 있다. 세탁기 덕분에 한 차례 세탁하는 데 드는 일의 양은 극적으로 줄어들었고 세탁 빈도가 높아질 수 있었다. 그러나 기술은 기회를 제공할 뿐, 변화를 결정하지는 않는다. 더 잦은 세탁이라는 가능성이 실현되려면 더 잦은 세탁에 대한 '수요'가 필요했다. 이 점을 이해하려면 광고와 더 폭넓은 사회적 규범의 영향을 모두 살펴보아야 한다.

여성잡지는 지금처럼 과거에도 가정을 대상으로 광고가 이루어지는 주요 매체였다. 그런데 제1차 세계대전 이후 여성잡지에서는 갈수록 세탁을 사랑의 노동으로 - 즉 훌륭한 가정주부가 가족을 위해 자청해서 해내야 하는 일로 묘사했다.[27] 이런 광고들에서 '여성이 애초에 세탁기를 원한 이유가 노동을 줄여주기 때문이라는 사실은 여성이 소유욕 많고 감정적이고 경솔하며 집 꾸미기에 몰두하는 존재라는 고정관념 속으로 자취를 감추었다'.[28] 광고주들이 가혹한 죄책감의 덫을 거둬들였을 즈음엔 새로 부상한 사회적 규범들이 영향력을 발휘하기 시작했다. 일을 구하고자 하는 노동자들은 상류층에 속하는 고용주들과 상호작용을 해야 했는데, 이는 곧 일자리를 얻으려면 특정한 용모 기준을 따라야 한다는 뜻이었다. 이런 규범을 내면화한 부모들은 자녀들이 남의 눈에 어떻게 보일지 염려하기 시작했다. '얼룩 하나 없는 셔츠와 티끌 하나 없는 바닥의 무자비한 압제'에 대응하는 방법을 그나마 아는 축에 속하는 루스 슈워츠 코완조차 자기 아이들이 지저분해 보일까봐 걱정하고 염려한 개인적 경험을 털어놓는다.[29] 우리는 또한 옷이 더러워 보일 때 세탁하는 문화와, 옷을 한 번 입고 세탁하는 문화를 구분할 수 있다. 예를 들어 일본은 후자에 속하고 대한민국은 보다 전자에 속하는 경향이 있다.[30]

최근에는 세탁 기준에서 두 갈래의 경향이 경쟁하는 양상이 뚜렷하다. 세탁에 들어가는 '가욋일'의 일부는 분명히 사라졌다. 옷을 완벽하게 다림질하고 풀을 먹여야 한다는 기준은 심지어 전문직 계급에서도 급격히 완화되었다. 가정주부가 남편이 출근할 때 입을 셔츠를 티끌 하나 없이 완벽한 상태로 준비해야 한다는 케케묵은 기준은 오늘날엔 거의 들어볼 수 없다. 이 분야에서 기준은 분명히 완화되었다(새로 출시된 '구김이 없고' '다림질하기 쉬운' 원단이 일거리를 줄이는 데 한몫했다는 사실은 짚고 넘어가야겠다). 오늘날 일터에서는 캐주얼한 옷차림을 수용하는 경향이며, 그 선봉에 선 테크 업계의 경우 CEO조차 편안한 스타일을 고수한다. 팬데믹이 가속화한 재택근무로의 전환은 많은 이들이 봉쇄 기간 중 라운지웨어와 레저웨어를 근무복으로 택함에 따라 직장 내 용모 규범의 변화에 힘을 실어주었다.

반대로 세탁에 적용되는 기준의 강화를 주도한 건 주로 세제 제조사였다. 2020년에 600억 달러 규모를 기록한[31] 이 시장은 여전히 집중적인 연구와 제품 개발에 초점을 맞추고 있다.[32] 흰옷은 더 희게, 원색은 더 선명하게, 향은 더 세련되게, 얼룩은 더 잘 제거해준다는 신제품이 해마다 쏟아진다. 세제 업계에서는 우리의 옷이 항상 새것처럼 선명하고, 산뜻하고, 티끌 없이 깨끗해야 한다는 기대를 부추긴다. 요컨대 세탁과 관련된 기준이 완화되면서 일거리가 일부 줄어들긴 했지만, 옷을 점점 더 깨끗하게 관리해야 한다는 사회적 기대는 계속되고 있다.

집 청소

1900년대까지 대부분의 서구인에게 가정은 더러운 장소였다. 19세기의 많은 가정집은 흙바닥이어서 먼지가 많고 진창이었으며 깨끗이 청소되지 않았다. 나무로 난로를 때니 집 안 구석구석이 재투성이였다. 오물, 말똥, 쓰레기로 가득한 길거리의 더러운 것들이 묻어 집에 들어오는 것을 막을 방법도 없었다. 당연히 현대적 의미의 청소는 이루어지지 않았고, 제대로 된 청소는 연례행사인 '봄 대청소'뿐이었다.[33] 그러나 이런 어려운 환경에서도 청결은 계급 지위의 표지였다. 금전적 여유가 있는 이들은 일꾼(보통 이민자와 유색인종)을 고용해 집을 가능한 한 말쑥하게 유지했다.[34] 한편 노동계급 가정에도 사회적 규범의 압박으로 인해 집을 깨끗하게 유지해야 한다는

목표는 있었다.[35]

　1800년대 말과 1900년대 초에 이르자 청결 기준을 강화시킬 동기가 생겨났다. 질병이 어떻게 퍼져나가며 어떻게 대처 가능한지에 관한 새로운 지식이 그 발단이었다. 1815년에 이미 위생 보건 운동이 시작되었고, 19세기 중반에 질병의 세균 원인론이 우세해지자 더 청결해야 한다는 압박이 심해지기 시작했다. 19세기 말에 굳어진 세균 원인론은 청결 기준을 강화시킨 주된 추동력이었다. 강화된 청결 규범은 전문직 계급과 상류층에서 가정학자, 위생공학자, 건강 전문가들을 통해 노동계급 가족에게까지 내려왔다.[36] 질병은 이제 빈곤의 필연적 결과가 아니라 때를 빼고 광을 내고 환기하고 가정의 세균 환경에 신경을 씀으로써 충분히 막을 수 있는 것으로 여겨졌다. 무자비한 운명이 관장하는 것이었던 질병이 갑자기 너무나 인간적인 어머니의 두 손에 달리게 된 것이다. 전문가들은 여성이 청소를 스스로 기꺼이 해야 하며, 가족이 걸리는 병은 그 종류를 막론하고 집을 깨끗하게 청소하지 않은 여성의 잘못이라고 주장하기까지 했다. 한동안은 먼지조차 치명적일 수 있는 침입자로 여겨졌다.[37] 그 결과 청소는 더 철저히, 더 자주 해야 하는 일이 되었고, 사회 재생산 노동의 기준도 그에 따라 강화되었다.

　1920년대 이후에는 성장하는 대중 시장에 새로 생산한 각종 소비재를 판매하려고 혈안이 된 기업들에 의해 청결 기준을 강화시키려는 추동력이 더욱 힘을 얻었다.[38] 열혈 마케터의 관점에서 '청소 태만은 아동 학대에 버금가는 일이 되었고 (광고들은) 어머니의 두려움과 죄책감을 대놓고 자극했다'.[39] 광고에서는 새로운 기술과 청소 제품을 사용하면 봄 대청소를 매일 할 수 있다고 홍보했다. 위생 개념을 들먹이면서 집을 깨끗하게 유지하는 게 얼마나 중요한지, 기업이 내놓은 신제품을 쓰면 청소가 얼마나 편해지는지 강조했다.[40] 이런 광고들 역시 특히 어머니들을 겨냥해, 온 가족의 건강이 당신들에게 달렸다고 질타했다.[41] 1932년에 만들어진 시라쿠스 세탁기 협회 광고는 '당신 아기의 건강은 얼마나 소중합니까?'라고 물었다. 죄책감을 자극하는 것은 마케팅 비법이 되었고 여성들의 정체성은 갈수록 가사노동과 뗄 수 없이 엮이게 되었다. 청소는 '가정주부의 인격과 가족에 대한 애정의 표현'이 되었다.[42] 더러운 집은 실패의 증표였고, 돌보는 행동은 갈수록 돌보는 마음씨와 같다고 여겨졌다.[43]

청결에 대한 이런 수요는 제2차 세계대전 직후에 정점을 찍은 뒤 수그러들었다. 최근 몇십 년간 집 안 청소에 쓰이는 시간은 크게 줄어들었다.[44] 가정의 여성들이 일터로 진출하고 남성들이 '남은 일을 떠맡기를' 거부하면서, 가정 내 청결의 기준은 완화되었다. 지금은 많은 이들이 1950년대의 이상이었던 먼지 한 톨 없이 깨끗한 집을 추앙하길 그만두고, 다소 텁수룩하고 생활감이 물씬 풍기는 가정 공간에서 지내게 되었다. 설문조사 연구도 이를 뒷받침한다. 집 청소에 들이는 시간이 줄어들었는데도 사람들은 수십 년 전보다 현재의 청결 상태에 더 만족한다고 말한다.[45] 요즘 사람들은 집을 먼지 한 톨 없이 깨끗하게 만들어주겠다고 보장하는 특수 청소 제품을 예전만큼 사용하지 않는다.[46] 지나친 위생에 대한 반발도 존재한다. 과도하게 청결한 집이 소아백혈병을 유발하고 너무 자주 샤워하면

유익한 박테리아까지 제거된다는 경각심이 퍼진 결과다.[47] 실제로 집 청소는 제대로 하지 않으면 오히려 세균을 여기저기 퍼뜨리기만 한다.[48]

다른 기준과 마찬가지로 여기서도 계급 지위에 따른 차이가 발견된다. 중상류층 가정의 경우 청소에 들이는 '시간'은 줄어들었지만 '적절한' 집 상태를 유지하기 위해 청소부를 고용하는 데 들이는 '돈'은 늘어났다. 가사를 자기 돌봄이나 치료적 웰빙 트렌드의 일환으로 삼는 '청소 인플루언서'의 부상은 또 다른 규범적 트렌드를 낳고 있다.[49] 코로나19 팬데믹은 분명히 위생 인식의 새 지평을 열었고, 표면을 만지거나 타인과 접촉할 때 발생하는 잠재적 오염에 대한 주의를 높였다. 주요 공중보건 캠페인은 충분한 시간을 들여 손을 씻는 데 초점을 맞추었다 – 적어도 바이러스가 진화하면서 공기 중으로도 감염된다는 지식이 알려질 때까지는 그랬다. 한편으로 재택근무를 하는 사람들이 샤워, 면도, 화장 등에 시간을 덜 쓴다는 게 연구를 통해 밝혀졌다[50] – 청결은 개인적 욕구의 직접적 표현이라기보다는 적어도 어느 정도는 사회적 적절함, 품위, 남에게 어떻게 보일지와 결부되는 것이다.

음식에 대한 관심과 야망

요리의 경우에도 기준이 강화되고 완화되는 유사한 패턴이 나타난다. 1900년대 이전에 식생활과 관련된 일은 주로 식사 준비보다 식품 생산을 위한 것이었다. 먹을 수 있는 작물을 재배하고, 돌보고, 수확하는 일이 정성 어린 식사를 차려내는 일보다 우선순위였다.[51] 식사는 그만큼 기능적이고 단순했다. 스튜, 빵, 감자 등이 식탁에 올라오는 음식의 전부였다. 그런데 20세기를 거치면서 식사는 대대적으로 변화하기 시작한다.

가정의 이상

20세기가 밝아올 무렵, 가정학과 가정경제학이라는 새로 부상한 학문이 주부들에게 가사의 기준을 체계적으로 강화시키도록 부추겼다. 요리와 식사 준비도 여기서 예외가 아니었다. 질 좋은 식사와 적절한 영양을 보장하는 방법으로 협동 살림, 공유 주방, 공동체 식당이 이야기되었지만 개별 가정 내에서도 생산성과 체계성이 새롭게 강조되기 시작했다. 이런 변화는 산업적 효율성에 대한 관심이 늘어나고 생산이 합리화된 데서 비롯했다. 예를 들어 가정경제학자 크리스틴 프레드릭Christine Frederick은 가정 내에 과학적 관리 원칙을 도입해야 한다고 주장했다. 산업 엔지니어(이자 열두 아이의 어머니였던) 릴리언 길브레스Lillian Gilbreth는 가정 공간으로 주의를 돌려 '시간 동작 연구를 통해 활동을 쪼갠다는 테일러주의 개념을 적용하고, 인체공학적 설계를 통해 효율성을 높이는 것'을 논했다. '인간 중심의 가정 인체공학 덕분에 모든 것이 팔만 뻗으면 닿는 거리에 있는 주방이 탄생했다.'[52] 이 개념에 대해서는 건축 설계를 다루는 제5장에서 더 깊이 논하겠다.

그러나 야심찬 계획과 달리 가정 효율화의 실용성에는 다소 한계가 있는 것으로 밝혀졌다. 바버라 에런라이크와 디어드리 잉글리시Deirdre English는 이렇게 표현했다.

> 과학적 산업 관리 기술이 가정주부에게 제공한 것은 사실상 아무것도 없었다. 첫째, 가사노동은 규모가 너무 작아서 시간 동작 연구로써 시간을 절약하는 것이 별 의미가 없었다. 프레드릭이 제안한 과학적 방법('선반으로 걸어가서…… 칼을 집어라……' 등등)을 적용해 감자 껍질 벗기는 일에서 절약된 몇 초는 감자 수천 개의 껍질을 벗겨야 하는 공장에서는 의미가 있을지 모르지만 4인분의 식사를 준비할 때는 무의미하다. 둘째로, 후세의 가정학자들이 스스로 깨달았듯이 가정에서는 관리자와 노동자가 동일인이다. 계획과 지시 기술을 관리 전문가에게 집중시키는 테일러 경영 과학의 핵심은 여성 한 명이 운영하는 주방에서는 필연적으로 효력을 잃는다.[53]

그러나 가정학의 목표는 단순히 주부들의 시간과 노력을 줄여주는 것이 아니었다. (사실 가정을 새롭게 조직하고 관리하는 데 쓰이는 시간은 그로써 절약되는 시간을 상쇄하고도 남았다.) 비타민과 무기질이 개인의 건강에 어떤 영향을 미치는지 밝혀지고 있던 시기에 가정학자들은 영양과 식품 위생의 기준을 강화하려 했다.[54] 프레드릭은 늘어난 자유 시간으로 인해 중간계급 주부들이 존재론적 곤경에 빠질까 우려했다. 그녀가 보기에, 주부들은 여가 시간이 생기면 새로운 도전과 개인적 의미와 목적의식을 찾아 헤매게 될 터였다. 그녀는 다행히 이 문제가 장기화되지는 않을 거라고 결론

지었다. '주부들이 유능해지는 만큼 기준도 높아질 것'이기 때문이었다.[55]

20세기가 밝아오던 그 무렵, 가정학자들의 개혁 활동은 ('좋은 취향', 적절한 행동에 대한 개념들과 뒤엉켜서) 편협한 계급 가치를 재생산해냈다. 가정경제학을 옹호하는 중간계급 백인 중 일부는 가령 식탁을 차리는 올바른 방법이 있다는 유의 주장을 펼쳤는데, 세상에는 다양한 식사법이 존재하며 자원에 대한 접근권이 모두에게 공평하지 않다는 건 그들의 고려 밖이었다.[56] 미국의 초기 공공 주방은 특히 빈곤층을 교육시키려는 목적이 있어서, 이민자들에게 '좋아하는 민족 음식과 양념을 포기하고 가정학이 시키는 대로 제도화된 밋밋한 메뉴를 선택하라고' 설득하려 애썼다.[57] 음식의 기준을 강화하려는 움직임은 특히 영양 결핍과 식품 오염이 우세했던 1900년대의 페미니스트들에게 크게 영향을 미쳤다. 그런데 그 바탕을 이루는 믿음은 주로 품위와 관련되어, 가사 시간을 줄여주거나 영양 상태를 개선시키지는 않으면서 사람들에게 특정한 기대를 강요할 뿐이었다.

제2차 세계대전이 끝나갈 무렵, 남자들이 원래 직장으로 복귀하고 여자들이 고립된 가정으로 돌아오면서 요리의 기준은 정점을 찍었다. 전쟁 중의 경험은 정성껏 차려낸 식사에 대한 재평가를 이끌어냈다. '전시의 결핍은 전후 식욕의 무대가 되었다.'[58] 가정과 가정주부의 이데올로기가 우세했고, 요리와 청소는 기혼 여성의 주된 업무일 뿐만 아니라 개인으로서 자아를 표출하는 핵심적인 방식으로 여겨졌다. 같은 시기에 간편식과 포장 식품처럼 식사를 준비하는 일거리를 줄여주는 새로운 기술들이 등장했다.[59] 그러나 이런 기술은 시간을 온전히 절약해주기보다는 더 다양하고 세련된 식사를 더 쉽게 차리도록 도와준다고 마케팅되었다.[60] 광고에서는 가사 노동을 줄여준다는 것보다 더 나은 어머니와 아내가 되게 해준다는 말로 여성들을 꼬드겼다.[61] 당대의 요리책 저자와 마케터들은 포장 판매되는 재료 및 음식을 더 나은 식사를 차려내는 '바탕'으로 삼아야 한다고 고집했다.[62] 철학자 롤랑 바르트Roland Barthes의 말을 빌리자면, 1950년대는 '장식적 요리'의 시대였다 - 간단한 끼니에도 윤기를 더하는 글레이즈와 소스, 손이 많이 가는 추가적 장식품이 있어야 했다.

> 〈엘르〉에서 글레이징은 마음껏 아름답게 꾸미는 배경 역할을 한다. 조각처럼 깎은 버섯, 간간이 흩뿌린 체리, 무늬를 새긴 레몬, 종이처럼 얇게 저민 트러플, 은빛 사탕, 설탕에 절인 과일들이 이루는 아라베스크. 그 아래 깔린 층(음식 자체는 눈에 잘 보이지 않는 기반암에 불과하기 때문에 나는 이 요리를 퇴적물이라고 부른다)은 로코코 요리 전체를 읽어낼 수 있는 페이지가 된다(색깔은 분홍빛이 선호된다).[63]

중간계급 주부에게 저녁이란 시간에 맞춰 정성껏 차려내야 하는 것이었다. 당시 흔했던 디너파티라도 열면, 어떤 주제에 걸맞게 수많은 스낵과 음료를 만들어 손님들에게 대접해야 했다.[64] 기술은 이론적으로 요리를 편하게 해줄 수 있었지만, 요리와 식사를 둘러싼 야심찬 사회적 규범까지 결정하지는 못했다. 텔레비전에서 다른 이들의 저녁 식사 모습을 자주 보게 된 것 역시 주방에서의 젠더화된 재생산 노동에 대한 부풀려진 (그리고 깊이 훈계적인) 기대를 꺼뜨리지 않았다.

음식 애호가 문화

음식 준비를 둘러싼 사회적 기대는 최근 몇 년 사이에 또 한 번 달라지고 있다. 프랑스를 제외하면 대부분의 국가에서 요리에 들이는 시간은 몇십 년째 크게 줄어들고 있다. 이 경향이 가장 두드러지는 미국에서는 보통 사람이 하루에 요리하고 설거지하는 데 쓰는 시간이 30분에 불과하다(OECD 평균은 52분이다).[65] 이런 변화의 일부는 1980년대에 전자레인지와, 그것으로 조리 가능한 간편식이 탄생한 것과 관련된다.[66] 하지만 요리 시간이 짧아진 건 부엌에서 이루어지는 요리의 유형이 달라진 결과이기도 하다.

실제로 각 국가의 상황을 자세히 들여다보면, 대부분이 1950년대의 가정적 이상에서 탈피했음을 알게 된다. 중요한 이유 하나는 맞벌이 가정의 증가와, 그에 따라 각 가정에 가해진 압박일 것이다. 한 예로 1950년대의 영국 가정에서는 아침에 따뜻하게 요리한 음식을 먹는 게 일반적이었지만 오늘날에는 주로 시리얼을 먹는다. 점심도 비교적 손이 가는 구운 고기나 스튜였던 것에 반해 오늘날에는 단순한 샌드위치(그것도 음료, 스낵과 묶어 파는 우울한 마트표 샌드위치)이기 일쑤다. 한때 저녁은 매일 여러 코스로 차려졌지만, 오늘날 그렇게 호화로운 식사는 손님맞이나 특별한 날의 전유물이다.[67] 요컨대 청소에서 그러했듯 요리에서도 노동 집약적인 규범은 쇠퇴하고 있다고 말할 수 있다.

그런데 최근 몇 년 사이에 정성을 들인 집밥이 다시 유행하려는 움직임이 관찰되고 있다. 공장표 식품, 비만 증가, 건강 및 환경에 대한 전반적인 염려 등에 대응하여 부상한 새로운 '음식 애호가 문화foodie culture'는 불가능한 기준을 (일상적 현실이 아닌 야심찬 규범으로서) 만들어내기 시작했다. 여기서 주된 요구는 유기농 음식과 집밥의 비중을 늘려 포장 판매되는 화학첨가물이 들어간 음식의 해독제로 삼겠다는 것이다. 그 결과 농산물 직판장(현재 미국에는 8,600개 이상이 있다)과 유기농 식품(지난 몇십 년간 매출이 매년 10~15퍼센트 증가했다)에 대한 관심이 늘어났다.[68]

음식 애호가 문화가 부상한 건 단지 건강을 위해서만이 아니다. 음식을 즐길 줄 아는 사람이 되는 데에는 진보적이고 세련된 사람이 된다는 문화적 지위도 따른다. 어린 자녀의 식습관이 가족의 계급 지위를 보여주기도 한다.[69] 고급 음식을 즐길 줄 아는가? 채소를 먹는가? 편식을 하는가? 이유식에는 특히 유기농 원재료를 사용해 가정에서 직접 만들어야 한다는 사회적 압박이 가해진다. 음식 애호가가 되겠다는 (그리고 남들에게 그 사실을 드러내겠다는) 야망에는 실로 어마어마한 일거리가 따른다. 일단 적절한 재료를 찾아 구매하고, 식비 예산에 맞춰 장을 볼 수 있도록 저렴한 구매처를 찾고, 무엇이 건강한지에 대한 최신 연구를 따라가고, 시도해볼 새 요리법을 찾고, 가족들과 새 요리를 맛보아야 한다(그리고 치킨너깃을 선호하는 자녀들에게 거부당해야 한다) - 물론 원재료를 다듬고 조리해 식사를 차려내는 노동도 빼놓을 수 없다. 글로벌 노스의 많은 국가에서 베

지테리언이나 비건으로 사는 게 점점 쉬워지고 있지만, 적절한 열량과 비타민을 섭취하려면 여전히 상당한 노력이 필요하다.

이상하게도 노동 절약 기술이 존재하기 때문에 요리에 더 많은 시간을 들여야 한다고 이해하는 사람들도 있다. 가정 요리 옹호자인 조엘 샐러틴Joel Salatin은 '우리 세대가 주당 40시간의 짧은 근로시간과 주방 기술의 혜택을 누리고 있는데도 증조부모 세대처럼 식사를 하지 않는다면, 오염된 가짜 음식이나 먹다가 빠르게 무덤으로 직행할 것'이라고 말한다.[70] 그는 아이들에게 이보단 더 잘 먹을 자격이 있다고도 말하는데, 그야말로 도덕적 협박의 고전적 사례다. 물론 그가 증조부모를 들먹이는 건 과거에 대해 심하게 착각하고 있기 때문이다. 과거에 대부분의 사람은 곰팡내가 나는 단조로운 음식으로 끼니를 해결했으며, 넘쳐나는 신선한 유기농 작물을 한껏 누리기는커녕 고통스러울 정도의 결핍에 시달렸다. 그런데 우리 시대의 음식 애호가 문화 중 많은 부분이 그렇게 오해된 과거를 동력으로 삼고 있다. 대부분의 국가에서 과거에 비해 요리와 설거지에 들이는 시간이 줄어드는 사이에, 그에 반대하는 강력한 사회적 규범 또한 생겨난 것이다.

정리하자면, 요리를 둘러싼 기준은 정점을 찍은 제2차 세계대전 이후와 비교했을 때 특히 주부 개인이라는 인물에게 요구되는 활동으로서는 어느 정도 완화되었지만, 한편으로는 다양한 방면으로 강화되었다. 오늘날 음식을 둘러싼 관심은 공들여 꾸민 겉모습보다는 남들에게 인식되는 영양적·상징적 가치에 초점을 맞추게 되었다.

꼬마 쥐들의 경주

육아 노동에서는 두 가지의 주요한 변화가 눈에 띤다. 첫째, 오늘날 여성들은 70년 전에 비해 임금노동을 할 가능성이 훨씬 높다 (이 점은 다음 장에서 더 자세히 다루겠다). 자연히 무보수 돌봄에 사용할 시간은 제한된다. 둘째, 지난 수십 년간 국가의 보육 지원이 늘어났다. 여러 선진 자본주의 국가에서 현금 또는 세금 공제 형태의 보조금, 육아휴직 지원, 보육 서비스의 공공 공급 등을 통해 보육 지원을 늘렸다.[71] '복지국가가 지출을 통제하라는 강력한 압박을 받는 시대에, 다른 어떤 사회정책 영역보다도 가족정책에 더 큰 돈을 지출하는' 놀라운 일이 일어난 것이다.[72] 실제로 '1990년 이래로 복지국가의 역할은 오직 활성화 정책과 일/가족 화합 정책에서만 확장되었다'.[73]

늘어난 투자의 효과는 공급된 보육 시설의 등록률에서 확인할 수 있다. 2016년 기준으로 OECD 국가에서는 0~2세 유아 중 33퍼센트가 공식 보육 기관에 등록해 주당 평균 30시간을 보냈고, 대부분의 국가에서 유아의 등록률은 높아지는 추세다.[74] 그보다 연령이 높은 아동의 경우 공식 보육 시설의 이용률은 크게 높아지며, 몇 년째 꾸준히 상승하고 있다. 1998~2007년에 보육 시설 이용률은 30퍼센트에서 50퍼센트로 높아졌다.[75] 아동들은 탁아소와 교내 프로그램에서 과거의 어느 때보다도 더 오랜 시간을 보내고 있다.[76] 대부분의 OECD 국가에서 만 4세 아동 중 80퍼센트는 유치원 또는 기타 형태의 유아 돌봄 및 교육 시설을 이용한다.[77] 〈도표 3-1〉과 〈도표 3-2〉는 주당 30시간 이상의 돌봄을 받는 (다시 말해 부모 둘 다 전일제로 일

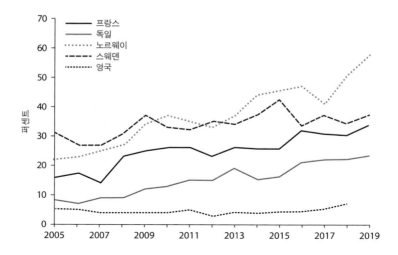

〈도표 3-1〉 주당 30시간 이상 공식 보육을 받는 3세 미만 아동의 비율(2005~2019년)[81]

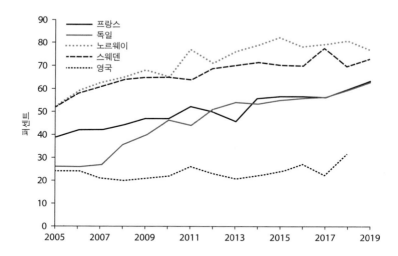

〈도표 3-2〉 주당 30시간 이상 공식 보육을 받는 3세~학령기 아동의 비율(2005~2019년)[82]

할 수 있게 해주는 공식 보육을 받는) 아동들에 초점을 맞춰 그러한 경향을 요약한 것이다. 임금노동을 중심으로 보육을 지원해주는 사회 재생산 체제로의 이동은 아직 '불완전한 혁명'[78]임에도 OECD 국가들은 보육 지원에 대해 이와 유사한 접근법을 택하고 있다.[79] 예를 들어 2002년에 유럽연합EU 국가 원수들이 3세 미만 아동의 33퍼센트 이상, 3세부터 학령기 전 아동의 90퍼센트 이상에게 보육을 제공하기로 합의한 이른바 '바르셀로나 목표'에서 이를 확인할 수 있다.[80]

이 두 가지의 변화가 부모가 육아에 쓰는 시간에 미치는 영향은 자명해 보일 것이다. 부모가 더 오래 일하고 정부가 보육을 더 많이 제공하니, 부모가 자녀와 보내는 시간은 줄어드는 게 당연하다. 그러나 예상을 뒤엎고, 부모가 육아 활동에 쓰는 시간은 오히려 '증가'하는 것으로 보인다.[83] 오늘날 미국의 어머니들이 육아에 쓰는 시간은 1920년대와 비슷하다.[84] 다만 이 시간의 속성은 달라졌다. 상호작용에 쓰는 시간이 늘어났고 주로 주말에 집중되는 반면, 수동적으로 아이가 노는 걸 지켜보는 데 쓰는 시간은 줄어들었다.[85] 종합해볼 때, 육아 시간은 늘어나는 추세다. 자녀와 더 많은 시간을 보내기 위해 여성은 가사에 쓰는 시간을 줄이고 남성은 임금노동 시간과 여가 시간을 줄이고 있다.[86] 어찌하여 이렇게 되었을까?

낯선 꼬마 사람

최근 몇십 년 동안 가정의 이상은 틀림없이 바뀌었다. 한때 여성들이 당당한 가정주부로서 가족과 가정을 돌보는 데 정성을 쏟았다면, 지금 여성들의 초점은 '모성', 그리고 자녀에게 시간과 노력을 투자하는 것으로 옮겨갔다. 여기에는 부모(그중에서도 어머니)와 자녀의 관계에서 장기간에 걸쳐 일어난 변화가 반영되어 있다. 육아에 대한 요즘 사람들의 관점은 옛날 사람들이 아이를 키우는 노동에 대해 이해한 관점과 확실히 다르다. 사회학자 줄리엣 쇼어Juliet Schor가 지적하듯, 부모와 자녀 사이에 존재하는 '깊은 생물학적 유대'라는 관념조차 비교적 최근에 발명된 것이다.[87] 몇백 년 전만 해도 갓난아기는 흔히 '그것'이나 '낯선 꼬마'로 불렸다.[88] 육아는 부모가 온몸을 갈아 넣어 해낼 일이 아니라 일상의 다른 활동과 병행하는 일이었다.[89]

부유한 가정의 경우 보통 유모가 수유를 했으므로 부모가 직접 참여하는 육아 일은 비교적 적었다.[90] 부유층이 아니더라도 모든 가정에서 아기를 혼자 오랫동안 누워 있도록 속싸개로 싸놓곤 했다. 가난한 가정에서는 자녀가 적당한 나이에 이르면 다른 사람의 집에 하인이나 견습생으로 보내곤 했다. 피임 기구와 신뢰할 만한 낙태 방법이 없었던 그 시절, 아이가 '생기는' 건 너무 쉬운 반면, 영양과 재정 자원이 부족한 환경에서 아이를 '키우는' 건 너무 어려웠다. 결과적으로 자녀를 돌볼 여력이 안 되는 가정에선 아이를 버리는 일도 비교적 흔했다.[91]

19세기에는 '모성애의 이상화, 자녀의 욕구에 대한 빈틈없는 관심, 개개인의 고유한 잠재력에 대한 인식이 자녀 양육 이데올로기를 지배하기 시작'하면서 주요한 변화가 일어났다.[92] 새로운 개념과 더불어 새로운 제도(학교, 아동 병원, 보육원 등)가 등장하자 육아 기능(특히 교육, 보건, 종교 교육)은 점진적으로 가정에서 시민사회와 국가로 이동했다. 그럼으로써 부모가 맡았던 노동의 일부가 집 밖으로 옮겨갔지만, 그와 동시에 이처럼 노동 집약적인 육아와 교육의 기준을 감당하지 못하는 노동계급을 사회적으로 배제하는 과정을 통해 그러한 기준은 새로운 제도를 거쳐 노동계급 가정으로 (특히 어머니에게) 전달되었다.[93]

가정 기술이 발전하여 반복적 가사노동이 줄어들자 자녀에게 주의를 더 기울이는 것도 한결 쉬워졌다.[94] 20세기에 들어서면서 어머니의 할 일은 오늘날 우리가 생각하는 것과 비슷해졌다. 모유 수유, 배변 훈련, 소아과 방문, 자주 체중을 재어 건강 상태 확인하기, 학교 면담 참석하기, 활동 스케줄 짜기, 세균과 영양에 대해 걱정하기 등등.[95] 시간이 흐를수록 여성의 정체성은 이성애 중심적인 재생산 미래주의reproductive futurism*에서 기대하는 모성의 기준을 충족하는 능력에 결부되었다.[96] 아동이 노동을 하지 않고 대부분의 시간을 교육받고 성장하는 데 쓰는 유년기는 제2차 세계대전 이후에 정착한 비교적 최근의 발명품이다. 1970년대까지는 심지어 '육아parenting'라는 단어조차 널리 쓰이지 않았다.[97] 여기서 이런 설명을 하는 건 17세기의 육아로 돌아가자고 주장하려는 것이 아니라 어떻게 육아의 기준이 높아지고 더 많은 일거리가 만들어졌는지 살펴보기 위해서다.

인적 자원 키워내기

1980년대부터 여러 국가에서 넓은 의미의 '집중양육intensive parenting' 유행이 퍼져나갔다.[98] 청소와 요리는 덜 중요해지고 기준도

---

* 퀴어 이론가 리 에델만Lee Edelman이 제시한 개념으로, 현재보다 미래를 중시하며 자녀를 낳아 미래를 재생산할 수 있는 이성애 가족에 가치를 부여하는 이데올로기 - 옮긴이

완화된 반면, 육아는 정반대 방향으로 나아간 것이다. '1950년대에 여성들은 오븐 세정제와 바닥용 왁스와 목재용 특수 스프레이를 분간하는 기술을 숙달해야 했다. 오늘날 그들은 문제 해결 능력을 키워주는 장난감과 상상 놀이를 장려하는 장난감을 능숙하게 구분하라고 요구받는다.'[99] 육아에서 가장 즐거운 부분인 자녀와 상호 작용하는 시간이 집중양육에서는 오로지 도구적인 것으로 여겨진다. 아동은 생애 초기부터 격렬한 집중의 대상이 된다. 부모는 자녀가 적절한 자극을 받고 있는지(무려 자궁에서부터!), 올바르게(즉 집에서 만든 유기농 음식으로) 영양을 섭취하고 있는지, 잘 발달하고 성취 능력이 높은 젊은이로 성장하는 데 필요한 부모의 관심과 훈육을 받고 있는지 챙기라는 압박을 받는다.

자녀의 연령이 높아질수록 이른바 필수 과제도 늘어나는데, 아동(특히 비교적 부유한 가정의 아동)은 축구 리그, 피아노 교습, 발레 수업, 프로그래밍 학원, 중국어 수업 등 다양한 과제 스케줄을 소화하게 된다. 부모가 자녀에게 시킬 수 있는 최고의 활동을 조사하고, 바쁜 스케줄을 조절하고, 자녀를 수업 장소로 이동시키고, 자녀의 발달에 조력하고자 자녀가 배우는 것을 스스로 배우기까지 하면서 사회재생산 노동은 확장된다. 심지어 대학에 진학한 뒤에도 자녀의 삶에 지나치게 개입하는 부모의 수가 점점 증가하고 있다 - 일부 대학에서 집중양육의 요구에 적응해야 할 필요성을 보고하는 정도다.[100] 그 결과, 출산율이 떨어지고 임금노동이 늘어났는데도 오늘날 부모들은 과거의 어느 때보다도 자녀에게 - 특히 상호작용과 발달 촉진에 - 많은 시간을 들이고 있다.

왜 이런 일이 벌어졌을까? 현재의 육아 문화는 불평등의 심화, '인적 자본' 중심 경제로의 이동, 자본주의의 경쟁 심화와 같은 달라진 물질적 조건에 대한 상당히 합리적인 반응이라고 요약할 수 있다. '좋은 일자리'가 줄어들어서 불안한 부모들은 자녀가 새 시대에 좋은 기회를 잡을 수 있도록 명문대에 보내는 것을 목표로 삼는다.[101] 제2차 세계대전 이후의 육아 목표가 어머니와 자녀 사이의 감정적 유대 쌓기였다면, 오늘날의 집중양육은 인적 자원 개발의 형태를 띤다.[102] 그러기 위해 다른 아동과의 경쟁을 대비해 아이를 끊임없이 준비시키고 훈련하는데, 이를 '꼬마 쥐들의 경주 rug rat race'라고 부른다.[103] 경쟁이 이런 풍조를 부추기는 만큼, 사회적 불평등이 심한 국가들이 집중양육 스타일을 채택할 가능성이 훨씬 높은 건 당연하다.[104]

한편 여기에는 계급 지위의 역할에 대한 불안도 한몫을 한다. 아동은 '좋은 가정' 출신으로 보여야 다른 '좋은 가정' 출신의 아이를 만날 수 있기에 적절한 지위를 보여주는 적당한 표지를 두른다. 한 연구자가 지적하듯, 중간계급 부모가 놀이 모임에 내놓는 음식에서 중요한 건 영양적 가치가 아니라 유기농 여부다.[105]

다시 말해 집중양육은 계급을 재생산하는 중요한 수단이다. 부유한 가족은 계급 지위를 다음 세대에도 재생산하고자 자녀에게 더 많이 '투자'한다.[106] 자녀와 관련된 지출은 가족의 수입이 높아질수록 늘어난다. 부유한 가족은 자녀에게 더 많이 지출하는 경향이 있으며, 이런 불평등은 아동의 발달에 반영된다.[107] 연구를 통해 밝혀지기를, 계층과 무관하게 가족의 수입 중 (장난감과 의류가 아닌)

보육 및 교육비 지출 비율이 높아지고 있으며,[108] 빈부 격차도 그만큼 더 커지고 있다. 자녀의 풍요로운 교육을 위해 부유한 가정이 쓰는 돈은 과거에 빈곤한 가정의 네 배 수준이었음에 반해 오늘날은 거의 일곱 배에 달한다.[109]

가족이 자녀에게 사용하는 '시간'의 양에서도 비슷한 패턴이 나타난다. 계급이 높아질수록 부모가 자녀에게 쏟는 시간도 늘어나는 경향이 있다.[110] 자녀의 교외 활동을 빼곡히 채워 넣는 것도 대개는 비교적 부유한 가정에서 나타나는 현상이다. 각계각층의 부모가 모두 육아에 들이는 시간을 늘렸지만, 그중 증가 폭이 가장 큰 부류는 계급의 사다리 꼭대기에 올라가 있는 이들이다.[111] 자녀의 발달을 촉진하고 지도하는 데 노동 집약적인 노력을 기울일 수 있는 가정도 중간계급에 속할 가능성이 높다.[112] 자금 부족, 시간 부족, 발달에 특수한 도움이 필요한 자녀를 비롯해 집중양육의 기준을 충족하기 어렵게 만드는 걸림돌은 집중양육에 대한 수요를 누그러뜨리기는커녕 부모에게 기준 미달이라는 죄책감만 안겨줄 뿐이다.[113]

법은 집중양육 문화를 반영하는 동시에 다시금 강화시킨다. 위험을 회피하는 문화가 퍼져나가자, 여러 기관에서 위험하게 여겨지는 각종 활동을 규칙 및 규제로써 금지했다. 예를 들어 여러 국가의 학교가 학생이 일으키는 모든 종류의 방해에 대해 '무관용' 원칙을 채택하고 규칙을 위반한 학생의 부모에게 '면담'에 참석해야 한다는 의무를 부과함으로써 바람직한 양육에 대한 생각을 강화시키고 있다.

미국의 양육권 관련 법 역시 집중양육을 사회적 규범으로 간주하므로, 자녀와 가장 많은 시간을 보내는 부모에게 양육권이 갈 확률이 높으며 자녀에게 시간을 쏟을수록 양육비를 덜 내게 된다.[114] 만일 흑인 여성과 빈곤층 여성이 집중양육 방식을 따르지 않고 자녀를 좀 더 독립적으로 키우려 했다가는, 같은 집단의 어머니와 권위자들에게 자녀를 잘못 키우고 있다고 의심받을 가능성이 높다. 반면 위의 집단에 해당하지 않는 어머니들은 '위탁가정에 아이를 빼앗길 두려움 없이 자녀들이 독립적으로 돌아다니게 놔둘 자유를 훨씬 많이 누릴 수 있다 – 자녀를 더 잘 돌봐서가 아니라 계급과 인종으로 인해 (아동 보호 서비스의) 조사에서 대체로 면제되기 때문이다'.[115] (아동이 자유롭게 돌아다니는 것은 범죄가 아니라고 명시한 법안을 통과시켜야 했던 유타 주의 사례가 눈에 띈다.)[116]

이런 장치들을 통해 우리 시대 육아의 사회적 규범은 국가적 처벌이라는 무게를 획득한다. 사회 재생산을 둘러싼 다른 기준들은 제2차 세계대전 이후에 정점을 찍고 나서 완화된 반면, 육아에 요구되는 기준은 가차 없이 치솟은 것이다.[117]

잘 차려입고, 바쁘게 굴어*

1900년대 초에 사회학자 소스타인 베블런Thorstein Veblen은 노동에서 벗어나는 능력으로써 계급 지위를 표현하는 '유한계급'의 존재를 기술했다. 봉건시대의 귀족들은 일상의 고된 일들에서 자신을

---

* 이 제목은 영국의 힙합 가수 디지 라스칼Dizzee Rascal의 곡 「픽스 업, 룩 샤프Fix up, look sharp」를 패러디한 것이다 – 옮긴이

떼놓을 수 있었고, 신흥 자본주의 계급에 속한 많은 이들이 같은 전통을 따랐다. 하위 계급 – 문자 그대로 '노동'계급 – 이 생존을 위해 노동을 강요받은 반면, 상류층은 노동에서 비롯되는 '정신적 오염'으로부터 벗어날 수 있었다.[118] 그들은 한가함, 경박함, 소비라는 외면적 표현을 통해 자신의 사회적 지위를 표시했다. 노동자들이 생계를 꾸리기 위해 고군분투한 반면, 고정자본을 소유한 자산가들은 가만히 앉아 재산에서 나오는 불로소득으로 생활할 수 있었다. 베블런이 썼듯이, 유한계급에 '노동을 삼가는 것은 명예롭고 칭찬받을 만한 행위였을 뿐 아니라 품위의 필수 요건이었다'.[119] 충분한 부를 지녔으면서 굳이 노역에 종사하는 모습을 보이고자 하는 이는 소수에 불과했다.

과시적 바쁨

오늘날에는 상황이 다소 달라졌다.[120] 한때 귀족적 여유로움이 높은 사회적 지위의 표지였다면, 오늘날의 엘리트들이 달성하고자 애쓰는 사회적 규범은 분주하게 일하는 것이다. 부를 드러내고 과시적으로 소비하는 한편 중요하고, 가치 있고, 성실하고, 몸값 높은 사람처럼 보이고도 싶은 것이다. 바쁨에 대한 기대는 우선 길어진 노동시간으로 표현된다. 이번 장에서 논한 대부분의 기준과 달리, 바빠야 한다는 기준은 부유층에 가장 강력하게 적용된다(상류층의 규범에 대한 베블런의 가설에는 들어맞는 현상이다).[121] 예를 들어 미국에서는 주당 근무시간이 전체적으로 (50시간 이상으로) 늘어났는데, 특히 월급을 받는 전문직과 관리자들에게서 집중적으로 증가했다.[122] 오랜 시간 일하기를 요구하는 기대도 더 높아졌다.

이런 변화가 일어난 원인 중 하나는 서비스 기반 경제로의 이동이었다. 서비스 기반 경제에서는 어떤 노동자의 생산성을 정확히 평가하기가 어려워서, 생산성의 '수행'이 회사에 대한 기여도를 알아내는 핵심 지표다. 많은 시간을 일하지 않은 이들은 솎아낼 인원으로 취급된다. 이런 기대는 특히 가정에서 돌봄 의무를 지고 있어서 회사의 기준을 충족시키는 시간이나 자원이 부족한 이들에게 막대한 영향을 준다.[123]

그런데 바쁨은 전문직 계급에 국한된 문제가 아니다. 낮은 계급의 사람들도 여러 일자리를 전전하느라 갈수록 더 오랜 시간을 일하는 경향이 있다.[124] 한 사람이 여러 직업을 갖는 경향이 늘어난 건 물질적 조건 – 구체적으로는, 많은 노동자가 직면한 임금 정체 문제와 노동법을 회피하는 긱 경제gig economy의 부상 – 이 강제했기 때문이지만, 이런 상황을 합리화하는 이데올로기적 기반 구조도 등장하고 있다.

'허슬 문화hustle culture'*의 찬양은 바쁨에 대한 더 높은 기대를 정상화하는 주요 수단이다. 바쁨을 떠받드는 소셜 미디어 콘텐츠에서는 항상 긍정적인 태도로 부자가 되기 위해 노력하라고 부추긴다. 그러지 않는 사람들은 전부 게으름뱅이로 취급하며 – 주말에 일하지 않겠다니! 늦잠을 자다니! – 성공으로 가는 비법은 단순히 일을 더 많이 하는 것이라고 주장한다.[125] 한 프리랜서 플랫폼이 마케

---

* 일을 최우선순위로 여겨서 쉬지 않고 계속 바쁘게 일하기를 기대하는 문화 – 옮긴이

팅에서 사용한 악명 높은 문구에서 이런 문화가 엿보인다.

'점심으로 커피 한 잔. 한번 시작한 일은 끝을 본다. 수면 부족은 당신이 택한 약이다. 당신은 해내는 사람이니까.'

허슬 문화를 따른다는 건 가능한 때마다 부업을 한다는 (그리고 취미를 수익화한다는) 뜻이다. 예를 들어 영국에서는 디지털 플랫폼에서의 '마이크로워크microwork'가 다른 일자리에서의 수입을 보충하는 주된 수단이 되었다.[126] 쉴 새 없이 일하고, 부업을 늘려나가고, 하루 종일 생산적으로 살라고 명령하는 허슬 문화에 몸 바친 이들이 일하지 않을 때 죄책감을 느낀다는 건 놀랍지 않다.

바쁘게 살라는 부추김은 공식적인 근무시간 바깥으로도 이어진다. 갈수록 높은 비율의 직원들이 가능한 한 어떤 기술적 수단을 동원해서든 일터와의 연결을 끊지 말라고 요구받고 있다.[127] 보수를 받는 노동과 가정생활의 구분은 한때 자본주의 체제 아래서 임금노동의 특징으로 여겨졌으나, 자유로워야 하는 여가 시간에 임금노동이 정신적 공간을 침범하기 시작하면서 둘 사이의 선은 흐려진다.

여가 시간을 최대한 활용해야 한다는 압박을 갈수록 크게 느끼는 부유층은 기존의 여가 상품 및 서비스에서 비싼 대체품으로 시선을 돌려, 언젠가 사용하리라는 희망으로 여가 제품을 구매하는 '비과시적 소비'를 시작했다.[128] 여가 소비가 일어나는 속도 역시 이전보다 빨라졌다 – 한정된 시간에 더 많은 것을 욱여넣기 위해서다.[129] 생산적이어야 한다는 명령은 우리의 자유 시간까지 장악했다.[130] 많은 사람들이 그냥 긴장을 풀고 쉬지 못하며, 계속 뭔가를 하려고 한다 – 어떻게든 시간을 '잘 활용'하려는 일념에서다. 텔레비전을 보거나 비디오게임을 하는 활동은 시간 낭비로 취급되기 일쑤다. 자유 시간조차 생산적이어야 하는 것이다.

유한계급이 어쩌다가 이렇게 분주한 계급이 된 것일까? 가장 그럴듯한 설명은 교육, 문화적 지식, 사교 기술을 비롯한 '인적 자원'의 중요성이 이전과 달라진 것에 초점을 맞춘다. 과거의 유한계급이 (대체로) 자산 소유와 거기서 나오는 임대료의 혜택을 누렸다면, 오늘날 분주한 계급은 수익을 창출하기 위해 끊임없이 일해야 하는 인적 자본에 의지하는 경우가 더 많다.[131] 이로써 기술에 대해 보상을 받는 관리자와 전문직 같은 직업의 노동시간이 더 긴 경향이 설명된다.[132] 운 좋게 그런 지위에 올라갔더라도, 연봉을 벌려면 필요한 노동을 계속해야 하는 것이다.

게다가 노동 윤리에 대한 문화적 인식 역시 강화되었다. 직업을 사회계층 이동을 가능하게 해주는 천직으로 여기는 본래의 프로테스탄트 노동 윤리가 변형된 결과, 오늘날 우리는 노동 자체가 자기표현의 핵심 매체라고 믿게 되었다.[133] 열심히 일하는 것은 일터뿐 아니라 가정에, 나아가 삶의 결 전반에 새겨진 규범이 되었다.

감시와 규율에서 벗어나기

기준의 초점은 달라졌지만 가사는 여전히 끝이 없으며, 무보수 재생산 노동은 때와 장소를 가리지 않고 남아 있는 빈 시간을 메우려는 경향이 있다.[134] 더 할 수 있는 일은 언제든지 있다. 기준이 강화되면서 어떤 시간적 진공이든, 음, 진공청소기로 채워지곤 한다. 특히 육아에서 그런 현상이 두드러지는데, 어린아이를 돌보는 사람은 거의 쉴 새 없이 낮은 수준의 주의를 기울여야 한다. 1940년대의 한 광고에서는 빨랫감을 세탁기에 넣고 나면 '자유롭게 [원문 그대로] 아이를 돌보거나 다른 가사를 할 수 있다'고 표현했다.[135] 가정에서 이루어지는 노동이 그 가치를 거의 인정받지 못하는 현실에서 여성들은 오랜 시간 일하는 것을 자신이 가정에 (금전이 아닌 다른 방식으로) 기여한다는 증표로 삼기도 한다.[136] 그 결과 가사는 우리가 갈망하는 자유 시간을 언제든지 침해하는 못된 버릇이 생겼다.

이런 규범에 맞서, 우리는 어느 정도까지는 개인적 차원에서 시간을 어떻게 활용하는지 알아보고 의식적으로 고민할 수 있다. 우리가 티끌 하나 없이 깨끗한 집을 원하는 건 거기에 기능적 목적이 있어서인가, 아니면 사회적 규범 때문인가? 이런 고민에서 중요한 부분은 육아에 모든 자유 시간과 적극적 관심을 투자하지 못하는 어머니, 신선한 재료로 건강한 식사를 차려낼 시간이나 돈이 없는 부모와 같이 비합리적으로 높은 사회적 기준을 충족시키지 못하는 사람들이 흔히 느끼는 죄책감을 극복하는 것이다.

개인적으로 기대를 낮추는 선택에는 아주 많은 즉각적 혜택이 따른다. 예를 들어 육아에 대한 생각을 바꾸면 부모에겐 더 많은 자유 시간이, 아이에겐 더 많은 놀이 시간이 주어질 수 있다. 집중양육이 부상하면서 아이들은 비구조적 놀이를 하는 시간이 줄어들고, 대단히 구조적인 활동으로 더 많은 시간을 보내게 되었다 – 얼마 되지 않는 놀이 시간에도 점점 고도로 검증된 활동, 친구, 음식만 제공된다.[137] 미국의 한 학교는 심지어 1년에 한 번 열리는 유치원 연극을 취소했는데, 학업이 아닌 것에 이틀이나 낭비할 수 없다는 이유에서였다.[138] 어린아이의 자유 시간을 부활시키면 모두에게 이로울 것이다. 어느 아이는 이렇게 표현했다.

'우리 부모님에게 나 말고도 취미가 있으면 좋겠어요.'[139]

그런데 개인의 노력은 공고한 구조와 충돌을 일으킨다. 재생산 노동을 지배하는 규범은 쉽게 사라지지 않는다. 무시할 경우 현실적으로 사회적 결과가 뒤따르는 실질적인 사회구조 안에 구현되어 있기 때문이다. 예를 들어 집중양육을 받지 못한 아동은 그런 육아 모델이 제공하고자 하는 기회를 놓칠 위험에 처한다. 그러므로 많은 이들이 시간이 들고 문제도 있다는 걸 알면서도 자녀가 성공하기를 바라는 마음에서 집중양육을 선택한다.

계급 구별 역시 계속되는 규범 설정에서 중요한 역할을 한다. 중간계급의 청결 관념, 정성을 들인 식사에 대한 부르주아 계층의 인식, 자녀에게 '투자'하고 끊임없이 바쁨을 과시하라는 자본주의의 압박은 전부 우리가 살아가는 계급 기반 사회의 요체다. 게다가 앞에서 보았듯 마케팅 역시 계속적으로 새로운 '필요'와 더 높은 기대를 만들어내는 핵심 주체로서의 역할을 해낸다. 이런 사회적 기대는 국가에서 그 수행에 대해 평가를 내릴 때 법적 위력의 무게마저 지니게 된다.

복지국가는 오랫동안 국민들이 특정한 기준을 따르도록 하는 규율 기능을 담당해왔다. 예를 들어 많은 수의 복지 수혜자가 국가를 대리하는 인물들에 의해 상당한 감시를 받게 된다. '위생 검사관,

장학사, 사회복지사 – 대부분 여성이다 – 는 도덕성, 위생, 노동계급에 속하는 사람으로서의 적절한 사회적 역할, 그리고 무엇보다도 사회적으로 수용되는 가족·가정 형태에 관한 사회개혁가들의 부르주아적 관념을 강요해왔다.'[140] 청결 및 행동의 기준 배후에는 그런 인물들의 (실제 또는 예상되는) 평가가 핵심적인 강제력으로서 도사리고 있다. 가벼운 예를 들자면, 영국의 초등학교는 학부모가 잠옷 차림으로 아이를 등하교시켜선 안 된다는 금지령을 내렸다.[141]

그러나 강제력은 더 참혹한 방식으로 표현되기도 하는데, 아이를 가족에게서 떼어내어 재정이 부족하고 불친절하기 일쑤인 위탁가정 시스템에 집어넣는 일이 그러하다. 여기서 특히 눈에 띄는 건 아동복지제도의 역할이다. 아이를 해로울 수도 있는 원가족으로부터 지켜준다는 개념은 표면적으로 옳지만, 현실에서 아동복지제도는 가정환경을 평가할 때 갈수록 아동의 안전과 안녕을 넘어 높은 기준을 적용하는 것으로 악명을 떨치고 있다. 텍사스 주에서 아동 보호 서비스가 '젠더 긍정 보육을 받는 트랜스젠더 아동의 가족을 조사'[142]해야 한다는 지령을 내리고 '아동이 단정하지 못하거나 방치된 것처럼 보일 때, 부모가 마리화나를 흡입하는 것으로 관찰될 때, 집이 더러워 보일 때' – 이것들이 반드시 양육자가 부적합하다고 입증하는 건 아니다 – '경고'로 여겨 조사에 들어가는 등의 최근 전개에서 이를 확인할 수 있다. 미국의 경우 아동방임 조사는 주로 빈곤한 가족에 집중되는데, 이들 가정은 물질적 보조를 지원받는 게 아니라 오히려 심도 있게 감시받으며, 아동에게는 가정에서 분리될 수 있다는 위협이 가해진다.[143]

자본주의 환경에서 사회 재생산은 '교사, 간호사, 사회복지사의 업무가 그냥 아무 생명을 생산하는 것이 아니라 유순하고 이용 가능한 노동자를 생산하는 것임을, 그리고 국가 공무원에 의한 노동력 재생산이 국가적 억압과 분리될 수 없음을' 의미한다.[144] 억압의 핵심에는 외양, 위생, 행동에 관해 특수하며 때론 임의적인 것으로 보이는 기준을 시행하는 일이 있다. 따라서 기준에 대한 개인의 선택은 유의미한 한계에 부딪히게 마련이며, (오늘날 육아의 많은 규범이 그러하듯) 다양한 규범이 법에 구현되어 있을 때 더욱 그러하다.

　　이에 대해 우리는 개인적으로 고민하는 데 그치지 않고, 그런 기준을 강요하는 구조 자체를 변혁시켜야 한다. 궁극적으로는 우리가 스스로 따르고자 하는 규범을 함께 결정하고 스스로 법을 제정하는 수단을 만들어야 할 것이다.

4

가족 형태의 변화

지금까지 우리는 기술과 사회적 규범이 가정 내 재생산 노동과 복잡한 방식으로 상호 작용함으로써 자유 시간을 제한하거나 확장시키는 방식을 살펴보았다. 재생산 노동이 조직되는 바탕에는 가족이 있다(더 정확히 말하자면, 전형적으로 혼인 관계인 한 쌍과 그들의 피부양 자녀로 구성된 사회적 단위로서의 가족이 있다).[1] 사람들이 실제로 가정생활을 꾸려나가는 방식은 꽤나 다양하지만, 전형적 형태의 가족은 서구 국가에서 여전히 문화적 이상으로 널리 추앙받으며 광범위한 국가 정책에 힘입어 더욱 강화되고 있다.

그러나 사회 재생산 노동의 관점에서 핵가족은 심하게 비효율적인데다 각종 젠더 불평등의 온상이기도 하다. 1960년대 이래로 여성이 수행하는 무보수 가사노동의 양은 점진적으로 줄어들고[2] 남성이 이전보다 가사노동에 (약간 더) 참여하는 추세이지만(〈도표 4-1〉과

〈도표 4-2〉 참조) 가족 내에서는 여전히 현저하게 젠더화된 노동 분화가 일어나고 있다.[3] 정확히 말해, 오늘날 데이터가 수집되는 모든 국가에서 여성이 남성보다 평균 3.2배 더 많은 시간을 무보수 노동에 쓰고 있다.[4]

2015년 미국에서는 전체 무보수 돌봄 노동의 60퍼센트를 여성이 수행했다.[5] 미국에서 임금노동을 하는 여성이 무보수 사회 재생산 노동에 쓰는 시간의 양은 1985년부터 2004년까지 줄어들지 않았다.[6] 영국에서는 여성이 남성보다 60퍼센트 더 많이 무보수 노동을 하고,[7] 비교적 젠더 평등한 국가로 꼽히는 노르웨이와 덴마크에서도 여성이 남성보다 거의 1.5배 더 무보수 노동을 하고 있다. 오늘날 젠더 평등이 제일 잘 이루어지는 국가인 스웨덴에서도 평균적인 여성이 평생 무보수 노동에 들이는 시간이 평균적인 남성에 비해 1.6년 더 길다.[8] 이 모든 사례에서 여성은 갈수록 임금노동에 남성과 비슷한 시간을 쓰게 되었음에도 여전히 무보수 사회 재생산의 대부분을 맡고 있다.

가족 내에서 발견되는 노동 불평등은 단순히 시간의 문제만은 아니다. 일의 힘들기에 차이가 있음을 고려하면, 무보수 노동의 조직에는 양적 차이뿐 아니라 중요한 '질적' 차이 역시 존재한다.[11] 예를 들어 많은 핵가족에서 밤중에 아이에게 수유하거나 달래는 등의 야간 육아는 주로 어머니의 몫이다. 맞벌이 부부를 대상으로 한 연구에서 밝혀지기를, '1세 미만 자녀가 있는 경우 수면을 방해받는다고 말하는 여성이 남성보다 세 배 많았고, 일하지 않고 집에 있는 여성의 경우 동일한 조건인 남성에 비해 자녀가 잠에서 깰 때 같이 깰

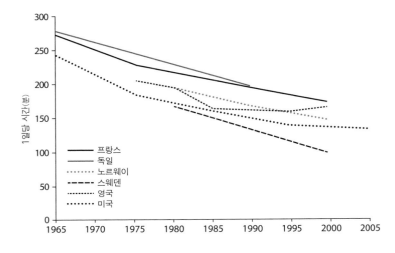

〈도표 4-1〉 여성의 가사노동 시간[9]

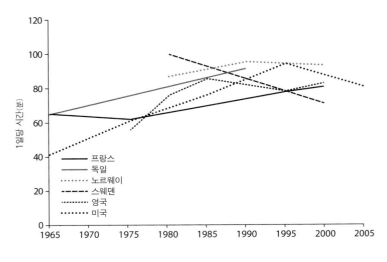

〈도표 4-2〉 남성의 가사노동 시간[10]

확률이 여섯 배나 높았다'.[12] 반면 아버지는 아이를 돌보는 시간을 '몸을 쓰거나 물건을 옮기는 반복적 일거리보다는 비교적 즐거운 교육적·오락적 대화 활동으로' 보내는 경향이 더 높았다.[13] 게다가 아버지가 자녀를 돌볼 때는 보통 어머니가 동석하는 반면, 어머니가 자녀를 돌볼 때는 혼자일 가능성이 훨씬 높아서 일이 더욱 고되어진다.[14]

시간 불평등은 육아 바깥으로도 이어진다. 여성들은 (빨래, 요리, 청소 등) 더 반복적인 일을 맡는 경향이 있는 반면, 남성들은 (DIY 프로젝트나 장보기 등) 덜 반복적인 일을 맡는다. 이렇듯 재생산 노동이 이성 부부 사이에 분배되는 관습적 방식으로 인해 하루종일 긴장을 풀지 못하고 휴식이 부족한 돌봄 제공자가 생겨난다. 잠을 못 자고, 하루 종일 바쁘고, 남을 돌보느라 자기 삶을 내팽개쳐야 하는 사람은 주로 여성이다.

당연히 전 세계의 여성들은 거의 언제나 남성보다 여가 시간이 부족하다 – 남녀의 여가 시간 격차는 하루에 평균 33분, 1주일이면 거의 네 시간에 달한다.[15] 영국의 공식 통계도 비슷한 결론에 이른다. 남성들이 1주일에 누리는 여가 시간은 여성보다 다섯 시간 더 길며, 이런 불평등은 지난 15년간 점점 심해졌다는 것이다.[16]

남녀가 누리는 자유 시간의 '속성'을 고려할 경우 젠더 불평등은 더욱 심화된다. 여가 시간을 평가하는 기준은 어느 한 시점에 누군가가 하고 있는 주된 활동이다. 그런데 이런 접근법에서는 그 누군가가 멀티태스킹을 하고 있을 수 있으며, 따라서 자유 시간의 질이 달라질 수 있다는 사실이 간과된다.[17] 텔레비전을 보면서 동시에

옆에서 노는 유아를 지켜보고 있는 어머니는 표준 시간 활용 설문에서 자유 시간을 즐기는 것으로 분류된다. 그러나 육아 요소가 일정 부분 개입된 자유 시간이 피부양자와 분리되어 경험하는 자유 시간과 같을 리 없다. 이런 현실로써 사회 재생산 노동에 깊이 관여하는 사람들이 시간을 다르게 경험하는 이유가 설명된다.[18] 재생산 노동을 맡은 사람은 자꾸 방해받으며, 지속적으로 배경에 주의를 기울여야 한다. 남성이 여가 시간의 많은 부분을 자녀와 분리되어 보낸다는 점을 감안할 때, 연구에서 남성이 여성보다 '질 좋은' 자유 시간을 누린다는 사실이 밝혀진 건 놀랍지 않다. 남성의 여가 시간이 더 긴데다 방해받고 제약되고 중단될 가능성도 낮기 때문이다.[19]

그런데 시간 불평등을 페미니즘의 이슈로 인식하고 고민하는 것도 중요하지만 재생산 노동 분배에서 계속되는 불평등을 가족 '내에서만' 생각하는 데에는 한계가 있다. 자유 시간을 확장하고 연장시키길 원한다면, 우리가 초점을 맞추어야 하는 대상은 다름 아닌 가족의 형태다.

한마디로, 핵가족은 육아를 비롯한 각종 돌봄 노동에 부적합하다. '핵가족에는 구조적으로 해결 불가능한 갈등이 존재한다. 부모는 자녀를 하루 24시간 책임지고 돌봐야 하는 동시에 개인적 자유, 사생활, 인생에서의 자발성을 누릴 정당한 요구를 지닌다.'[20] 결과적으로 어린아이를 키우는 부모는 시간 부족에 시달리며, 이는 모든 관련자에게 불필요하게 부정적인 영향을 미친다. 핵가족에서는 노력 중복이라는 비합리적인 현상도 일어난다.

가사노동이라는 나라에는 하루 종일 거의 가동되지 않는 작은 산업 공장들이 있다. 값비싼 최첨단 기계 장비가 한 달에 겨우 한두 차례 사용된다. 이런저런 보존식품을 8온스나 12온스씩 사느라 매주 터덜터덜 시장으로 향하는 소비 단위가 있다.[21]

같은 맥락에서 20세기 초의 여성협동조합에서는 '지금 가정마다 제각기 세탁을 하는 것처럼 우스꽝스러운 시간과 돈 낭비는 없다'라고 통탄했다.[22] 앞서 살펴보았듯이 재생산 노동을 개별 가정에 ─ 보통은 고립된 주부에게 ─ 위임한 결과, 초기 가정 기술은 노동을 줄여줄 잠재력을 크게 잃었다. 가정의 산업화는 가사노동의 개인화와 밀접하게 이루어졌다. 그 결과 노동이 중복 수행되는 현상이 나타나자, 필수 사회 재생산 노동을 조직하는 더 나은 방법이 있을 거라고 주장하는 반대 의견이 빗발쳤다. 이 책의 뒷부분에서 살펴볼 상상과 이론 차원의 대안들이 등장했고, 개중에는 실현된 것도 있었다.

재생산 노동이 지닌 불평등과 비효율 문제는 시간 정치의 핵심으로서, 자유 시간을 위한 싸움을 임금을 주는 직장을 넘어 가정으로 확장시키는 게 중요하다는 걸 보여준다. 무보수 가사 및 돌봄 노동의 수행에 양적인 차이뿐 아니라 질적인 차이가 존재한다는 것은 페미니즘 탈노동 상상에서 심각한 문제다. 여기서 재생산 노동의 평등한 분배를 막는 구조적 장애물을 해체하는 것이 중요해진다. 그러려면 자본주의 체제 아래서 사회 재생산을 도맡는 핵가족에게 기대되는 젠더화된 돌봄 형태를 똑바로 보고 그에 맞서는 전략이 필요할 것이다. 이 대목에서 우리는 핵가족이 해방적 탈노동 정치를 위한 이상적인 재생산 단위이자 우리 시대의 노동 문화에 대한 저항의 보루로서 기능하기에 과연 적합한지 의문을 제기할 수 있다.

핵가족은 이미 고립적이고, 배타적이고, 노동 집약적이고, 시간 소모적이고, 심하게 불공평한 형태임을 스스로 증명했음에도 여전히 우리의 문화적 상상을 강력하게 지배하고 있다. 그렇다면 핵가족은 어떻게 패권을 잡았으며, 핵가족이 일으킨 노동 분화는 어떻게 오늘날까지도 수많은 사람들이 살아가는 방식을 정하고 있는 것일까?

생계 부양자의 탄생

19세기에 일어난 자본주의적 산업화의 확장에서 이야기를 시작해보자. 두 세기 전에도 여성은 여전히 가사와 돌봄 노동을 도맡고 있었지만, 당시에 재생산 노동이 조직된 방식은 세 가지의 중요한 측면에서 현재와 뚜렷한 차이를 보인다. 첫째, 과거의 재생산 노동은 주로 공동체에서 이루어졌고 대부분 자기 자신보다는 타인을 위한 것이었다(무보수로 돕거나 품삯을 받았다). 주부 한 명이 온 가족을 위해 일한다는 건 아직 낯선 개념이었다. 둘째, 여성이 가사와 돌봄 노동에 쏟는 시간은 전체 노동시간에서 30퍼센트라는 비교적 작은 부분을 차지했다. 여성이 재생산 활동 몇 가지를 특화해서 맡게 되는 건 훗날의 일이었다. 노동이 명확하게 분화되기 전이었던 과거에는 가정의 모든 구성원이 대부분의 가사노동에 어느 정도 참여했다.[23] 마지막으로, 재생산 단위로서의 가정은 생물학적 가정과 동의어가 아니었다. 많은 이들에게 가정은 가족이 아닌 구성원들도 포함하는 것으로서 '가족' 개념은 혈연관계보다 노동관계로 정의되었다. 요 컨대 가족이란 함께 생활하면서 함께 일하는 사람들이었다.[24]

그런데 시장이 커지면서 임금노동자에 대한 새로운 수요가 생겨나자, 산업화 이전의 재생산 노동 조직 방식과 궁극적으로 상충하는 생산의 리듬과 속도가 설정되었다. 자본주의 경쟁의 요구에 따라 생산이 가정 바깥의 특화된 장소(일단은 공장이었다)로 옮겨가면서 임금노동자들은 가정 내에서 무보수로 가족 노동을 수행하기가 이전보다 어려워졌다.[25] 반대로 무보수 노동은 - 가정 내 재정 관리와 (아동과 성인을 비롯한) 다양한 임금노동자들의 조직을 포함해서 - 갈수록 복잡하고, 시간 소모적이며, 따라서 가정 바깥에서의 임금노동의 수행을 방해하는 일로 변모했다.

이렇듯 임금노동과 가족 노동의 요구가 상충하자, 한동안 도시 노동계급에 속하는 여성과 아동들이 공장에서 남성과 더불어 심한 착취를 당하는 등 사회 재생산의 위기가 일어나기도 했다.[26] 이런 지속 불가능한 상황은 결국 가정 구성원 중 기혼 여성을 외부 고용에서 빼내어 집으로 돌려보냄으로써 해결되었다(재정 상황이 긴급한 때는 예외였다). 여성들은 결혼과 출산 전에는 보통 전일제로 일하다가 가정 상황이 달라지면 임금노동에서 빠져나오는 경향을 보였다. 가령 1890년에 백인 여성의 노동시장 참여율은 '38.4퍼센트였다가, 결혼을 하면 2.5퍼센트로 떨어졌다'.[27]

그렇게 가정에 자리를 잡은 기혼 여성은 점점 다양한 가사 책무에 시간을 빼앗기게 되었다.[28] 생산 활동이 과거의 어느 때보다도 집에서 멀리 떨어진 곳에서 이루어지면서 '가정에는 가장 사적이고 생물학적인 활동 – 먹고, 섹스하고, 잠자고, 어린아이를 돌보고, (제도적 의료가 등장할 때까지) 출산과 죽음을 관장하고, 환자와 노인을 보살피는 등 – 만 남았다'.[29] 당시 부상하고 있던 재생산 체제에서는 개인이 한 영역에 특화되기를 장려했는데, 이는 갈수록 일상이 두 개의 별개 영역으로 나뉘어 경험된다는 것을 의미했다. 하나는 경쟁과 효율성의 관점이 지배하는 시장 영역이었고, 다른 하나는 친밀함의 공간이자 바깥세상으로부터의 쉼터이자 남들에게 인정받지 못하는 무보수 노동이 이루어지는 가정 영역이었다. 시장과 가정의 공식적 구분이 구체화되고 있었다.[30]

그렇다고 해서 두 영역이 철저하게 차단되어 있었던 건 아니었다. 기혼 여성은 여전히 임금을 벌어들이되 그들이 특화된 가정의 업무와 양립 가능한 일자리 – 하숙을 치고, 빨래와 삯일을 하고, 식당 일을 하는 등 – 를 선호했다.[31] 임금을 벌 필요와 무보수 노동을 할 필요가 이루는 긴장은 그런 식으로 (부분적으로나마) 완화될 수 있었다.

기혼 여성은, 말하자면 필요할 때 동원되는 가족 내 노동 예비군이었다. 이것이 자본에서 말하는 노동 예비군 – 자본이 노동자를 필요로 할 때 호출될 수 있으며 임금노동자들이 '너무 많은 것을' 요구할 때 그들을 대체하겠다고 잠재적으로 위협할 수단이 되는, 실업자 또는 일이 부족한 사람들 – 과는 구별되는 개념임을 짚고 넘어가

자. 가족 내 노동 예비군이란 잠재적 임금노동자인 가족 구성원으로서, 가정에서 필요로 할 때 돈을 벌러 나감으로써 변화하는 상황에 가족이 적응하고 생존할 능력을 높여준다. 노동 예비군이 되는 것은 1800년대 말에 노동계급 아내들이 맡은 중요한 역할이었다. 그들은 가정에서 필요로 할 때마다(예를 들어 임금을 벌어오던 배우자가 사망하거나 일자리를 잃거나 병에 걸렸을 때) 간헐적으로 임금노동으로 복귀했다.[32]

19세기가 끝나갈 무렵 남성 임금은 인상되고 있었고, 아동 노동은 줄어들었으며, 여성은 임금 외 수입을 얻기가 더 어려워졌다.[33] 자연스럽게 남편 또는 아버지의 수입이 나머지 가족 구성원의 전체 수입보다 더 중요한 의미를 지니게 되었다. 여러 연구에 따르면 노동계급 가정에서 남성 임금노동자가 벌어들이는 돈은 가족 전체 수입의 70~80퍼센트를 차지했다.[34] 물론 온 가족이 한 사람의 임금에 얼마나 의존하는지는 가정의 사회경제적 지위에 따라 달라졌으며 (제일 빈곤한 가족들은 여전히 모든 구성원이 벌어오는 수입에 의존했다) 여러 나라는 서로 다른 시대에 각각의 속도로 프롤레타리아화*를 경험했다. 그러나 생계 부양자의 임금에 대한 의존이 높아지고 그 외의 수입원은 줄어드는 것이 전반적인 경향이었다.

물질적 상황의 변화를 보완하기 위해 젠더, 노동, 가족을 둘러싼 이데올로기도 달라졌다. 기혼 여성의 임금노동이 주로 위급한 상황에서 절박하게 이루어졌음을 염두에 둘 때, '노동계급 문화에서 일하지 않고 집에 있는 기혼 여성의 존재가 건강하고 안정적이

---

* 자본주의 독점의 필연적 논리에 따라 특정 집단이나 계급이 임금노동자가 되는 과정 - 옮긴이

고 번영하는 가정을 뜻한다는 인식이 채택된 것'[35]은 놀랍지 않다. 이런 이상을 달성할 수 있었던 노동계급 가정은 비교적 소수였다. 그럼에도 남성 생계 부양자가 온 가족을 위해 밥벌이를 해야 한다는 기대는 세기가 바뀔 무렵 의미 있는 견인력을 얻었다.[36]

노동조합은 임금 협상의 수단으로 가족 임금이라는 개념을 들이밀었다 - 여기에는 진보적인 부르주아 아군에게 노동계급 역시 그들과 동일한 가족 형태를 꿈꾸고 있다는 신호를 보낸다는 추가적인 효과도 있었다.[37] 다만 중요하게 짚고 넘어가야 하는 사실 하나는 이 시기에 실제 가정들의 체험이 새로 등장한 규범에 비해 훨씬 다양했다는 것이다. 특히 노동계급 가족, 이민자, 소수민족들은 확장된 가정이나 밀접하게 교류하는 집단 내에서 생활하는 경우가 더 흔했다. 당시에 마르크스와 엥겔스는 '완전히 발전된 형태의 가족은 부르주아 계급 내에서만 존재한다'라고 적은 바 있다.[38] 20세기에 들어서도 다수의 흑인 가족은 '아빠·엄마·아이로 이루어진 패턴에 순응하지 않는' 가정과 일시적이고 가변적인 파트너 관계, 확장된 가족, 여성 생계 부양자를 특징으로 하는 '유연하고 탄력적인 친족관계'를 이어나갔다.[39]

따라서 이런 다양성과 대조되는 가정 이데올로기는 인종, 계급, 지위를 구분하는 증표로 자리매김했다. 남성 생계 부양자가 이끄는 노동계급 가족은 생활수준이 나아지는 것을 비롯해 상당한 혜택을 받았고 훗날의 정치투쟁에서 핵심적 기틀을 형성했지만, 한편으로는 '룸펜 프롤레타리아, 흑인 노동자, 퀴어와 노동운동을 구별하는 수단'으로 여겨지고자 했다.[40] 이렇듯 실제 경험되는 삶의 불가피한

다양성에도 불구하고 생계 부양자/가정주부 모델은 시장과 가정 영역의 구조적 분리에 의해 갈수록 공고해졌다.

이런 가정 형태가 '1880년대와 1890년대를 거치면서 미국 및 유럽의 백인 임금노동자에게 접근성이 극적으로 높아지고, 여러 안정된 노동계급 동네에서 지배적인 형태로 등극하면서' 19세기 말과 20세기 초에 하나의 수렴이 이루어졌다.[41] 노동계급과 중간계급의 가족 형태는 둘 다 무보수 재생산 노동과 임금을 받는 생산 노동의 분리, 그리고 이 분리의 첨예한 젠더화에 의존하게 되었다. 1900년에 이르자 가족의 이상은 '유럽 노동계급의 규범적 열망'으로서 굳건히 자리잡았다.[42] 제1차 세계대전 무렵에는 '도시 프롤레타리아가 현대적 모습을 취했고, 오늘날 우리가 생각하는 전통 가족이라는 형태가 생겨났다.'[43] 빅토리아 시대의 가족은 보통 고도로 계급 특화된 형태를 취한 데 반해 – '출산, 가사, 젠더 역할, 유년기 및 청년기의 경험' 모두 계급에 따른 편차가 컸다 – 20세기의 가족은 '여전히 계급 격차를 확인하고 재생산했으나, 그럼에도…… 그 수단은 대체로 유사한 제도, 가치, 행동 규범에 맞춰 생활하는 것이었다.'[44] 그리하여 특정한 가족 형태가 패권을 잡기 시작했다. 남성 생계 부양자, 여성 주부, 그리고 그들과 혈연관계이며 임금을 벌지 않고 학교에 다니는 자녀로 이루어진 핵가족이 그 주인공이었다.

새로운 시간 정치의 등장

남성이 갈수록 일상에서 이루어지는 가정 내 사회 재생산 활동에서 분리되고 가사 책임에서 벗어나면서, 무보수 노동의 시간 불평등도 심화되었다. 그렇게 젠더화된 새로운 시간 정치가 부상하기 시작했다. 산업화 이전에 노동은 주로 집 바깥에서 남녀 모두에 의해 수행되었으며, 시간적으로는 '일'과 '생활'의 경계가 분명하지 않은 자연의 리듬에 의해 조절되었다.[45] 그러나 일터와 가정이 공간적으로 분리되면서 일과 여가의 구분이 – 적어도 남성에게는 – 뚜렷해지자 어떤 종류의 일에도 방해받지 않는 (남성의) 여가 공간을 지켜내려는 갈망도 커져갔다. 많은 아버지가 하루 일과와 주간 일정을 임금노동의 리듬에 지배받게 되었다는 것은 그들이 '자녀를 일요일에만, 아내를 하루에 5분만 보게 되었다'는 뜻이기도 했다.[46]

가정은 '가사노동에서의 불참을 허락받은 남성이 일을 마치고 쉬러 올 수 있는 여가 센터로서' 이상화되었다. 결과적으로 19세기의 남성은 이전 시대만큼 집안일을 돕지 않게 되었다. 이 시기의 남성은 '먹고 자는 걸 제외하면 집에서 거의 시간을 보내지 않았으며, 퇴근 후에는 술집과 클럽에서 동성 친구들과 시간 보내기를 선호했다. 가사에 참여하는 남자는 괴짜거나 사내답지 못한 자로 취급받기 십상이었다'.[47] 주택의 설계 자체가 가정에서 일에 대한 연상을 떨쳐내려는 풍조를 반영했다. 가구, 장식, 배색에 집을 '일하지 않는' 공간처럼 꾸미려는 의도가 들어갔다.[48]

그러나 무보수로 일하는 가족 노동자들은 달력과 시계의 지배를 받는 엄격한 시간 논리에서 상당 부분 면제되었다. 기혼 여성은 '선형적 시간의 규제를 덜 받았으며, 갈수록 가족에게 쓸 시간이 있는 유일한 가족 구성원으로 여겨진 결과 가족 시간의 주 관리자는 물론이요 그 주된 상징이 되었다'.[49] 그렇게 어머니들은 (그리고 더 넓게 보아 여성들은) 가족의 시간과 밀착해서 살게 되었다. 가정 내 가사와 돌봄 노동의 시간표는 다른 노동 형태에 비해 규제가 덜하고 예측 불가능하기 때문에, 무보수 재생산 노동에 시간적 경계가 부족한 현상은 19세기 내내 지속되었다.

자기 집에서 노동하는 사람들은 일의 속도를 스스로 통제하는 즐거움을 누렸지만, 그 대가로 일이 진짜로 '끝날' 수 있다는 희망을 빼앗겼다. 일을 말끔하게 끝내거나, 일하기를 거부한다는 조건은 애초에 존재하지 않았다. 남성은 다른 가족들이 자신과 달리 노동과 여가를 시공간적으로 정확히 구별해서 경험하지 못한다는 사실을 때로 인식하지 못했고, 점점 더 자신의 자유재량에 맡겨진 시간을 지키려는 태도를 취했다. 그에 따라 젠더화된 시간 불평등은 갈수록 깊어졌다.

일반적으로 남성이 노동시간과 여가 시간의 더 엄격한 구분을 경험한 만큼, 시간에 관한 투쟁은 노동운동의 중요한 초점이 되었다. '노동자들은 시간에 대항해서가 아니라 시간에 대해서 싸우기 시작했다.'[50] 이제는 노동시간을 줄이는 게 가능했고, 그것이 노동자들의 우선순위가 되었다. 예를 들어 1866년 국제노동자협회(제1인터내셔널)에서는 '세 번의 여덟 시간'에 집중했다. 여덟 시간 노동하고, 여덟 시간 자고, 여덟 시간 자유 시간을 갖겠다는 논리였다. 그러나 '남성 노동자들은 아무리 사회주의의 선봉에 서 있는 이들조차도 여가에 주어진 여덟 시간 동안 집안일을 크게 거들 생각이 없었다.'[51] 한편 여성의 가사노동은 고된 노역이 아니라 존재의 본질에 깊이 뿌리내린 것이자 여성성의 자연스러운 표현이라는 새로운 지위를 부여받았다.[52] 즉 가사노동은 엄밀히 말해 노동이 아니라 여성이 자발적으로 선택했으나 편리하게도 재생산 단위의 일상적 필요와 합치되는 활동으로 여겨졌다.[53]

노동과 가사의 영역 분리는 노동 투쟁에서도 구체적으로 드러났다. 가사노동을 집단화하고 빵 굽기와 세탁 등의 활동에 사용할 산업 기술 제품을 구매하려는 여성협동조합 집단의 시도는 남성들에게 농담으로 취급당했다. 그러한 기계에 금전을 투자한다는 개념은 가사노동이 무료로 제공된다고 믿는 남성들의 생각과 상충했다.[54] 노동과 가사의 분리는 캐나다의 노동조합들이 1950년대에 노동시간의 단축을 주장한 데서도 나타난다. 남성 근로자들에게 주당 근무시간을 줄이는 것은 휴식과 이완, 자기계발과 정치적 발전을 위해 중요하게 여겨졌다. 반면 여성 근로자들에게 주당 근무시간을 줄이는 것은 가사노동에 힘을 보태고 가족들과 시간을 더 많이 보내는 방편으로 여겨졌다.[55] 이렇게 두 영역이 분리되면서 – 비록 현실에서 두 영역의 경계가 칼같이 나뉘는 건 아닐지언정 – 자유 시간의 새로운 정치가 생겨났다.

국가의 강요

20세기가 펼쳐지면서 글로벌 노스에서는 생계 부양자/가정주부의 헤게모니가 더 공고해지도록 돕는 – 동시에 특이하게도 그에 도전하는 – 발전이 일어났다. 예를 들어 미국에서는 대공황의 낙진으로 인해 백인 기혼 여성이 다시 한 번 노동 예비군으로 동원되었다. 많은 이들이 집안 상황과 심각한 경제적 필요에 의해 조건을 불문하고 임금을 주는 어떤 일자리든 찾아야 했다.

(1930년대에 다수의 여성이) 남편이 해고당하거나 임금이 깎여서 일자리를 찾아나섰다. 그러나 여성 노동력 중 기혼 여성의 비율이 29퍼센트에서 35.5퍼센트로 높아지는 동안, 기혼 여성의 고용이 대중에게 받아들여지는 방식은 오히려 후퇴했다. 연방법과 기업 정책은 기혼 여성의 고용을 방해했고, 인원 감축이 이루어질 경우 제일 먼저 해고당하도록 했다. 26개 주에서 기혼 여성의 고용을 금지하는 법안이 통과되었다.[56]

저임금, 불리한 조건, 광범위한 사회의 반대에 직면하여 여성의 임금노동은 피하는 게 상책으로 여겨졌다. 당시의 분위기에서 여성 취업은 흔히 '자유로운 선택이라기보다는 절박함에서 비롯된 행위였다. 1940년대와 1950년대에 자기 가정을 꾸린 많은 여성은 1930년대에 어머니가 일한 경험을 경제적 곤궁이나 가족의 실패와 묶어 생각했다. 그들은 자신의 결혼 생활이 다른 패턴으로 펼쳐지길 기대했다'. 생계 부양자/가정주부 모델에 더 확실히 부합하는 삶을 원한 것이다.[57]

여성이 가정을 떠나 취업하는 것이 (기회라기보다는) 불가피한 책무라는 감각은 제2차 세계대전이 터지면서 더 강해졌다. 여성들은 다시 한 번 임금노동에 합류하길 강요받았고, 한때 그들이 누리리라 상상했던 가족생활상의 추구는 현실의 벽에 가로막히기 일쑤였다. 그러나 이 시대의 여성들은 과거와 근본적으로 다른 일자리에서, 다른 근로조건으로 일할 수 있었다. 아주 많은 수의 여성이 공식 임금노동 시장에 진입했으며, 여성의 노동시장 참여 촉진을 표방하는 물질적·이데올로기적 체계의 지원을 받았다. 여러 정부에서 가족의 사회 재생산을 보조할 의미 있는 제도를 내놓았다. 예를 들어 미국 연방정부에서는 전쟁 기간에 3,000개 이상의 탁아소에 기금을 댔다.[58] 영국에서는 전시 탁아소를 열고 그 수를 늘려나갔다 – 1940년 14개소에서 종전 무렵에는 1,300개소로 늘어났다.[59] 이 같은 노력에 힘입어 많은 여성이 상대적인 경제적 자유와, 보다 만족스러운 급여를 주는 일자리를 맛보았다. 물론 상황을 고려할 때, 그들에게 선택권이 주어진 건 아니었다.

장기적 관점에서 전쟁이 여성의 노동 지평을 확장한 것처럼 보이지만, 단기적으로 여성들은 전쟁이 끝나자마자 전일제 일자리에서 쫓겨났다.[60] 전시에 마련된 사회 재생산 지원 제도가 대부분 인정사정없이 폐지되었다.[61] '전후에 거의 모든 기업이 성 분리와 급여 차등 지급을 다시 시행했다.'[62] 정치인, 학자, 문화 선전들은 여성들에게 알아서 조용한 가정생활로 물러나라고 한목소리로 종용했다.[63] 이런 불리한 요소들이 '가족을 이루고 싶은 남녀 모두의 억눌린 수요'와 교차된 결과 '가족생활의 이상화를 낳아, 기혼 여성 노동자의 꾸준한 증가세를 은폐하고 늦추었다'.[64]

제일 중요한 건 제2차 세계대전의 폐허를 딛고 건설된 복지국가들이 명시적으로 생계 부양자/가정주부 모델에 의존하고 있었으며, 이 접근법을 강요하는 데 상당한 노력을 쏟았다는 사실이다. 경제학자 윌리엄 비버리지William Beveridge가 유명한 보고서(수많은 복지국가의 구성에 영향을 미친 보고서다)에 썼듯이, '기혼 여성의 절대다수가 보수는 받지 않지만 핵심적인 노동에 종사하고 있다고 간주해야 하며, 그들의 노동 없이는 남편들이 임금노동에 종사하지 못할 것이고 국가 역시 지속되지 못할 것이다'.[65] 물론 이것들이 국가가 내놓은 최초의 젠더화된 정책은 아니었다.[66] 가령 1930년대 미국에서 시행된 뉴딜 정책에서는 병행적 복지 체계를 수립했다.[67] 한 체계에서는 무조건적인 실업보험과 노령보험을 제공했으며 수혜를 받는다고 낙인이 찍힐 걱정도 없었는데, 여성과 소수자는 대부분 배제했다. (소수자 배제에는 남부의 흑인 여성들을 가정 내 하인과 소작인으로 머무르도록 강제하려는 명시적 목적이 있었다.)[68] 또 다른 체계에서는 보조금 액수가 적었고 그마저도 자산 조사를 거쳐 지급했으며, 복지 수혜에 대한 낙인도 컸다. 자녀가 있는 여성을 지원하는 프로그램이 포함된 이 체계조차 대부분의 유색인종 여성은 수혜 자격이 없다며 배제했다.[69]

종전 이후 (전부는 아니지만) 많은 수의[70] 복지국가가 이와 유사하게 복지 제공에서 이중 접근법을 택하여, 일반적으로 최고의 복지(보험)는 남성 노동자에게 제공하고 (고용되지 않은) 여성에게는 최소한의 보조만 제공했다.[71] 한 예로 1950년대와 1960년대에 네덜란드 여성들은 시간제 일자리를 허락받았는데, 시간제 노동자라는 지위로는 사회복지 혜택을 온전히 받을 수 없기 때문이었다.[72] 누가 나가서 일하고 누가 집안일을 맡아야 하는지에 대한 국가의 접근이 복지부터 주거정책과 연금까지 모든 것의 구조를 결정지었다.

한편 복지국가는 직접적으로 여성을 무보수 가사노동으로 떠밀어 특정한 가족 형태를 강요했다. 유럽의 몇몇 국가에서 여성들은 직장에서 휴가를 쓸 권리는 있었으나 일자리로 돌아올 수 있다고 보장받진 못했다 - 실질적으로 여성들이 임금노동을 떠나기는 쉽게, 재진입하기는 어렵게 만든 것이다.[73] 앞서 기준과 관련해 살펴보았듯이, 종전 이후의 복지국가는 백인 남성 노동자들에게 썩 괜찮은 혜택을 제공했으나 여성들에게 (특히 유색인종 여성에게) 복지 혜택을 받는다는 건 곧 자기 인생의 통제권을 잃는다는 뜻에 가까웠다.

국가는 사람들이 사는 방식을 좌지우지하려 애쓰고 있었다. 많은 정책이 이성애 규범성을 기초로 삼았고 다수의 복지 프로그램이 어떤 방식으로든 수혜자의 성생활 및 가정생활을 제약하는 요건을 포함했다. 예를 들어 1960년대 런던 램버스 구에 공급된 공영주택은 자녀가 있는 가정에만 공간을 제공했다 - '이곳에 거주하는 남성은 집안 전체의 생계를 책임지는 생계 부양자로 가정'되었다.[74] 국가 차원에서 결혼을 유도하려는 노력이 이루어졌다(비전형적 가족 형태 자체가 빈곤과 범죄의 원인이라는 믿음이 그 근거였다).[75] 결혼과 관련된 감세 조치와 이민권 역시 많은 이들에게 혼인 서약을 하는 핵심 동기가 되어주었다.

1950년대 말 미국에서 자녀가 있는 가정을 지원하는 복지 프로그램은 갈수록 '자격'이 있다고 간주되는 이들에게로 한정되었다.

국가의 지원을 받는 재생산의 경계를 설정할 때, 여러 배제 조건이 적용되었다. '집안의 남성' 규칙으로써 국가는 남자와 함께 살거나 성적 관계를 맺고 있는 여자에게, 그 남자가 국가의 가부장적 기능을 적절하게 대체하고 있다고 간주하여 복지 제공을 거부할 수 있었다. '적절한 가정' 법으로써 사회복지사들은 혼인하지 않았거나 부도덕한 여자에게 지원을 거부할 수 있었다. 주로 남부에서 적용된 '고용 가능한 어머니' 법은 아프리카계 미국인 여성을 가정 바깥에서 필수적인 노동자로 지정함으로써 백인 어머니가 속한 가정의 이상에서 제외시켰다.[76]

사회학자 멜린다 쿠퍼Melinda Cooper가 표현했듯이, '현실에서 포드주의 가족 임금이 적용되는 도덕적·인종적 경계를 엄격하게 감시한 것은 공공 지원 프로그램에 자격을 부여하는 국가 행정법이었다'. 핵가족 헤게모니는 새로운 기준과 거기서 비롯한 성적·인종적 규범에 의해 뒷받침되었으며, 바로 여기서 재생산을 규제하는 생각들이 번창하는 데 필요한 사회적·문화적 조건이 마련되었다.[77]

그렇다면 이 시기는 가족 개념이 정점을 찍은 시대였다고 할 수 있다. 20세기 전반에 생계 부양자/가정주부 모델이 하나의 이상으로서 퍼져나갔다면, 종전 이후에 '우리가 자주 전통적이라고 오해하는 가족 구성은 미국인 대부분에게 기준이 되고 다른 이들에겐 현실적 목표가' 되었다.[78] 그렇게 유럽과 미국 전역에서는 사회 재생산을 조직하고, 자원을 관리하고, 일반적으로 인생을 사는 최고의 방법에 대한 합의가 (어떤 이유에서든 그 패턴을 따르지 못하는 이들 사이에서조차) 널리 퍼져나갔다.

임금노동으로의 호출

전형적 가족이 20세기 중반에 충분히 문화에 배어들었고, 국가에서도 전형적 가족의 중심성을 유지하려는 노력을 계속하고 있었음에도 생계 부양자/가정주부 모델의 지배는 다소 짧게 수명을 마쳤다.[79] 몇몇 국가는 거의 곧바로 이 모델에서 벗어나기 시작했다. 미국의 여성 고용률은 종전 이후의 짧은 하락기를 지나 1947년에 벌써 상승하기 시작했고, 1950년에 이르자 전체 백인 기혼 여성의 21퍼센트가 고용시장에 들어와 있었다.[80] 이와 유사한 경향이 유럽에서도 발견되는데, 기혼 여성의 취업 비율은 종전 후 처음에는 떨어지다가 1950년대에 다시 속도가 붙었다.[81] 여자들이 전업주부로 살던 시대라고 자주 오해받는 이 시대에 실제로 여자들은 임금을 받는 활동에 과거보다 '더 많은' 시간을 쓰고 있었다.[82] 이런 변화는 종전 이후의 환경에서 신자유주의 시대로 옮겨가면서 더욱 중요해 졌다.

많은 가정에서 맞벌이를 시작한 건 단순히 선호의 문제가 아니라 - 남성이 생계를 책임지는 모델의 매력이 떨어져서가 아니라 - 경제적 조건이 동력으로 작용한 결과였다.[83] 1970년대의 경제 위기에 뒤이어 노동운동에 공격이 가해지자 '궁극적으로는 재정적 이유로 인해 대부분의 노동계급 가정에서 무보수 노동만 하는 주부가 존재하기 어려워졌다.'[84] 1970년대 말에 이미 논평가들은 가족 임금이라는 개념이 서서히 흐려지는 것을 알아차렸다.[85] 여성들은 더 이상 가족 내 노동 예비군으로서 - 가능할 때엔 임금노동에서 빠지고 위급 상황에만 동원되는 노동력으로서 – 활약하지 않았다. 점점 더 많은 기혼 여성이 영구적인 현역 복무로 떠밀렸다.

1990년대에 이르면 대부분의 미국 가정이 삶의 기준을 유지하기 위해 두 사람 몫의 임금에 의존하게 되었다.[86] 괜찮은 임금을 주는 일자리는 없고 생필품 물가는 올라가는 상황에서 여성들은 – 언제나 그랬듯 – 가족의 수입에 기여하고자 했다. 그러니 남성 생계부양자 모델의 쇠락은 그것에 일시적 패권을 안겨준 경제적 조건의 붕괴와 관련지어 이해되어야 한다. 가족 자체가 경제의 물질적 조건을 부분적으로 반영한다.

여성의 늘어나는 임금노동 시간이 자유로운 개인적 선호가 아니라 다른 무언가의 결과라는 사실은 그 과정에서 국가의 역할을 고려할 때 더욱 명백해진다. 전후의 복지국가가 여성의 무보수 노동과 남성의 임금노동을 엄격하게 구분하는 제도를 수립한 반면, 우리 시대의 신자유주의 국가들은 갈수록 끈질기게 '모두가' 임금노동에 의존해야 한다고 요구함으로써 노동력을 확대하고자 한다 – 말하자면 공정한 기회 착취다.[87] 종전 이후 복지국가가 노동자들의 시장에 대한 의존도를 줄임으로써 탈상품화를 도운 반면,[88] 우리 시대의 복지국가는 오히려 '시장 경쟁을 대체하기보다 지원함으로써 노동자들의 재상품화'를 목표로 삼는다.[89] 그 수단은 주로 사람들을 밀고 끌어서 노동시장에 진입시키려 설계된, 부정적 노동 활성화 정책(예를 들어 복지 삭감이나 복지 기간 단축)과 긍정적 노동 활성화 정책(예를 들어 직업훈련)이었다.[90] 임금노동을 저해한다고 여겨지는 건 무엇이든 줄이거나 없앨 대상이 된다. 결과적으로 후한 실업 급여는

대다수의 국가에서 삭감되었다.[91]

　　모두에게 임금노동을 시키려는 방책으로 '여성'에게도 노동시장 진입을 강요하는 노력이 시작되었다.[92] 예를 들어 1968년에 스웨덴은 맞벌이 모델(여성이 임금노동에서 휴가를 내어 아동을 돌보는 등 노동의 뚜렷한 젠더 분화를 기반으로 한다)에서 보편적 생계 부양자 모델로 전환했다.[93] 오늘날 글로벌 노스의 거의 모든 복지국가가 따르는 이 접근법은 복지가 줄어들고 여성이 갈수록 임금노동으로 떠밀리면서 더욱 힘을 얻었다.[94] 한 예로 1970년대 초 미국에서 자녀가 있는 여성의 복지가 삭감되자, 어머니들은 줄어든 지원금으로 생계를 꾸려나가기 위해 고투해야 했다. 특히 흑인 어머니들은 정치투쟁에 나서 생계유지 수단을 요구해야 할 정도였다.[95] 1990년대에 이루어진 미국의 복지 개혁은 사람들을 복지에서 벗어나 일터로 나아가게 하는 데 초점을 맞추어 여성 고용을 확대시켰다.[96] 1996년에 도입된 가장 악명 높았던 변화에서는 한부모가정에 주어지는 지원금에 노동 요건을 도입했고, 복지 수혜에 기간 제한을 두었다.[97] 영국의 경우 과거에는 한부모가정이 자녀가 16세가 될 때까지 지원금을 수령할 수 있었지만, 현재는 자녀의 연령이 5세가 지나면 지원금을 수령할 수 없도록 바꾸었다. 이는 학령기 자녀를 둔 부모가 임금노동을 하러 나서야 한다는 기대를 명시적으로 보여준다. 10년 이상에 해당하는 지원이 가차 없이 줄어든 것이다. 지난 20년간 시행된 각종 복지 삭감은 특히 영국의 어머니들을 일자리로 내모는 걸 목표로 하여 상당한 성공을 거두었다.[98]

　　그렇게 남성 생계 부양자/여성 가정주부의 시대는 완전히 지나

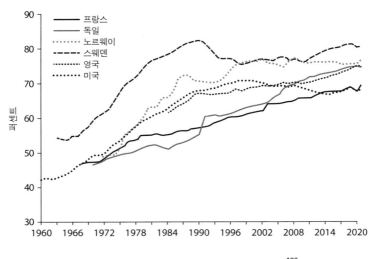

90
80
70
퍼센트 60
50
40
30

프랑스
독일
노르웨이
스웨덴
영국
미국

1960 1966 1972 1978 1984 1990 1996 2002 2008 2014 2020

〈도표 4-3〉 여성의 노동시장 참여율(1960~2020년)[102]

갔다.(〈도표 4-3〉 참조) 모든 선진 자본주의 국가에서 같은 변화가 일어

났다(비록 일부는 절대적 속도가 뒤처지고 있지만). 부모가 모두 있는 가정 중

어머니가 가정주부이고 아버지만 일하는 가정의 비율은 1970년에

46퍼센트였다가 2015년에는 26퍼센트로 낮아졌다.[99] 미국에서 연

간 50주 이상 일하는 '어머니'의 비율은 1965년에 19퍼센트였다가

2000년에는 57퍼센트로 높아졌다.[100]

그런데 남성 생계 부양자 모델의 붕괴는 국가마다 조금 다른

양상으로 나타난다. 스웨덴은 여성의 전일제 고용을 촉진시키되 주

로 보육과 간호 같은 전통적인 여성 영역으로 한정했다. 그와 대조

적으로 영국과 네덜란드 같은 나라에서는 노동 규제를 없앰으로써

여성들을 시간제 일자리와 임시직으로 유도했다. 미국은 전통적으

로 남성의 일터로 여겨지는 분야에서 여성이 전일제로 취직할 기회

를 많이 열었으나 빈곤층, 교육을 받지 못한 계층, 유색인종 여성은 배제했다.[101] 이렇듯 국가들은 각각 다른 길을 걷게 되었지만 다다른 목적지는 같았다. 남성 생계 부양자 모델은 쇠퇴했다.

압박을 받으며

이러한 변화가 정말로 나쁜 것인지 의문이 들지도 모르겠다. 남성 생계 부양자 모델의 점진적 쇠퇴는 많은 페미니즘 운동에서 명시한 목표로, 분명히 몇 가지의 큰 장점이 있었다. 그중 제일 명백한 건 기혼 여성이 남성 배우자의 소득 잠재력에 대한 의존을 줄임으로써 재정적 독립성을 키울 수 있다는 것이었다. 젠더에 따른 노동의 전통적 분화가 (부분적으로) 느슨해지면서 재생산 노동을 자연적인 것으로 여기는 생각 역시 새로운 관점에서 조망되었다. 오늘날에는 일부 골수 보수주의자를 제외하면, 요리와 청소를 비롯한 가사 일거리가 단순히 '사랑의 노동'이라고 우기는 사람은 거의 없을 것이다. 사회학자 월리 세콤비Wally Seccombe가 지적하듯, 여성 고용의 부상은 '남성이 생계 부양자로서 누린 관습적 특혜를 (무엇보다도 가사노동과 육아를 멀리하고 집을 여가 센터처럼 사용하는 권리를) 줄였다'.[103]

그러나 남성 생계 부양자 모델의 종언이 여성에게 선사한 긍정적 결과 - 남성 배우자의 직접적 재정 통제에서 다소 자유로워진 것, (올바른 조건하에서는) 비교적 좋은 의미에서 자극을 주고 만족스러울 수 있는 노동 형태에 문화적으로 접근하게 된 것, 고립된 가정생활에서 벗어나 다른 사람들과 협력하는 데서 오는 잠재적인 사회·정치적 혜택을 누리게 된 것 - 는 달갑지 않은 요인들로 상쇄되었다. 우선, 남성 생계 부양자 모델이 몰락했지만 그것을 대체하는 더 나은 대안이 확산되지 않았다. 오히려 가정은 점점 더 시장에 절실하게 의존하도록 강요받았다. 따라서 임금노동에 대한 평등한 접근(그리고 평등한 의존)은 우리 시대의 사회 재생산의 난관을 해결하는 방법으로서는 제약이 크다.

둘째로, 가사와 임금노동의 영역 분리가 실패했지만(또는 두 영역이 재통합했지만) 두 영역에서 젠더의 평등이 이룩된 건 아니었다. 남성 생계 부양자라는 이상은 지난 수십 년 사이에 힘을 잃었을지언정 다수의 부유한 국가에 현실적으로 존재하는 가정 형태에서 여전히 그 영향을 느낄 수 있다. 관습적 노동 분화가 남아 있는 탓에, 임금노동과 무보수 노동에 쓰는 시간은 젠더에 따른 불균형을 보인다.[104] 여성이 임금노동으로 호출되었다고 해서, 반드시 그 보완책으로서 재생산 노동에 대한 여성들의 부담이 감소하거나 재분배되었다는 의미는 아니다. 여기서 우리는 다시 한 번 국가가 강한 영향력을 발휘하는 것을 목격하게 된다. 실제로 정부에서는 임금노동과 돌봄 노동의 균형 잡기를 도와주는 서비스 제공에 실패하기 일쑤이며, 그로써 보편적 생계 부양자 모델로 나아가려는 야심찬 정책은 모두 목표를 이루지 못하고 적당한 선에서 타협하게 된다.[105] 다수의 연구에 따르면 스칸디나비아 전역을 제외하면 세계의 나머지 지역에는 '진정한' 보편적 생계 부양자 모델이 확산되지 못했다고 한다.[106]

그 대신 부상한 모델이 '반맞벌이'인데, 가장 흔한 형태는 가정의 구성원 한 명이 시간제로 일하면서 필요할 때마다 무보수 돌봄 노동을 맡는 것이다.[107] 젠더 소득 격차와 같은 구조적 불평등을 감안할 때, 돌봄을 책임지기 위해 근로시간을 줄이는 쪽은 여전히 여성이기에 결과적으로 '전통적' 가족상과 거기서 비롯되는 시간 불평등이 다시 유효해진다.[108] 실제로 피부양자가 아주 어리거나 건강이 나빠서 돌봄 노동의 필요가 최고조에 달할 때 확고한 생계 부양자/가정주부 모델이 다시 등장하는 현상이 눈에 띈다. 팬데믹 초기에도 이 현상이 확실히 목격되었다. 봉쇄 기간에 가정은 원래 공공 부문(교육, 노인주간보호소, 의료 돌봄의 일부 유형이 여기에 해당한다)이나 시장(어린 아동 돌봄, 가정 청소, 요리 등)이 제공했던 아주 다양한 돌봄 노동이 수행되는 집중 허브로 변모했다. 많은 가정이 팬데믹 기간에 늘어난 돌봄의 책임을 떠안아야 했는데, 이는 가족 구성원이, 특히 여성들이 임금노동을 이어나가며 추가적인 업무를 해내야 했다는 뜻이다. 학교와 보육 시설이 문을 닫자 세계적으로 5,000억 시간 이상의 육아 시간이 가정으로 돌아와 주로 여성의 손에 떠맡겨졌다.[109] 팬데믹은 예외적 경우이긴 했지만, 이런 패턴은 일반적인 상황에서도 동일하게 나타난다. 돌봐야 하는 아기가 있을 때 남성보다 여성이 일을 그만둘 확률이 훨씬 높다. 가족 구성원 중 장기 돌봄이 필요한 사람이 생기면 일을 그만두고 무보수 돌봄 제공자로 변신하는 건 주로 여성이다.

앞서 살펴보았듯이 기술은 돌봄 노동의 많은 부분을 가정으로 되돌렸다. 여러 복지국가가 가족에 대한 지원을 장기 돌봄 정책의 주축으로 삼고 있다. 그렇게 어린 자녀와 연로한 부모를 함께 돌봐야 하는 이른바 '샌드위치 세대'가 탄생했다. 맞벌이 모델을 규범으로 삼는 우리 시대에도 가족은 여전히 돌봄의 마지막 보루다 - 그리고 가정이 돌봄 기능을 수행해야 하는 상황이 오면, 전통적인 남성 생계 부양자 모델이 어김없이 재등장한다.

여기서 짚고 넘어갈 마지막 핵심은, 과거의 가족 형태가 그 시대의 정치에 의해 특징지어졌듯이 오늘날의 보편적 생계 부양자 모델도 정치의 영향 아래에 있다는 것이다. 이전 시대의 특징이 남성의 근로시간과 여성의 경계 없는 노동을 둘러싼 투쟁이라면, 우리 시대의 핵심적 특징은 갈수록 시간 압박이 심해진다는 보편적 감각이다. 어떤 차원에서 이는 1970년대 이래로 서구 세계에서 개인이 수행하는 (임금 및 무보수) 노동의 총량이 계속 늘어난 결과이기도 하다.[110] 1990년대에 『과로하는 미국인The Overworked American』과 『2교대The Second Shift』 같은 책이 대중적 성공을 거둔 것은 자유 시간이 사라지고 있으며 삶이 더 분주해지고 있다는 당시의 대중 정서를 잘 담아냈기 때문이었다.[111] 특히 2000년대 이후에는 총 노동시간이 늘어나는 경향이 확산되었다.[112] 젠더를 막론하고 많은 생계 부양자의 노동량이 늘어났다. 그런데 이렇게 개인 노동자에게 초점을 맞추다가는 '가정'에, 특히 맞벌이 가정에 새로 가해지는 시간적 압박의 현실을 보지 못하는 실수를 범할 수 있다. '일정을 세우는 데 따르는 우여곡절과, 삶을 타인과 공유하는 일의 복잡성은 개인이 아니라 가정을 분석의 단위로서 다룰 때에만 온전히 이해될 수 있다.'[113]

가정을 하나의 단위로 보면, 지난 수십 년간 객관적으로 늘어난 노동시간에 비해 주관적으로 느끼는 시간적 압박이 더욱 심해진 현상을 이해할 수 있다. 사람들은 그 어느 때보다도 시간이 부족함을 느낀다고 보고한다.[114] 연구에 따르면 다수의 부유한 국가에서 쉼 없이 바쁘고 시간 압박을 느낀다고 보고한 사람의 숫자가 크게 늘어났다.[115] 그 이유 중 하나는 사람들이 갈수록 일관적이지 않은 일정과 씨름해야 하기 때문이다. '9시 출근, 5시 퇴근' 일자리가 표준의 자리에서 물러나고 근무시간이 이전보다 유연해진 결과, 여러 사람의 활동 시간을 조정하기가 과거의 어느 때보다도 어려워졌다.[116] 근무시간 자체가 길어지진 않았지만 시간대를 조정하는 데 소요되는 시간은 늘어났기에, 결과적으로 우리는 시간의 흐름에 대한 통제권을 잃었다고 느낀다.[117] 게다가 멀티태스킹을 하는 시간도 늘어났고, 자유 시간에는 임금노동과 무보수 노동 둘 다에 의해 정신을 방해받게 되었다. 우리는 텔레비전을 보면서 느릿느릿 보고서를 쓰고, 업무 이메일에 답장하고, 집 청소를 하고, (앞서 논의했듯이) 수동적으로 아이를 본다. 그러니 이것을 온전한 '자유' 시간이라고 간주하기는 어려울 것이다.

시간 압박이 늘어났다는 느낌의 일부는 맞벌이 가정과 한부모 가정(보통은 싱글맘 가정이다)의 비율이 크게 높아진 결과이기도 하다.[118] 두 형태의 가정에는 집에서 사회 재생산을 전담할 무보수 노동자가 - 또는 시간제 노동자라도 - 없다. 따라서 '시간 압박이 늘어난다는 느낌은 인구의 더 높은 비율에 객관적 근거를 지닌다'. 특히 자녀가 있는 가정의 경우가 그러하다. 자녀가 있는 가정은 자녀가 없는 가정보다 시간 부족에 대해 스트레스를 받을 가능성이 훨씬 높으며, 맞벌이 가정보다 한부모가정이 그 압박을 더 첨예하게 경험할 확률이 높다.[119] 미국의 전일제 워킹맘의 40퍼센트가 '매분, 매초' 재

촉당하는 느낌이라고 보고한다.[120]

이렇듯 부모의 자유 시간이 감소하는 명료한 패턴이 존재하는 현실에서, 자꾸 부족해지는 시간의 맹공을 받아내야 하는 건 여성들이다.[121] 미국의 여성들은 1975년에 주당 37.7시간에 달했던 자유 시간이 2008년에 주당 31.4시간으로 줄어드는 변화를 겪었다.[122] 특히 큰 부담을 떠안은 싱글맘의 경우 1주일에 자유재량으로 사용할 수 있는 시간이 자녀가 없는 맞벌이 가정에 비해 대략 30시간이나 적다.[123] 이전 시대의 젠더화된 시간 정치에서 남성들이 노동의 명확한 경계와 규제를 추구하고 여성들이 지치지 않는 사랑의 노동을 수행하는 입장에 놓였다면, 오늘날에는 시간에 대해 더 골치 아프고 똑같이 강압적인 제약이 존재한다. 궁극적으로 자유 시간의 정치는 가정의 형태와 떨어져서 생각될 수 없다.

변화하는 개념, 심오한 긴장

이러한 상황들은 몇 개의 중요한 개념을 실감하게 한다. 그중 첫 번째는 가족이 적응적 형태라는 개념이다 – 가족은 그 고유의 역동성으로써 경제에서 일어나는 변화를 굴절시키며 사회 재생산의 지배적 단위라는 자리를 유지해왔다. 이번 장에서 논했듯 비교적 순응적이고 안정적이었던 이례적인 시대의 마법은 이제 끝났다. 1960년대 이후 노동계급 가족, 유색인종, 이민자 가족들은 핵가족 모델에서 차츰 벗어났다.[124] OECD 국가 전역에서 결혼이 이전처럼 흔치 않아져서 1970년에는 1,000명당 8.1이었던 혼인율이 2009년에는 5.0으로 낮아졌으며 같은 기간에 이혼율은 두 배로 높아졌다.[125] 이는 곧 기혼 여성의 수가 줄어들었다는 말이다. 1970년부터 2014년까지 미국의 성인 여성 중 기혼인 비율은 72퍼센트에서 55퍼센트로 떨어졌다.[126] 1980년대 이래로 미혼모에게서 태어난 아이의 비율은 미국에서 두 배, OECD 국가 전체에서 세 배로 높아졌다.[127] 한부모가구의 수도 크게 늘어났다.[128] 미국의 싱글맘은 이제 자녀가 있는 전체 가족의 26퍼센트를 차지하며(1970년에는 12퍼센트였다), 그 범위를 흑인 가정으로 좁히면 놀랍게도 54퍼센트나 차지한다(미국의 인종차별적 투옥 시스템이 낳은 결과다).[129] 이 수치는 앞으로도 수십 년간 OECD 국가들에서 증가할 것으로 전망된다.[130] 이제 서구 세계에서 여러 세대로 구성된 가구 중 핵가족 가구가 차지하는 비율은 60퍼센트에도 미치지 못한다.[131]

가족 형태와 결혼 규범에서 일어난 변화는 공동 주거의 패턴 변화에도 반영되었다. 고소득 국가의 평균 가족 구성원의 수는 이제 세 명도 되지 않는다 – '역사적으로 전례 없이 낮은 수준이다.'[132] 이런 경향의 일부인 1인 가구는 인구의 상당한 부분을 차지하고 있으며 그 비율이 점점 높아지고 있다(프랑스, 독일, 영국 같은 국가에서는 전체 가구의 30퍼센트 이상이며 핀란드, 노르웨이에서는 40퍼센트에 이른다).[133] 줄어드는 가구 규모는 가사노동의 불필요한 중복에 대한 페미니즘의 주장이 시급함을 다시금 일깨워준다. 각 '가족'이 제각기 요리하고 세탁기를 돌리는 게 부조리했다면, 각 '개인'이 제각기 가사노동을 하는 건 어떻겠는가? 이에 관해 시간의 문제는 물론, 에너지와 자원 낭비에

대한 생태적 염려도 갈수록 커지고 있다.[134]

두 번째 핵심 개념은 가족이 여전히 돌봄의 마지막 보루이자 남아 있는 필수 노동의 저장소라는 것이다. 가령 국가의 관점에서 팬데믹이 초래한 다급한 재생산 위기를 관리해줄 의지처는 뻔하게도 가족이었다. 다른 선택지가 전부 불가능할 때 잡일을 맡아주는 게 가족 말고 누구겠는가. 그게 가능했던 건 가족 구성원들이 집 안에서 자신의 안녕을 크게 희생해가면서 추가적인 책임을 맡은 덕분이었다. 팬데믹 시기에는 또한 재생산 단위 내에서 일종의 완충장치로 - 가장 탄력 있는 사회적 형태의 가장 탄력 있는 부분으로 - 여겨졌던 여성의 역할이 달라졌음을 볼 수 있었다.

이번 장에서 살펴보았듯, 자본주의 체제에서 어머니들은 계속 귀중한 가족 내 노동 예비군으로서 제 몫을 해냈다. 그런데 오늘날 여성에게 강조되는 역할은 가족 내 '임금'노동의 예비군에서 가족 내 '무보수' 노동의 예비군으로 옮겨갔다고 주장할 수 있다. 남성 배우자를 둔 여성들은 재정이 악화되었을 때 전공인 재생산 영역에서 벗어나 임금노동을 하기보다는, 위급 상황 - 예를 들어 병든 노인, 만성 질환을 앓는 가족 구성원, 아주 어린 아이를 돌봐야 하는 상황 - 에서 임금노동에 종사하는 시간을 줄이고 돌봄에 나서기를 기대 받는다. 가족 밖의 자원 - 합리적 가격의 시장 기반 돌봄, 공공 지원, 자원봉사 등 - 이 부재한 상황에서 돌봄 노동의 맹공을 오롯이 받아내야 하는 건 가족이다.

가족은 오래도록 이 문제로 고통받아왔다. 복지 체계에서 제일 큰 혜택을 받는 핵가족조차 예외가 아니다. 지금처럼 다른 가족 형태가 갈수록 늘어나는 상황에서 돌봄의 난관은 한층 중요해진다 – 국가 차원에서 비전통적 가족 형태를 잘 인정해주지 않아서 더욱 그러하다. (세금 정책, 이민 정책을 비롯한) 많은 정책이 여전히 핵가족을 향하고 있으며, 오늘날 사람들이 삶을 조직하는 방식의 다양성을 완강하게 거부한다. 재생산 위기를 느끼는 건 가족 단위의 가정에 속한 사람만이 아니다. 위기를 더욱 극심하게 체감하는 건 오히려 사회 재생산의 관습적 단위인 핵가족의 일원이 '아닌' 사람들, 즉 특권적이고 배타적인 가족제도에 접근을 거부당한 사람들, 또는 자신의 삶을 얼마간 가족제도 바깥에서 일구기로 선택한 사람들이다.[135]

가족, 젠더, 자본주의 아래서 노동이 지금껏 그려온 그림에 변화가 일어나고 있다. 우리에게 그것은 어떤 의미일까? 이 책에서는 결론에서 이 문제를 다시 다루려 한다. 지금으로서는 생계 부양자/가정주부 모델의 유령이 '임금을 받고 일할 수 있는 사람은 모두 임금을 받고 일할 것'이라는 보다 최근의 전제와 계속 충돌하는 상황에서 현행 재생산 체제에 심오한 긴장이 존재한다고 말할 수 있다. 돌봄에 제공되는 공공자원이 부족하기 때문에 돌봄 제공자, 돌봄 수혜자, 잠재적 돌봄 수혜자들이 모두 이 문제의 당사자가 된다. 우리의 관점에서 현재의 재생산 위기를 벗어날 길은 오로지 가족, 가정, 사회적 기준, 가정 기술의 적절한 역할에 대해 지금껏 누적된 가정들에 질문을 던지며 가족 재생산 체제에 대해 근본적으로 다시 생각하는 길밖에 없어 보인다.

5

주거 공간의 재조직

가정 공간은 너무 오랫동안 정치적 기회를 박탈당해왔다. 가정 설계와 공동체 계획에 관해 풍부한 유산을 물려받은 우리 시대의 영어권 페미니스트들조차 대체로 '집의 공간적 설계를…… 가정생활의 불가피한 부분으로' 받아들이고 말았다.[1] 더 일반적인 관점에서도 하나의 가정이 한 채의 주택에 거주하는 단독주택 형태의 주거는 사회 규범에 맞는 야심이며 노력으로써 쟁취하고 추앙할 만한 성취로 여겨진다. 그런 주거 형태를 전폭적으로 수용하든 거기에 저항하려 하든, 오늘날 집은 우리 사생활의 가능성이 펼쳐질 공간을 형성하고 있다.

사회와 기술이 변함에 따라 생겨날 수 있는 폭넓은 비전에도 불구하고 가정의 모습에 대한 생각이 견고한 경향을 우리는 '가정 리얼리즘'[2]이라고 부른다. 가정 리얼리즘은 고립된 주거지(그리고 그에 부수적으로 따르는 가사노동의 사유화)가 너무나 보편적으로 받아들여진 나머지 다른 형태로 생활이 조직되는 모습을 상상하기가 거의 불가능해지는 현상을 일컫는다. 가정에 기반한 재생산 노동이 (가정 폭력과 학대는 차치하고) 얼마나 큰 압박과 난관을 낳는지 수많은 사람들이 직접 체험하고 있음을 감안하면, 현재의 가정상이 굳건히 자리를 보전하고 있는 현상은 더욱 주목할 만하다.

우리는 오늘날 가정 공간을 생각할 때 원자화되고 탈정치화된 가족 주거지를 제일 먼저 떠올리지만, 공간 또는 관계의 차원에서 다른 가능한 형태들이 존재한다. 여기서 중요한 건, 우리가 건설한 환경과 기반 시설이 현재 지배적인 정치적 입장을 표현하고 강화하는 수단인 동시에 논쟁과 개입 또한 가능한 영역이라는 점을 이해하는 것이다. 재생산 노동의 공간에 대해 질문을 던지는 것은 새로운 페미니즘에 기반한 탈노동 상식을 구축하는 하나의 길이 될 수 있다.

주거 환경을 변화시키는 것이 어떻게 가정에 대한 새로운 상상을 북돋우고 뒷받침할 수 있을까? 설계자, 개발업자, 계획자가 집이 만들어내는 노동량을 줄이는 것을 주된 관심사로 삼은 적은 거의 없었다(제2장에서 논의한 스마트 홈이 예증한다). 젠더화된 노동 분화 문제를 해결하는 것은 가정 리얼리즘 시대의 주택 건설자들에게 분명히 우선순위가 아니었다. 그럼에도 불구하고 20세기 내내 제법 여러 가지의 흥미로운 건축적 제안과 소규모 실험이 있어왔다. 그러한 역사적 사례에서 우리는 무엇을 배울 수 있을까?

가족 주거 공간의 정치학

주택의 문제는 하나도 새로울 것이 없다. 19세기 말부터 제1차 세계대전이 끝났을 때까지 가족 주거 공간의 정치는 문화적으로 상당한 가시성을 얻었다. 그 사이의 수십 년간, 산업화가 진행 중인 국가들에서 중요한 공간적 변화가 일어났다. 주거 환경을 조직하는 대안적 방식에서 가능성을 엿본 한편, 주택의 설계와 기능에 대한 핵심 질문은 아직 완전히 해결되지 않은 시기였다. 당대의 많은 페미니스트가 가정 공간을 다수의 중요한 정치 이슈가 결합된 공간으로 인식했다.[3]

20세기 초의 실험, 주택 코뮌

주거 환경 실험에서 주목할 만한 지점 중 하나가 러시아 혁명 직후에 열린 공간들에 있다. 소비에트 정권은 차르 정권에서 극심한 주택난을 물려받았다. 도시가 빠르게 성장하면서 과밀 지역이 확산되었고 서로 모르는 타인끼리 함께 살기를 강요받는 일이 늘어났다.[4] 그러한 결핍을 배경으로 일상의 새로운 형태를 – 러시아어로는 '새로운 삶'을 뜻하는 '노비 비트novyi byt'[*]라고 한다 – 만들려는 야심이 생겨났다. 혁명의 이데올로기는 물질적 한계와 뗄 수 없는 관계였는데, 볼셰비키주의자의 관점에서 공동주택은 둘 다를 건

---

[*] 노비 비트는 사회주의 원칙에 의거하여 새로운 사회문화적 질서를 만들려는 20세기 초의 운동으로서 주거, 의복, 식품, 가정 구성을 비롯한 일상을 변혁시켜 평등, 집단주의, 진보와 같은 가치를 담고자 했다 – 옮긴이

드릴 수 있다는 이점이 있었다.[5] 공동주택은 공간을 효율적으로 활용하고 집단 주거 양식을 확산시키며, 따라서 '새로운 사회주의자의 기틀을 만들' 터였다.[6] 공동주택은 공산주의 주택 정책의 가장 적절한 형태이자 러시아의 미래 주거 형식으로서 널리 칭송받는 '주택 코뮌'으로 가는 문을 열어주는 듯했다. 많은 도시 거주민이 이미 비좁은 공간을 타인과 공유하고 있었으므로, 주거 공간을 코뮌으로 바꾸는 건 비교적 단순한 절차처럼 보였다.[7] 여기에 따르는 또 하나의 중요한 이점은 세탁실과 주방 같은 공용시설 덕분에 가사노동이 합리화되고 공유될 가능성이 열림으로써 여성들이 시민 생활과 생산적 노동에 참여하는 시간을 확보할 수 있다는 것이었다.

혁명의 열기가 열어준 가능성에 열광한 건축가와 도시 설계자들은 미래의 주택과 도시에 대해 거창한 유토피아적 비전을 만들어냈다. 많은 비전의 중심에 코뮌이 있었다(비록 결과적으로 현실이 된 건 거의 없었지만).[8] '노비 비트' 이론가와 옹호자들에 따르면 이 공동체에서 세 개의 주요 공간 요소는 공동 세탁실, 공동 보육 시설, 공동 주방이었다.[9] 1929년에 완공된 모스크바 최초의 맞춤 설계 주택 코뮌은 그밖에도 여러 호화로운 시설을 제공했다. 당대의 인기 여성잡지에서는 이 시설에 대해 호평했다.

최신 가전제품이 들어간 공동 주방, 정원-마당이 들어설 자리를 내다보는 분리된 식당, 계단을 따라 나갈 수 있는 베란다. 놀이방과 유치원, 모자母子 코너, 왕진 소아과 의사에게 주기적으로 자녀를 검진받을 수 있는 진찰실. 세탁실, 클럽, 아마추어 연극을 올릴 수 있는 무대, 도서관, 독서실, 미용실, 그리고 어두워진 뒤 이용 가능한 (원래는 지붕 위 일광욕실인) 야외 영화관.[10]

어떤 사적 책무가 공적 영역으로 이동했다는 데에는 단순히 주택 건축이 발전했다는 것 이상의 큰 의미가 있었다. 이는 관습적 가정에 대한 도전이자 사회 재생산의 조직을 근본부터 바꿔놓으려는 시도였다. 어떤 사람들은 생활을 완전히 사회화하겠다는 야심을 품었다. '개인이 사용할 주방, 식품을 판매하는 상점, 개별 보육 서비스, 남편과 아내가 가족생활 비슷한 것이라도 펼칠 수 있는 방은 존재하지 않을 것이다.'[11] 대대적인 가족의 해체가 일어나면, 여성들은 비로소 해방되어 공적 영역으로 진입할 것이었다.[12]

그러나 주택 코뮌에 충분한 공용시설이 들어갈 공간이 확보되는 경우는 드물었다. 당시의 협동조합주택을 취재한 저널리스트들이 대부분의 사람이 가족 중심의 전통적인 양식으로 살고 있었으며 공동생활엔 거의 지원이 이루어지지 않는다고 기록한 건 놀랍지 않다.[13] 이에 대한 응답으로 정부에서는 사람들에게 '사회주의 도시' 전체를 자신의 집으로 여기라고 장려했다. '시민들은 도시공원, 광장, 대로를 함께 누비며 공동 유희시설을 활용하고 주거 공간은 단순히 잠을 자는 곳으로 여기도록 권장되었다.'[14] 공공이 누리는 호사의 대표격으로 모스크바의 지하철과 인상적일 정도로 널찍한 역 같은 공공자원이 있었다. 뉴스, 문화, 엔터테인먼트 주간지에서는 시영 편의 시설을 칭송하는 데 바빠 주택 위기는 무시하기 일쑤였다. 소비에트 시민들에게 전달된 메시지는 이제 비좁은 아파트 방 하나

가 아니라 온 도시가 당신들의 집이라는 것이었다.[15]

　이렇듯 도시를 개인의 놀이터로 보는 발상은 개별 주택 단지 내에 (세탁소와 주방 같은) 공유자원을 보다 국지적으로 공급하려는 노력과 결합되었다. 호화로운 공동주택의 잘 알려진 사례로 1928~1930년의 나르콤핀 공동주택Narkomfin Communal House이 있다. 나르콤핀 공동주택은 모스크바에 위치한 '과도적' 주택으로서 대체로 공동 주거의 원칙을 장려하면서도 다양한 주거 유형(독립적으로 생활할 수 있는 가족용 아파트부터 주방이 없는 작은 방, 공용 샤워 시설과 접어서 벽에 붙일 수 있는 침대가 딸린 기숙사 형태까지)을 제공했다. 단지 내에서는 주거 구역에서 체육관, 도서관, 공동 주방, 식당이 있는 공동 구역까지 지붕이 덮인 통로로 오갈 수 있었다.[16] 세 번째 건물에는 세탁소가 있었고, 원래 계획에 따르면 네 번째 건물에는 탁아소가 생길 예정이었다. 단지 내 아이들이 실질적으로 이 건물에서 생활하면서 팀으로 구성된 전문 직원의 보살핌을 받는 동안 부모는 일하고 사회생활에 참여한다는 발상이었다.[17]

　그러나 재생산 노동은 금세 여러 난관에 봉착했다. 나르콤핀 공동주택의 많은 여성 거주자가 독립적인 커리어를 지녔고, 사회주의 건설 프로젝트에 기여하기 위해 여성이 가정생활에서 벗어난다는 새로운 이상을 추구했다.[18] 그러나 이들 여성이 '해방되어' 임금노동에 종사하기 시작하면 가사와 돌봄 노동을 어떻게 처리할지의 문제가 아직 남아 있었다. 정책 수립자와 사회개혁가들은 가정을 변혁시키는 일을 여성의 문제로 취급했다. 남성을 무보수 가사노동으로 이동시키는 안은 거의 논하지 않았는데, 공적 노동에 부여된 중요성을 감안하면 놀라운 건 아니다.[19] 그러나 (가정 내 노동을 맡아줄 공적 기반 시설이 충분히 마련되기 전에) 남성을 가정 '내부의' 노동 세계로 동등하게 진입시키지 않은 상태에서 여성들을 가정 '외부의' 노동 세계로 진입시킨 결과는 뻔하게도 여성이 떠맡는 부담을 늘릴 뿐이었다. 임금노동에 종사하는 여성들은 수면과 제대로 된 식사에 쏠 시간이 부족해졌고, 따라서 더 심한 피로를 경험했다.[20]

제1차 5개년 계획(1928~1932년)이 소비에트 연방의 주택 위기를 부채질했다. 산업화가 진행되면서 더 많은 사람들이 도시로 모여들었고, 그에 따라 정권은 공동주택을 더욱 지향하게 되었다. 그러나 산업 발전에 투자하고 있던 정부는 새로운 '생활'을 우선순위로 간주하지 않았으며, 지원할 재정 자원도 거의 없었다.

공동주택과 '노비 비트'가 이끄는 변혁은 전통 가족이 종말을 맞고 여성이 특히 보육을 비롯한 가사의 책무에서 해방되리라는 전제로 홍보되었지만 실제로 그러기 위해서는 상당한 수준의 지출이 따르는 것으로 밝혀졌으며, 당국에서는 현재 경제적 우선순위를 감안할 때 그에 대한 지출을 실행하지 않을 것이다. 여성들이 과거에 무상으로 가사 서비스를 제공할 의향이 있었다면 지금 그러지 말라고 만류할 필요는 없으며, 그들이 가사 서비스를 기꺼이 제공하려는 대상은 그들 자신의 가족이다.[21]

그렇게 하여 개혁의 물결은 '노비 비트'의 근간이던 공동 주거와 가사노동의 사회화로부터 멀어지기 시작했다.

1930년 5월에 공산당중앙위원회에서는 결정적으로 태도를 바꾸어 '가족생활의 완전 사회화'와 '완전 공동화된 주거 패턴'을 규탄하는 지령을 내렸다. 나르콤핀 공동주택은 완공 무렵에 이미 '흘러간 시대의 특이하고 예스러운 현상으로서 역사의 쓰레기통에 처박혔다.'[22] 주민들은 그곳에서 생활을 이어나갔지만 주택의 근간이 된 개념들은 이미 사라지고 있었다. 오래지 않아 공동 시설들은 철수했고 부지는 전통적 생활양식에 적합하도록 변경되었다.[23] 동시에 주택협동조합에 대한 국가의 제도적 투자도 끝났다.

시골을 떠나 도시로 온 이주민들은 집단화를 기조로 한 공동체의 변혁을 겪었기 때문에 이미 체험해본 공동 주거를 더욱 기피하는 경향이 있었다.[24] 사택(공장 막사)이 주거에서 차지하는 비율이 높아지면서 시민들은 계속해서 과밀한 아파트에서 불편하게 몸을 맞대며 지내야 했다. 달라진 건, 비좁은 생활 조건이 이데올로기적으로 올바르다는 겉치장을 벗어던졌다는 것이었다. 가사노동을 합리화하거나 부르주아 가정을 뒤흔들려는 시도를 옹호하는 글은 더 이상 출판되지도, 유통되지도 않았다.[25] 혼인 관계인 이성 부부와 자녀를 중심에 둔 '소비에트식 좋은 삶'의 새로운 비전이 부상했고, 1937년에 이루어진 이혼 및 낙태에 대한 규제 강화에 반영되었다. 도시와 국가는 여전히 시민들의 집이었지만, 따스한 가정과 단일 가족이 사는 아파트(여전히 평균적인 노동자에겐 언감생심이었다)에 대한 새로운 강조가 공공 호사의 자리를 대신했다.

소비에트 연방에서 심오한 가정 실험 – 사람들이 어디서, 어떻게, 누구와 살아야 하는가에 관한 (논쟁을 유발하긴 하나) 융통성이 없고 호소력이 떨어지는 개념들, 다수에게 주어지는 열악한 생활 조건, 호화로운 공공 공간과 장대한 공유자원을 향한 감탄스러운 야심을 특징으로 하는 실험 – 이 펼쳐진 시기는 그렇게 완전히 끝을 맞았다.

교외의 단독주택과 그 대안들

이 시기에 소비에트 연방과 마찬가지로 미국에서도 상당한 산업화와 도시화가 일어나 가정의 형태와 조직에 깊은 영향을 미쳤다. 그러나 소비에트와 달리 미국과 영국에서 부상한 '올바른 삶'의 지배적 개념에는 서로 다른 가정 간의 분명한 공간 분리가 포함되었다. 가정과 가사노동 조직의 변화를 주도한 것은 청결에 대한 불안이었다. 질병의 전염과 그 방식에 대해 새로운 지식을 얻은 당대 중간계급의 눈에 후기 빅토리아 시대의 교외는 일종의 '공간적 건강보험' – 즉 이민자, 빈곤층, 다른 질병원으로 추정되는 것들로부터의 보호 – 을 제공하는 것으로 보였다.[26] 단독주택은 '제멋대로인 이웃들'에게서 보호받는 성역이었다.[27] 그렇게 교외는 '유해하고, 위험하고, 과밀하게 느껴지는 도시에서 벗어난다는 거대한 표시'가 되었으며, 각 주택의 건축적 외형(포치, 산울타리, 앞뜰 등)은 가정의 사적 공간과 예측 불가능한 공적 공간 사이의 여과 체계로 기능했다.[28]

단독주택은 앞서 언급한 여러 이점이 있다고 여겨졌으나 못마땅한 평가를 받기도 했다. 당대의 페미니스트들은 단독주택이 현격하게 자원 집약적이며, 다량의 연료와 장비를 요구할 뿐 아니라 특정 업무(예를 들어 요리와 청소 일거리 같은)를 끝없이 반복하도록 만든다는 점에 주목했다. 고립된 단독주택이 중간계급의 상상을 장악한 결과, 재생산 노동의 비합리적 사유화가 공고해졌고 시간과 에너지의 터무니없는 낭비가 장려되었다. 이에 많은 가정개혁가가 도시 외곽보다는 빠르게 개발되는 도심에서 영감을 얻어, 공동체와 상호연결성이라는 개념으로 관심을 돌려 주택 문제에 접근했다.

그 감각을 미국의 작가이자 가정개혁가인 샬럿 퍼킨스 길먼 Charlotte Perkins Gilman의 작품에서 느낄 수 있다. 길먼이 썼듯이, '우리의 집들은 하나의 실에 꿰고, 묶고, 매듭을 지어 함께 엮은 구슬과 같다. 도시의 경우 집들이 아예 한 번에 지어졌다. 한 채의 튼튼한 집이 블록 전체를 차지하고 있다. 얇은 파티션 벽으로 자랑스러운 독립성이 유지된다'. 거주자들은 공유된 기반 시설을 활용했다. '한때 가정의 필수품인 수도를 이용하려면 가사노동을 해야 했다. 여자들이 우물에 가서 물을 길어 오는 시대가 있었다. 이제 수도는 시에서 공급하며 하나의 물줄기가 여러 가정으로 흐른다.'[29] 하수관과 전화선, 수도관과 전선이 등장하자 많은 개혁가가 자연스럽게 가정의 문제를 기반 시설로써 해결하고자 했다. 이러한 경향을 바탕으로 당시 부상하던 기술들의 잠재력이 활용되었고, 거기서 영감을 얻어 새로운 제안이 생겨났다. 공용시설, 협동적 살림, 공동 거주 등을 통해 가사노동을 집단화하자는 것이었다.

가정 기반 시설의 공유라는 발상은 20세기 초에 몇십 년 동안 상당한 인기를 누렸으며[30] 많은 이들이 공동생활의 혜택에 이끌렸다.[31] 이 경이로운 접근법을 옹호하는 다양한 유토피아적 이론이 쏟아진 만큼, 몸소 실험해보려는 시도도 여럿 있었다. 런던과 뉴욕 같은 도시에서 맨션 플랫은 '공용 난방, 쓰레기 처리, 수도시설을 포함해 지어졌다. 일부는 지하실에 냉동고와 세탁실이 설치되었다'.[32] 당시로서는 호화로운 혁신이었다. 미국 일각의 교외에서는 장기 거주자에게 공용시설과 객실을 제공하는 아파트 호텔이 성업을 이루었다.

1899년에서 1904년 사이에 건설된 뉴욕 어퍼웨스트사이드의 앤소니아 빌딩은 집단주의적 취향이 가미된 고급 주거 공간을 제공했다.[33] 빌딩은 다양한 크기의 주방 없는 스위트룸으로 구성되었으며 상당한 편의 시설을 자랑했다. 건강관리 시설(진료소, 치과, 약국)부터 꽃집, 이발소, 양복점까지 없는 게 없었다. 심지어 (오래가진 못했지만) 옥상에 도시 농장이 있어서 거주민들에게 매일 아침 갓 낳은 달걀이 무료로 제공되었다. 상당량의 가사노동이 전문가와 전문화된 인력에 외주되었다. 주민들은 벽에 설치된 기송관을 통해 그들에게 메시지를 전달할 수 있었다. 앤소니아 빌딩은 부유층에 풍족한 생활을 제공한다는 발상을 전제로 한 만큼 소비에트의 공공호사 개념과는 거리가 멀지만, 그럼에도 단독주택의 대안이 잠시나마 우위에 설 수 있었음을 보여준다. 집산주의를 내포한 이러한 대안적 가정상은 부유한 이들에게조차 바람직하게 여겨졌으며, 당대에 생생한 가능성으로 다가왔다.

공동 주거라는 발상은 계급 스펙트럼의 아래쪽에 있는 이들에게도 희망을 불어넣었다. 1900년대 초에 '하인으로 일하는 진취적인 핀란드 이민자 여성들의 집단이…… 임금을 모아 휴일에 쓸 아파트를 임대했다'. 이렇듯 미약하게 시작한 아파트는 시간이 흘러 핀란드 여성협동조합주택으로 발전했다 - '잠잘 방, 라운지, 클럽 룸, 도서관, 음식점, 취업 알선소가 있는 4층 건물'로 진화한 것이다.[34] 비용은 연간 5달러의 조합 가입비로 댔다. 전쟁 중이 아닐 때에는 직업 알선소가 약소한 수익을 냈고 회원들은 배당금을 나눠 받았다. 가사노동은 가정부와 요리사가 전담했으며 주민들은 아침에 이부자리를 정리하고 돈을 내는 것 외에는 아무것도 하지 않아도 되었다. 게다가 협동조합에서 (호평 받아 마땅하게도) 회원들의 행동거지를 부담스럽게 규제하는 경우는 거의 없었다. 1918년 〈뉴욕 트리뷴〉에 실린 취재 기사에서는 '괜찮은 성향을 타고났거나 교육을 받은 여자라면 자연히 지킬 법한 상식 외에, 이 주택에 다른 규칙은 없다'라고 썼다. 회원들은 성별과 무관하게 손님을 들일 수 있었고 밤낮 어느 시간이든 건물을 드나들어도 되었다. 이 협동조합만의 특별한 점은 '가사 서비스 업계에서 일하는 핀란드 여성들의 비전과 인내와 지성에 바쳐진, 절대적으로 자립 가능한 기념물'이라는 것이었다.[35] 핀란드 여성협동조합주택은 적어도 1920년대 초반까지 운영되었다.

아파트 호텔과 협동조합주택 같은 시설이 사람들을 공유 공간으로 불러모음으로써 사회 재생산 노동의 집단화를 추구했다면, 또 다른 접근법에서는 고립된 단독주택 형태는 '유지'하되 그 안에서 일어나는 가사노동의 절차를 합리화하려 했다. 크리스틴 프레드릭을 비롯한 개혁가들은 가정에 과학을 올바르게 적용하면 가사노동자의 근로조건을 개선시킬 수 있다고 믿었다.[36] 1910년대에 큰 인기를 끈 그녀의 글은 공학과 과학적 관리 분야들의 관례를 다루었으며 공장 생산의 효율적 조직에서 얻은 통찰을 가정 내 노동에 적용하려 했다 - 이 점은 여러 소비에트 공동체와 같다. 여기에는 가정 공간을 재설계하려는 시도가 따랐는데, 예를 들어 작업대 높이를 조절하여 몸을 굽히거나 쓸데없이 움직이지 않고 일할 수 있도록 하는 것이었다. 가정의 (특히 주방의) 배치를 합리화하려는 프레드릭의 노력은 언뜻 가사에서 가장 고된 부분을 개선시켜 재생산 노동자가 가장 효율적이고, 일감을 줄여주고, 덜 부담스러운 노동의 방법을 찾아내도록 도우려는 시도처럼 보인다.[37] 그러나 이 접근법에는 새로운 유형의 준관리 업무도 상당수 더해졌다. 한 형태의 가사 활동(땀범벅이 되는 청소나 요리)에 쓰이던 시간이 즉각 다른 일(행정, 기록, 전략적 미래 계획과 같은 조직 노동)에 투입되었다.[38]

프레드릭은 주부를 관리자로 탈바꿈시켰고[39] '당대의 많은 지식인이 사회 진보, 과학, 산업의 핵심 동력으로 여긴 특성과 결부되는 사회적 지위'를 제공했다.[40] 그녀의 제안은 '효율적으로 시간을 아껴 부엌일을 한다는 개념을 사회적으로 수용되는 여성의 목표'로 만들었다는 분명한 이점이 있으나, 그 지향점은 자유 시간을 위한 투쟁보다 전문화를 통해 여성의 위신을 높이는 데 있었다.[41] 프레드릭의 제안에서 가정생활에 소요되는 일은 줄어들거나 재분배되지 않는다. 남성과 중간계급 위주의 산업 관리 활동과 긴밀하게 연결됨으로써 사회적으로 좀 더 인정받게 되었을 뿐이다. 주로 임금노동의 자본주의적 합리성을 가정 공간에 적용하려 노력한 프레드릭의 작업은 별반 성과를 내지 못했지만, 이런 유형의 발상은 작게나마 해방적인 잠재력을 가진다. 더 진보적인 실험들을 살펴볼 때 그러한 사실을 확인할 수 있다.

예를 들어 1914년에 뉴욕 페미니스트 연맹에서는 페미니스트 아파트먼트 하우스라는 건물을 제안했다. 고된 가사 중에서도 가장 힘든 부분을 줄이는 것을 우선순위로 삼은 이 건물은 단순히 협동조합 살림 기회를 제공하는 것을 넘어, 설계 단계부터 공간을 빈틈없이 매만져 청소할 필요를 줄였다. 페미니스트 아파트먼트 하우스 내에서는 '모든 구석이 둥글게 처리되고, 모든 욕조가 빌트인으로 들어가고, 모든 창문이 회전형으로 만들어지고, 모든 침대가 접어서 벽에 붙이는 형태로 만들어지고, 모든 자재는 무광으로 마감되어서' 먼지를 털고 걸레질을 하고 광을 내는 노동을 줄여주었다.[42] 이 경우에는 주택의 설계 자체가 임금을 받거나 무보수로 일하는 재생산 노동자의 생활을 덜 고되게 만드는 방법이자, 공동체주의를 바탕으로 하는 다른 접근법과 결합할 수 있는 도구로 인식되었다.

이렇듯 20세기 초는 틀림없이 상상력이 확장되고 구체적인 실험이 이루어진 시기였으나, 그럼에도 당시 영미권에서 내놓은 대안들에 무수한 단점이 있음은 짚고 넘어가야겠다. 그중에서도 두드러지게 허술한 부분은 사회 재생산의 젠더화된 속성에 대한 고려가 부족한 점이었다. 길먼을 비롯한 가정개혁가들의 연구에서는 가사를 '누가' 할지에 관한 문제를 거의 논의하지 않았다(전문가들에게 맡겨야 한다고 이따금 언급할 뿐이다). 이 시기의 페미니스트들이 남성의 가사와 돌봄 노동 참여를 주장하기 전에 먼저 가정생활의 공간 조직부터 손보려 했다는 건, 고정된 젠더 역할이 얼마나 굳건히 자리잡고 있었는지를 방증한다.

여기에 계급 정치를 둘러싼 중요한 문제들도 더해졌다. 다수의 가사 개혁 프로젝트를 백인 부르주아 가정경제학자들이 주도했는데, 이들은 도시 노동계급이 19세기 말~20세기 초의 처참했던 공동주택 상황으로 인해 공동 거주와 공용시설에 대해 이미 (훨씬 덜 긍정적으로) 경험한 바 있다는 사실을 쉽게 무시했다.[43] 노동계급이 경험한 공간은 '마당이나 통풍되는 공간이 비좁아서 채광과 환기가 미흡했고, 복도는 창문과 조명이 없어서 어두웠고, 부지는 건물이 과밀하게 들어서 있었고, 설계상 화재에 대비되어 있지 않았고, 개별 화장실과 세면 시설이 부족했고, 붐볐고, 지하실과 마당은 더러웠다'.[44] 그래서 영국의 노동계급 여성들은 중간계급 개혁가들의 제안을 무지가 낳은 강압으로 받아들이기 일쑤였다.[45]

미국의 경우 가정 개혁은 주로 빈곤층을 훈육하고, 이민자를 미국화하고, 백인 중간계급의 이상을 본보기로 여기는 '올바른 삶'의 이데올로기를 심으려는 프로젝트로서 시행되었다. 현실에서 이는 '마음대로 이웃과 어울리는 삶이 아닌, 근검하고 질서 정연하게 사생활을 지키는 삶을 의미했다'.[46] 습하고 곰팡이가 피고 비좁은 주택으로부터 사람들을 법적으로 보호하려는 진보 지식인과 개혁가들의 노력에도 이와 유사하게 사회 기강을 세우는 기능이 있었다. 이런 노력은 그 의도가 아무리 선했을지언정 사회악을 제거한다는 개념과 밀접하게 관련된 이상 물질적 개선을 '사적 가정에 대한 감시에 따르는 학대와 희롱의 그림자 아래서' 이루려는 경향이 있었다.

1900년대 초에 '경찰은 흑인 여성과 공동주택 주민들을 상당히 자유롭게 감시하고 체포했'는데, 그 결과 주택 개혁은 흔히 품행, 처신, (특히 성도덕과 관련된) 생활 방식에 부르주아 규범을 강요하는 일과 밀접한 관계를 맺게 되었다.[47] 게다가 개혁가들은 노동계급 여성, 흑인, 이민자 집단이 기존에 자기들끼리 만든 비공식 네트워크를 무시하거나 간과하는 경향이 있었다.[48] 핀란드 여성협동조합의 사례가 보여주듯, 사회 재생산 집단화 프로젝트는 중간계급 사회개혁가들의 전유물이 아니었다. 예를 들어 1890년대에 시카고의 주거지에서 만들어진 협동조합 가정들은 노동조합 조직을 용이하게 했고, 파업 파괴 행위를 막는 데 도움이 되었다.[49] 이렇듯 가정 리얼리즘을 해체하기 위한 접근법은 아주 다양했다 – 개중에는 더 해방적인 것도, 덜 해방적인 것도 있었다.

집단 자원을 활용해 노동을 줄여주고, 평등하게 조직되었으며, 호사로운 대안적 생활 방식은 결국 기득권 자본(즉 미국의 호텔 산업)의 이해관계에 의해 종말을 맞았다. 1920년대 중반 뉴욕에서는 아파트 호텔의 경쟁력을 낮추는 걸 목표로 일련의 소송이 벌어졌다. 호텔 업계에서는 아파트 호텔 단지의 주민들이 잠시 묵어가는 사람이 아니라 영구 거주민이라는 점을 들어, 아파트 호텔은 실질적으로 호텔로 간주될 수 없고, 따라서 아파트 건물에 적용되는 더 엄격한 규제를 따라야 한다고 주장했다.

1929년에 이르자 과밀하고 유해한 공동주택에 대한 불안을 등에 업고 다가구주택법이 통과되었다. 이 규제에서는 아파트 호텔이 아파트 건물로서 공간의 범위와 사용에 대해 아파트와 동일한 규칙을 적용받아야 한다고 정했다. 정책이 바뀌자 공동주택 단지 내에 지어진 주방 없는 아파트는 경제적으로 현실성이 떨어지게 되었고, 이듬해 주식시장이 붕괴하면서 자취를 감추었다.[50] 해방적인 잠재력을 지닌 협동조합 생활 방식이 물질적 이득을 취하려는 업계의 강력한 로비에 의해 진압당한 것이다.

협동조합 살림과 재생산 집단화를 추구한 실험들은 흔히 민간 자본에 의한 개발이나 (특히 미국에서는) 투기적 건설 프로젝트의 일환으로 이루어졌다. 많은 경우, 실험은 상업적 압박으로 인해 중단되거나 원래 품었던 사회주의 페미니즘의 야심에서 다른 쪽으로 방향을 틀었다. 그러나 유럽 대륙을 살펴보면 ─ 특히 양차 대전 사이에 ─ 가정에 대한 새로운 제안들이 다소 상이한 맥락에서 부상하여 상이한 압박에 직면하는 양상이 눈에 들어온다.

대중을 위한 주택

사회주택*은 19세기 말에 자본주의 산업화가 불러온 변혁에 반응하여 처음 등장했다. 시골 인구의 도시 유입이 여기에 한층 박차를 가했다. 도시는 밀려드는 인구에 짓눌렸고 판자촌, 슬럼가, 과밀 주택이 갈수록 확산되었다.[51] 사회주택은 이런 문제에 대한 해답이었다. 양차 대전 사이에 유럽의 정부들은 관습적인 단독주택의 대안을 찾는 데 직접 발 벗고 나섰다. 여기서 살펴볼 1920년대는 유럽이 제1차 세계대전 직후 재건에 뛰어든 시기로, 일부 설계자들 사이에서 시대적 기회를 발판 삼아 계급 구분을 초월하는 주택을 만

---

* 영국에서 지방정부가 저렴하게 제공하는 주택 ─ 옮긴이

들어보려는 욕구가 생겨나고 있었다.[52] 당시 사회주택은 여러 가능성 - 넓은 건물, 대중 거주, 새롭고 급진적인 공간상을 적용할 기회 - 을 제공했으므로, 주택 프로젝트는 분야를 막론하고 아방가르드를 실천하는 사람들에게 상당히 매력적이었다. 도시계획은 사회, 공동체, 미래상에 대한 발상들과 거침없이 엮였으며 사회주택은 단순히 주택 부족에 대응하기 위해서가 아니라 더 사회주의적이고 계급 없는 사회가 띠게 될 모습을 예시하기 위해서 건설되었다.[53] 정치인, 건축이론가, 도시계획가들은 다 함께 그런 세상을 만들기 위해 공간이 어떻게 재조직될 수 있는가에 관한 급진적 생각을 탐색해나갔다.[54]

프랑크푸르트 주방

프랑크푸르트 시의 주택도시계획과장으로 임명된 건축가 에른스트 마이Ernst May는 1920년대 말까지 주택 1만 5,000호를 공급하는 프로젝트를 감독했다.[55] 신규 주택의 핵심적 특징은 가정 설계에 대한 혁신적 접근으로서, 기존의 과학적 가정 관리에 관한 논의에 상당한 영향을 받았다. 신규 주택 세 채 중 대략 두 채에, 1926년 건축가 마가레테 쉬테 리호츠키Margarete Schütte-Lihotzky[56]가 설계한 일명 '프랑크푸르트 주방'이 들어갔다. 당시 대부분의 가정에 따로 주방 공간이 없었음을 감안하면 괄목할 만한 발전이었다.[57]

쉬테 리호츠키의 목표는 (프레드릭과 비슷하게) 임금을 받는 일터에서 효율성을 담보하기 위해 사용하는 기술들을 무보수 노동에 적용하는 것이었다 - 요컨대 가사노동이 '노동'이라는 개념을 진지하게 받아들여 집에도 테일러주의를 적용하는 것이었다.[58] 그녀는 시간 동작 연구를 통해 주방의 이상적인 크기를 추산했다. 작업을 할 만큼 크되 동작을 최소화할 수 있는 작은 공간이 필요했다.[59] 주부가 요리하고 청소할 때 공간 내에서 어떻게 움직이는지 연구한 결과, 갤리식 레이아웃*이 선호되었다. 프랑크푸르트 주방의 목표는 재생산 노동자에게 사용하기 쉽고, 시간을 덜 소요하고, 전반적으로 더 쾌적한 근무 환경을 마련해주는 것이었다. 과학적 관리의 원리에 따라 인체공학적으로 민감하게 설계된 주방은 감상적인 '가정의 심장'이 아니라 합리화가 가능한 일터로서의 역할이 강조되었다. 이렇듯 프랑크푸르트 주방은 가사와 관련된 시간적·신체적 부담을 일부나마 줄일 가능성을 지향했다. 실제로 쉬테 리호츠키는 자신의 설계가 여성들이 가사노동에 쓰는 시간을 줄이고 여성들을 가사로부터 해방시키려는 의도라고 입이 아프도록 강조했다.[60]

그러나 이 비전에도 문제가 없는 건 아니었다. 탈노동 잠재력을 크게 낮추는 요소들이 있었다. 예를 들어 갤리식 레이아웃으로 지어진 주방은 크기가 워낙 작아서 주방을 사용할 때마다 아이들을 다른 방으로 보내야 했기 때문에 어머니가 음식을 요리하거나 청소하면서 아이들을 돌보기가 어려웠다. 조립라인 환경이 전제되는 과학적 관리는 멀티태스킹이 필요한 사회 재생산 노동 환경에 적합하지 않았다. 게다가 고된 일을 줄이고자 한 20세기 초기의 여러 제안과 마찬가지로, 프랑크푸르트 주방에도 쉬테 리호츠키가 명시한 야망과 상반되는 젠더화된 전제가 깔려 있었다. 주방 공간은 오로지

---

* 두 개의 평행한 조리대가 있고, 그 사이에 공간이 있는 좁은 주방 배치 - 옮긴이

여성 한 명이 이용하도록 – 규모, 높이, 인체공학 모두 이 상상 속 여성 노동자에게 맞추어 – 의도적으로 설계되었으므로 가사노동이 공유될 가능성을 적극적으로 제약했다.[61] 쉬테 리호츠키의 노력은 오히려 가사 재분배가 가사노동 변혁의 수단이 될 수 없도록 제약을 걸었다. 프랑크푸르트 주방에는 (문자 그대로) 바뀔 공간이 없었다.

그래도 우리는 이 사례에서 가사 공간을 재설계할 때 규모의 경제가 어떤 역할을 하는지에 관한 통찰을 얻을 수 있다. 프랑크푸르트 주방이 처음부터 성공한 건 정부가 대규모의 사회주택 프로젝트를 개시한 덕분이었다. (사람들의 자유재량 시간을 늘리겠다는 목표 아래) 위로부터 하향식으로 내려온 새로운 가정상은 표준화되고 대량 생산된 모델을 다수의 가정에 신속하게 도입시킴으로써 개인 주택 소유주에게 의존하는 어떤 시도보다도 빠르고 효율적인 결과를 낳았다.[62] 하향식 접근법은 쉽게 문제를 낳을 수 있지만 (그리고 실제로 문제를 낳았지만) 그럼에도 어떤 맥락에서 사회주택은 재생산 노동을 완화시키는 새롭고 미래지향적인 개념들이 널리 도입되도록 도왔다고 말할 수 있다. 다음으로 살펴볼 유럽의 두 번째 사례도 이와 공통점이 있다.

붉은 빈

프랑크푸르트처럼 빈도 주택난을 겪고 있었으며, 제1차 세계대전이 휩쓸고 지나간 폐허를 재건해야 했다. 이 시기의 인구조사에 따르면 도시의 가족 주거지 넷 중 셋이 전기, 가스, 수도, 개별 화장실이 없고 조명과 환기가 열악한 작은 아파트 형태였다. 게다가 임대주택의 공급이 극도로 부족해서 도시에 노숙자가 넘쳐났다.[63] 전쟁 이후 일상의 균형을 되찾으려 노력하고 있던 빈에서는 적극적으로 주택난을 해결하려 했다. 1919년에서 1934년 사이, 사회민주당이 집권한 시의회에서 일련의 도시 개혁을 시작했다. 야심찬 주택계획은 재생산 기반 시설을 변혁시키려는 정치 전략의 일환이었다. 빈의 주택계획은 독특하게도 유토피아적이었으며 먼 미래까지 내다보았다. '붉은 빈' 개발업자들은 '노동계급의 필요를 우선시하면서 공동 거주 양식을 조성하는 새로운 사회주의 세상의 의식적인 선구자'였다.[64] 보건과 교육 같은 재생산 서비스를 국유화·시영화하려는 노력은 집단 자원 배치를 통해 주택 프로그램에 적용되었다.[65] 대규모 아파트 단지에는 보건 시설, 체육관, 유치원, 도서관, 강의실, 작업실, 세탁소, 정원, 그 밖의 많은 자원 설비가 갖춰졌다 ─ 이에 필요한 자금은 자동차와 샴페인 같은 사치품과 가정 내 하인들이 제공하는 서비스를 대상으로 한 진보적 징세로 확보했다.

'붉은 빈'에서 선택한 설계는 가사노동이 고된 일이라는 개념과 명백하게 연결되어 있었다. 사회주의 페미니스트들은 가사노동이 전문화되어야 하며, 공동 아파트 주거가 가사노동의 부담을 완화시키는 데 도움이 될 수 있다고 주장했다.[66] 아주 해방적인 관점에서 (쉬테 리호츠키를 포함한) 건축가들은 공용시설이 딸린 대규모 주택계획이 노동계급 여성들에게 정치적 조직과 시민 참여를 가능케 하리라 주장하기도 했다. 실제로 '붉은 빈'의 아파트 홍보 이미지에는 '휴식하는 가족…… 특히 여자들이 독서하고, 공부하고, 생각에 잠겨서 지적 추구에 나서는 모습'이 담겨 있었다.[67] 게다가 건축학자 이브 블라우Eve Blau가 말하듯, 그러한 묘사에서 초점을 맞춘 건 아파트의 사적 공간이 아니었다.

> 도시는 공동 세탁소, 도서관, 진료소, 보육 시설, 유치원, 목욕탕, 정원, 공원, 놀이터, 수영장과 물놀이장, 극장, 강의실 등을 보여주는 이미지를 훨씬 많이 생산하고 배포하여 프롤레타리아 도시의 새로운 정치·경제적 생활이 사적 공간이 아니라 신축 건물에 제공되는 공용·공동 공간에서 빚어질 것이라고 강조했다. 세탁소, 진료소, 여타 공동 시설은 단순히 잘 운영되는 것을 넘어 새로운 사회주의 도시의 기술적·사회적·과학적 혁신이 일어날 장소로 묘사되었다.[68]

소비에트의 '노비 비트'와 마찬가지로, '붉은 빈'은 사적으로 충분하며 공적으로 호사로운 생활을 강조했다. 생활을 사회화하려는 이런 시도에서 엿보이는 급진적인 젠더 정치의 잠재력은 공동체를 위한 호사에 대해 우리가 이해하는 방식을 바꿔놓을 수 있으며, 21세기의 탈노동 페미니즘이 활용할 매력적인 자원을 제공한다.

그러나 빈 프로젝트가 품은 문제 요소를 경시하거나, 프로젝트의 확장을 막고 궁극적으로는 프로젝트 자체를 가로막은 장벽의 존재를 간과해선 안 될 것이다. 제일 먼저, 공동 서비스는 운영에 실패했다(또는 적어도 한계가 뚜렷했다). 공식 홍보자료와 이데올로기가 담긴 주장에선 여성들이 가사노동에서 대체로 해방된 세상을 그렸지만 현실은 달랐다. 한 예로 탁아소는 노동계급 부모들에게 가장 유용한 방식으로 운영되지 못했다. 탁아소는 '4세 이상의 아이만 받았으므로 그보다 어린 아이들에게는 대안적인 보육 수단이 필요했다. 일부 탁아소는 오전 8시에 개원했는데 부모는 7시까지 출근해야 했다. 점심을 주지 않는 곳도 있었고 긴 휴일 동안은 대부분 문을 닫았다'.[69]

뛰어난 장비를 자랑하는 집단 세탁소는 '붉은 빈'의 대표작으로 여겨졌음에도 역시나 운영상의 문제가 있었다. 각 가정은 세탁소를 월 1회 이용할 수 있었는데, 이는 강도 높은 노동에 종사하는 사람들이 (아마도 당시 가장 힘든 가사노동이었던) 세탁을 자기가 원하는 시간에 할 수 없다는 뜻이었다. 게다가 세탁소 감독관으로 고용된 사람을 제외하면, 남성은 세탁소 출입이 허락되지 않았다. 이 규칙은 여성들이 즉석에서 옷을 벗어 세탁할 수 있게 해주려는 것이었지만 현실적으로는 완고하게 젠더화된 노동 분화를 강요했다.[70] 남성들은 매달 돌아오는 세탁 날에 아무리 원해도 도와줄 수 없었다. 프랑크푸르트 주방이 그러했듯, 양차 대전 사이의 주택 실험에서 제안한 탈노동의 약속은 젠더 이데올로기의 견고함에 의해 많은 부분이 가로막혔다.

'붉은 빈' 실험은 결국 부상하는 파시즘에 의해 꺾이고 말았다. 1934년에 파시스트 정부가 노동운동의 주요 부문을 해체시키고, 빈 시 행정부를 정부 측 위원으로 채워 넣었다. 위원들은 진보적 징세를 통해 부를 재분배하려던 시의 행보를 신속히 뒤집었으며, 그것으로 사회주택 실험은 대체로 중단되었다.[71]

이렇듯 여러 아쉬움이 따랐지만, '붉은 빈'의 대규모 아파트 건물에 딸린 공용시설은 재생산 노동의 젠더화된 분배를 바꾸지 못했을지언정 재생산 노동이 사회적으로 인정받도록 도왔다. 양차 대전 사이에 빈의 사회주택 환경에서, 문화적으로 재생산 노동을 해낼 책무를 부여받은 이들은 공공의 시선에서 완전히 차단된 환경에서 일하지 않았다.[72] 공용시설의 도입으로 '세탁은 아파트 내부의 사적 공간에서 가정 외부의 공동체 공간으로 이동했다 – 게다가 그 공간은 다른 여성과 공유되었으며 환했고, 중심부에 위치했고, 노동을 실제로 절약해주는 기계가 설치되어 있었다'.[73] 이런 유형의 활동을 인식하고 인정하는 것은 가사에 대한 시간 부담을 최소화하려는 노력에서 중요한 버팀목이 된다. 가사노동이 노동으로서 '거부'되려면, 우선 노동으로 '간주'되어야 하는 것이다.

'붉은 빈'은 신속한 건축적 해법이 존재하지 않는다는 것을 보여주지만, 그럼에도 우리가 놓친 미래의 매력적인 사례가 된다.[74] 삶의 질을 높이려는 투쟁은 개별 가족이 단독 주거지에서 사용할 수 있는 장비와, 그로 인해 생겨나는 여가 시간에만 초점을 맞출 것이 아니라 더 폭넓은 공공의 호사에도 집중해야 한다. 오늘날의 빈에서는 여전히 사회주의 건축 프로젝트의 영향이 감지된다. 빈은 세계적 주택난의 압박에서 완전히 자유롭지 못하지만, 그럼에도 매년 거주비가 합리적이고 품질이 좋은 사회주택을 공급하고 있다.[75] 공동 공간과 집단 자원을 선호한 '붉은 빈'의 유산을 물려받은 오늘날 빈의 사회주택에는 수영장과 사우나 같은 공유 시설이 설치된다.[76] 현재 대부분의 빈 시민은 여전히 시영이거나 시에서 지원금이 나오는 주택에 산다. 빈 시 자체가 '오스트리아의 최대 지주'를 맡고 있다.[77] 시가 주택 공급에서 이렇게 중요한 역할을 하고 있다는 사실은 빈 전체의 주택 지형에 주목할 만한 영향을 미쳤다.

그러나 사회 재생산을 집단으로 공급한다는 비전이 부유한 국가로 확산되지는 않았다. 그 이유를 이해하려면 단독주택 – 그리고 '이상적'이라고 일컬어지는 교외의 삶 – 이 어떻게 패권을 잡았는지 살펴보아야 한다. 우리는 어떻게 명백한 가능성이 존재했던 20세기 전반에서 가정 리얼리즘이 자리를 굳힌 20세기 후반으로 넘어갔을까?

공산주의에 대항하는 무기

20세기가 전개되면서 주거의 새로운 패러다임이 등장했다. 대중의 주택 소유였다. 19세기에는 부자가 아니라면 보통 집을 세내어서 살았다.[78] 제2차 세계대전 직후에도 대부분의 국가에서 주택 소유자는 소수였다. 그런데 세기말에 이르자 거의 모든 부유한 국가에서 주택 소유가 지배적인 주거 형태로 등극했다.[79]

많은 이들이 주목했듯, 주택 소유의 부상은 투기 금융, 부동산 개발, 그리고 최근에는 자산기반복지asset-based welfare*에서 맡은 역할로 인해 우리 시대 자본주의의 핵심으로 여겨진다.[80] 그러나 신자유주의에서 주택 소유가 권장되는 데에는 덜 알려진 이유가 하나 더 있다. 1940년대의 부동산 거물 윌리엄 J. 레빗William J. Levitt은 '자기 집과 땅을 소유한 사람은 누구도 공산주의자가 될 수 없다. 할 일이 너무 많기 때문이다'라고 지적했다.[81] 주택은 단순히 개인에게 경제

---

* 기존 복지제도의 대안 또는 보완책으로서 개인의 자산을 활용해 노후를 대비하도록 자산 형성을 지원하는 제도 – 옮긴이

적 영향을 미치는 것을 넘어 노력, 분주함, 개인주의, 자립, 가족 구조를 둘러싼 특정한 가치를 영속시키는 역할을 했다. 다시 말해 주택 – 특히 넓은 교외 지역에 지어진 단독주택을 요체로 하는 미국식 모델과 주택 소유 – 은 경제적 기능뿐 아니라 그것이 시간 자율성과 가정 내에서 재생산 노동이 조직되는 방법에 미치는 영향으로 인해 자본주의의 핵심으로 등극했다.

이런 반공산주의적 공간은 어떻게 등장했을까? 제2차 세계대전 이후 미국에는 대단히 많은 수의 주택이 지어졌고, 베이비붐이 여기에 한층 박차를 가했다. 당시 대부분 단독주택이었던 신축 주택들은 건축가나 거주할 사람의 의견을 묻지 않고 설계되는 게 일반적이었으며 이웃한 자원에 대한 접근성 역시 열악했다. 말하자면 '이 집들은 대량 생산된 상품으로 채워질 텅 빈 상자였다'.[82] 한때 '다수의 아파트 호텔에서 사용된, 소금물을 채워 냉장고처럼 쓸 수 있는 빌트인 선반이나 청소를 위한 빌트인 진공 시스템처럼 건축 차원에서' 노동을 절감해주는 장치는 갈수록 폐기되고 개별 가전제품이 그 자리를 차지했다.[83] 고립된 단독주택에 거주하는 사람들이 소비재를 사들이자 제조업체는 상당한 수익을 보장받았고, 가사노동의 사유화와 개인화는 더욱 공고해졌다.

교외의 주택은 과거나 지금이나 인간의 시간, 노력, 노동을 엄청나게 낭비하고 있다. 한 예로 교외의 주택에 살고 있는 사람이 운전을 얼마나 많이 하는지 생각해보자. 20세기 중반에 교외의 단독주택이 꿈의 집으로 부상하자 사회 재생산은 점점 개인화된 이동 수단에 의존하게 되었다.[84] 시설이 지리적으로 분산된 환경에서, 특히 여성들은 갈수록 일과의 많은 시간을 피부양자를 집, 가게, 학교, 진료소, 여가 공간 등으로 데려다주는 데 쓰게 되었다. 제2차 세계 대전 후에 확산된 자동차와 슈퍼마켓은 교외 생활을 용이하게 해주는 단독주택의 필수품이었다.[85] (그러니 오늘날 시간 부족 문제가 심해지면서 부분적으로 교외에서 도심으로의 이동이 일어난 건 놀랍지 않다.)[86] 이것이 제2차 세계대전 이후에 일어난 광범위한 이데올로기 변화의 요점이다. 사람들이 원하는 공간은 '이상적 도시'에서 '꿈의 집'으로 옮겨갔다.[87]

전후 교외의 가정상에서 사회 재생산의 공간적 요소에 대한 생각은 거의 빠져 있었다. 상업 주택업계는 (아주 한정적인) 특정한 가정 이미지를 홍보하는 데 큰 성공을 거두었다 – 그로써 단독주택은 도시, 동네, 주거 협동조합이 우선순위였던 과거의 지배적 주거 개념을 어느 정도 대체할 수 있었다.[88] 게다가 레빗이 제대로 짚어냈듯, 단독주택 소유는 '새로운' 일거리를 만들어내는 주된 원천이었다. 자기가 소유한 집에 사는 사람은 이제 집수리를 걱정해야 했고, 어떻게 집을 개선할지 고민하도록 권장받았고, 교외인 경우에는 쑥쑥 자라나는 잔디도 돌봐야 했다. 레빗이 생각할 때 주택을 소유한다는 건, 구체적으로 말해서 정치적으로 생각하거나 행동할 시간이 없어진다는 뜻이었다 – 자유 시간이 너무 많아지면 공산주의자가 될 우려가 있으니까!

집을 수출하다

20세기 들어 펼쳐진 프로파간다 전쟁에서, 종전 이후 미국의 가정은 그 자체로 하나의 무기가 되었다. 1959년의 유명한 회담에서 미국의 리처드 닉슨 부통령과 소비에트 연방의 니키타 흐루쇼프 서기장은 모스크바에서 개최된 국제박람회를 방문해, 당시 미국의 전형적인 주거 형태였던 농장 주택의 견본을 살펴보았다.[89] 일명 '부엌 논쟁'에 불을 붙인 건 제너럴일렉트릭 사에서 꾸민 견본 주방이었다. 두 지도자는 전시 내용을 보고 각자 본국의 이데올로기를 자랑하러 나섰다. 흐루쇼프는 미국식 설계의 태생적 진부함에 초점을 맞추었다.

"당신네 미국 집들은 20년밖에 가지 못하게 지어졌군요. 그래야 건설사들이 새 집을 팔겠지요."

반면 닉슨은 자본주의적 개인주의, 소비자의 선택, 노동을 절약해주는 혁신을 강조하며 이렇게 선언했다.

"우리 미국은 여자들의 삶을 쉽게 해주는 걸 좋아합니다."

'다양성, 선택할 권리, 1,000개의 건설업체가 1,000개의 서로 다른 주택을 짓는다는 사실'을 자랑하기도 했다.[90] 그런데 사실 닉슨이 주장한 미국의 성취는 타당성이 부족했다. 앞에서 이미 살펴보았듯, 여성의 일은 줄어들지 않았고 자본주의 체제하의 주택 개발업자들은 그 특성으로 인해 몇 개의 도면을 복사하고 붙여 넣어 수백 개의 동일한 주택을 대량 생산하는 경향이 있었다.[91] 그럼에도 서로 다른 이데올로기가 맞부딪치는 와중에 미국과 소비에트의 지도자가 각자의 국가 이미지를 관리하려 노력한 이 논쟁은 부엌이 정치적·사회적·기술적 차이가 드러나는 결합체라는 지위를 굳혔고, 주택이 공산주의와 반미국적 가치에 대항하는 방어책이 될 수 있다

는 사실을 전면으로 부각시켰다.[92]

그런데 냉전 시대에 미국의 주택 소유 개념은 단순한 이데올로기적 보여주기 이상의 의미가 있었다. 제2차 세계대전의 여파에 신축 건물의 부족, 많은 사람들의 이주, 대규모의 주택 파괴와 그 직후의 출생률 급증으로 인해 세계적으로 주택난이 발생했다.[93] 주택 공급 부족이 격심해지자 많은 국가가 이 문제를 바로잡을 길을 찾아 나섰다. 이 틈을 타서 미국 외교부에서는 개발도상국에 자본주의의 가치를 심어주고자 대중의 주택 소유 개념을 수출할 계획을 세웠다. 많은 다른 선진국은 개발도상국에 주택 건축에 대한 직접적인 원조와 조언을 제공한 반면, 미국의 프로그램이 독특하게도 (주택의 집단 소유나 생활수준 향상이 아닌) 주택 소유의 확장과 (정부 주도 건축이 아닌) 시장 주도 건축에 초점을 맞춘 건 이 때문이었다.

미국이 주택에 개입한 이유는 주택이 공산주의와의 전투에서 중요한 전략적 요소로 평가되었기 때문이다. 예를 들어 미국은 중국 공산주의에 대항하는 핵심 방벽인 대만에 주택 원조를 할 때, 지역 건설업계를 기초로 자본주의가 발전할 수 있도록 시동을 걸어주었다. 주택 원조는 주의를 요하는 노동력 집단 - 예를 들어 반란을 일으켜 물류 네트워크를 폐쇄할 수 있는 이들 - 을 겨냥하여, 그들에게 주택을 쥐여주고 자본주의에서 무엇을 누릴 수 있는지 보여주고자 했다.[94]

계획자들이 품은 비전의 중심에는 주택 소유를 통해 자가 거주자에게 자조 정신을 불어넣어 훗날 개인주의와 자립이라는 자본주의 문화를 함양한다는 발상이 있었다.[95] 레빗이 주장한 바와 같이,

주택 소유를 늘리는 것은 아직 여유 시간이 있는 노동자들을 더 바쁘게 만드는 중요한 방법이었다 – 노동자들은 정치적 소요에 참여하는 것보다 집수리와 개선에 집중할 때 더 큰 보상을 얻게 된다. 대만에서 이 프로그램은 적어도 부분적으로 성공을 거두었다. 모범 직원에게 주택 구매를 지원하자 노동자들의 생산성이 유의미하게 높아지는 동시에 일터를 파괴하거나 도둑질을 하는 경향은 낮아졌다.[96] 그러니 미국은 주택 소유를 다른 나라로 수출함으로써 자본주의적 사회관계를 의도적으로 확장하는 데 성공한 셈이다.

그런데 여기서 주택 소유자들의 주체성을 무시해선 안 될 일이다. 올바른 미국식 생활의 비전이 미국이든 대만이든 다른 어느 곳에서든 호소력을 발휘한 데엔 이유가 있다. 교외의 주택은 상쾌한 공기와 널찍한 공간을 제공했고, 전쟁이 벌어지는 동안 어쩔 수 없이 남들과 부대끼며 지내느라 사생활, 안정, 공간, 자율성을 갈망하게 된 젊은 가족에게 전후 몇 년간 재정적으로 부담 가능한 선택지였다. 특히 미국에서는 주택 소유에서 인종 편향이 드러나는데, 교외 지역이 성장했다는 것은 곧 백인들이 정부의 지원을 받아 도시를 탈출했다는 의미였다. 1952년에 미국 연방주택청이 보증한 주택의 98퍼센트가 '백인 전용' 구역에 있었다.[97] 주택 구매자가 이용할 수 있는 시설과, 심지어 주택을 매매할 수 있는 상대에 관해 엄격한 규칙을 정한 '계약자 제한' 역시 여러 곳에서 적용되었다.[98] 교외는 질병으로부터, 노동계급으로부터, 인종차별의 대상인 타자로부터의 성역에 대한 욕구의 표출이었다.

교외의 문화적 이상이 공격적으로 홍보되고 빈틈없이 손질된 것이라는 사실 역시 반드시 짚고 넘어가야겠다. 전쟁 이후 시대에 가정생활은 '전적으로 새로운 업계에서 신중하게 구성하고 홍보한 하나의 예술 형태가 되었다. 마음을 위안하는 좋은 삶의 이미지는 트라우마에 빠진 국가를 위한 일종의 예술 치료로서 여느 상품처럼 판매되었다'.[99] (고도로 제한된) 가정의 특정한 이미지는 그렇게 홍보에 대대적인 성공을 거두었다. '좋은 삶'의 이미지는 법에 의해 강화되었으며, 가족 자체에 대한 개념과도 엮여 들어갔다. '단독주택 구역 지정법의 초점이 토지의 이용에서 사용자의 정체성으로 이동한' 결과 가족(나아가 함께 살도록 허가받은 사람들) 개념은 법이 정해주는 범위에 의해 정의되었다.[100] 어떤 법에서는 단일 가족으로 간주되기 위한 관계의 정도나 혈족의 경계를 명시하기도 했다. 가령 가족 구성원은 핵가족 구성원과 조부모일 수는 있으나, 성인인 남매나 사촌일 수는 없었다. 이렇듯 전후의 몇 년간은 한때 열렸던 기회의 문이 굳게 닫힌 시기라고 할 수 있다. 그 시기에 미국 문화는 우리가 오늘날 경험하는 의미에서의 가정 리얼리즘을 만들어내고 굳히는 데 노력을 쏟았다.

대항적인 공동체의 상상

20세기 후반에 이르자, 유럽과 북미에서 꽃피웠던 집단 거주에 대한 상상은 저물고 핵가족 가정이 우위에 섰다. 그러나 다른 대안이 전혀 없지는 않았다. 20세기 전반에 일어났던 것과 같이 정부를 등에 업은 대규모 실험은 대체로 소멸했지만 20세기 후반에도 비교적 작은 실험과 헤게모니에 도전하는 상상은 다수 등장했다. 교외 주택을 완전 자동화된 꿈의 집으로 바꿔놓으려는 야심부터 첨단 기술이 도입된 미혼 남성용 주택을 대중화하는 것까지 종류도 각양각색이었다.[101] 그러나 여기서 우리는 특히 큰 영향력을 발휘한 사례에 집중하고자 한다. 대항문화 공동체가 그것이다.

탈출과 대항문화 공동체 : 드롭 시티

사회 관습에 대한 거부는 1960년대 중후반 미국 대항문화의 큰 동력이었다. 그중 잘 알려진 히피 운동은 음악과 향정신성 약물, 자유연애를 경험 확장의 매개체로 삼은 만큼, 강한 반노동 경향을 보였다. 히피 운동의 핵심은 특정한 유형의 질서 체계를 거부하고 대안적인 반권위적 가치를 취하는 것이었다. 그들은 '의식, 가족 구조, 삶의 방식'을 바꿈으로써 혁명적인 변화가 일어날 수 있다고 믿었다.[102] 이런 믿음은 공동체 주거지와 가정 공간에 대한 실험으로 확장되었다. 히피 운동의 실험들은 주류 미디어의 관심을 받은 덕에 문화에서 상당한 가시성을 누렸고, 이 시기에 사회에서 '떨어져 나와' 히피 공동체로 이동한 미국인의 수는 100만 명에 달했다.[103] 이렇듯 히피 대항문화에는 주류 문화를 변혁할 엄청난 잠재력이 내재되어 있었다 – 지금은 그 잠재력이 눈에 잘 보이지 않게 되었지만.

그러나 미국의 시골 지역에 만들어진 많은 의도적 공동체가 만족과 즐거움에 관심을 가지면서도 다소 급조된 거친 생활환경을 제공했다. 예를 들어 캘리포니아 북부의 윌러스 랜치Wheeler's Ranch와 모닝 스타Morning Star 노지 공동체에서 주민들은 '간이 텐트, 목제 프레임 구조, 캔버스나 플라스틱 지붕'으로 만든 거처에서 지냈다.[104] 일부 공동체는 특유의 DIY 미학과 '미래주의적 토착 건축'을 발전시키기에 이르렀다.[105] 그중 영향력이 가장 컸던 것은 아마도 드롭 시티Drop City였을 것이다. 1965년 콜로라도의 시골에 임시로 만들어진 야영장이 '리비도적 유토피아libidinal utopia'로 탈바꿈한 게 드롭 시티다.[106] 이 주거지에는 전문적 건축 지식도, 건설업에서의 공식 경험도 전혀 없는 미대생들이 건축가 버크민스터 풀러Buckminster Fuller에게서 영감을 받아 지은 다채로운 측지선 돔 여러 개가 세워졌다. 구조물을 만든 재료는 닭장용 철망, 병뚜껑, 쓰레기 더미에서 찾은 자동차 부품 등이었다 - 미국 소비주의가 생산해낸 쓰레기의 쓸모를 찾아 재활용한 것이다. 그런데 이 거주지는 시각적으로는 매력이 있지만 안을 뜯어보면 결국은 '견고성이 미심쩍은 구조, 불편하고 때로 유해하며 대부분의 척도에서 사회적 기능을 제대로 못하는 것들의 기이한 공식적 전형'으로서 기껏해야 기묘하게 금욕적인 탈노동 유토피아로 쳐줄 만했다. 하지만 탈노동 공간을 상상하려는 우리의 시도에는 이 '사회 중퇴자 군락'이 당대의 더 매끈한 건축적 환상들보다 더 유용하게 보태줄 것이 많다.[107] 노동 윤리와 제약적 사회 규범에 지배받는 위계적 주류 문화로부터 떨어져 나오려 한 드롭 시티는 달라질 수 있고, 달라져야 하며, 달라지는 게 당연한 세계를 불완전하게나마 예시한다고 할 수 있다.

1960년대의 대항문화 공동체는 자본주의 아래서 굳어진 관습적 생활양식에 반기를 들었다 - 그들이 저항한 대상은 핵가족과 낭비를 유발하는 고립된 교외의 주택, 나아가 당시에 만연한 소비, 소유, 사회 위계, 이윤 동기를 위한 임금노동으로 구성된 사회 모델이었다. 그러나 대항문화 공동체의 탈노동 상상은 의미적으로 큰 한계가 있었다. 우선 정말로 게으른 자들이 존재 양식의 근본적 재구성을 안건에 올리기는 쉽지 않다. 노동 도그마로부터의 탈출은 대단히 힘들고 고의적인 과정으로 보이길 요구한다. 드롭 시티가 장려한 '사회 중퇴'는 꽤 많은 노동과 헌신 없이는 불가능했으며, '일하기 싫어하는' 별난 공동체 거주민들은 알고 보면 상당히 근면한 이들이었다.[108] 한 논평가에 따르면 초기 거주민들은 '전형적인 히피보다는…… 중세의 고트족 석공을 연상시키는 도취된 성실성'을 보였다.[109] 대항문화 공동체가 예증하듯, 여기서 거부되는 노동은 가장 일반적인 의미에서의 노동으로 확장되지 않았다. 대항문화 공동체는 모든 수고로운 노력에서 벗어나는 것을 목표로 삼는다기보다도, 오히려 인간의 창조성과 집단적 독창성, 협동 노력을 펼치는 장소로 간주해야 할 것이다.

이 공동체들은 필수 노동을 극적으로 줄이는 게 아니라 필수 노동을 이끄는 목적의식을 구조적으로 바꿈으로써 실현되는 탈노동을 표방했다. 즉 노동을 시장에 의한 강압적 요구가 아니라 자유롭게 선택한 활동으로 변화시키려는 것이었다. 이는 '수동적 물러남이 아닌 긍정적 행동을 요구하는' 탈출 과정이었다.[110] 이러한 사실을 고려할 때 주민들에게 엄청난 양의 헌신, 노력, 에너지를 요구한 1960년대와 1970년대의 일부 급진적 공동체가 어떻게 탈노동 상상의 현신으로서 평가되는지 확인할 수 있다.

대항문화 공동체에서는 참으로 많은 영감을 얻을 수 있다. 그러나 이 희망찬 역사적 순간에서 아무리 열정을 느끼더라도, 그 단점과 실패에 대한 비판적 인식을 통해 누그러뜨려야 할 것이다. 무엇보다도 돌봄은 많은 시골 히피 공동체에서 해결할 수 없는 문제였다. 자녀를 데리고 드롭 시티에 거주하는 부모가 존재했지만, 임신부 및 재생산 노동자에게 드롭 시티는 이상적인 환경일 수 없었다. 야단스럽지 않은 가장 최소한의 신체적 필요만 채워지면 되는 사람을 제외한 누구에게나 마찬가지였다.

실제로 공동체의 주축인 영구 거주자는 대부분 신체장애가 없는 젊은이였는데도 고된 환경을 견디기가 어려워지는 겨울에는 그중 많은 수가 도시로(혹은 대학원으로) 물러나는 길을 택했다. 여기서 우리는 다른 의미에서의 탈출 개념과 마주치게 된다. 공동체에서 물러나기 어렵거나, 다른 갈 곳이 없는 사람들은 어떻게 되는가? 약자가 이 환경에서 잘 살기는 어려웠다. 음식과 물이 부족해지고, 이따금 폭력 사태가 일어나고, 겨울의 혹한을 견뎌야 할 때 더욱 그러했다. 공동의 풍요가 존재하지 않는 공동체주의로 운영되는 드롭 시티는 모두의 필요에 대응할 수 없었다. 따라서 드롭 시티의 탈노동 상상은 소수를 제외한 이들에겐 적합하지 않았다.

드롭 시티의 사회 재생산 조직을 더 깊이 파헤쳐보면 한층 많은 문제가 드러난다. 사회를 탈출하기 위한 대항문화 전략의 일환이었던 새로운 생활 형태는 대체로 재생산 노동에 적용되지 않는 것으로 이해되었다. 드롭 시티의 어느 초창기 주민은 이렇게 표현했다.

'그렇게 특이한 최첨단 공동체치고 젠더 분화는 아주 전통적이었다. (……) 설거지를 하는 남자는 한 번도 보지 못했다. (다른 여성 주민과) 나는 기저귀를 차는 자녀가 있어서 빨래를 하느라 상당한 시간을 보냈다.'[111]

이런 경험은 1960년대 미국의 다른 의도적 공동체에서도 반복되었다. 철학자 마크 피셔Mark Fisher가 냉소적으로 표현했듯이, '히피는 근본적으로 중간계급 남성의 현상이었다. 남성들은 천상천하 유아독존 식의 쾌락적 유아증 상태로 회귀하도록 허락받고 여성들은 그들의 모든 욕구를 섬겨야 했다'.[112] 겉으로는 노동을 거부하고 관습적 가치와 사회 위계에서 탈피하겠다고 주장하지만, 대항문화는 해방적 사회관계와 노동의 정의를 이해하는 방식에 있어 상상력과 정치적 의지가 현격히 실패한 사례로 보인다. 독특한 대항문화 공동체에 '약속어음'[113]으로서의 유용성은 있었을지 몰라도, 우리는 그것을 청사진으로 오인하지 않도록 유의해야겠다.

탈출과 분리주의 공동체 : 랜다이크 운동

물론 1960년대와 1970년대의 대항문화 공동체는 각양각색인 형태만큼이나 동일한 문제를 경험하고 해결하는 방식도 달랐다. 의도적 공동체가 젠더화된 노동 분화를 둘러싼 담론을 바꾼 가장 명백한 사례로 레즈비언 분리주의 – 남성과 상호작용 기피를 추구한 여성 전용 공동체의 건설 – 를 들 수 있다.[114] 그중 특히 흥미로운 랜다이크landdyke* 운동은 히피 대항문화에서 착안한 발상을 제2세대

---

* 레즈비언을 뜻하는 속어 'dyke'와 땅을 뜻하는 'land'의 합성어 – 옮긴이

페미니즘의 요소들이 수용한 결과물이었다.[115]

이 시기에 솟아난 여러 분리주의 공동체는 젠더 혼합 히피 공동체가 흔히 맞닥뜨린 난관을 똑같이 직면했다. 다들 사회적 주류에서 벗어나고 노동 문화를 거부하려 했으니, 자연스러운 귀결일 테다. 드롭 시티가 미국 소비주의의 찌꺼기들을 재활용하여 물건을 만들고 고쳐나갔듯이, 여러 랜다이크 공동체의 특징도 DIY 건축, 조악한 기반 시설, 열악한 환경이었다.

1960년대와 1970년대에(지금도 마찬가지다) 분리주의 공동체 주민들은 '직접 지은 조그만 오두막, 쓰러져가는 농장, 개조한 야외 축사, 시멘트 벽돌 위에 주차한 스쿨버스, 압축 볏단에 방수포를 씌운 험악한 대피소, RV 차량, 개조한 통나무집, 어도비 점토로 직접 지은 피신처, 낡은 자동차 등 가까스로 거주 가능한 주택'에 사는 경향이 있었다.[116] 게다가 그들은 갖가지 농업 기술을 멀리하고 자급자족을 위해 훨씬 노동 집약적인 접근법을 채택했다.[117] 그러니 랜다이크 공동체가 직접적으로 탈노동 상상을 표방한다고 말하기는 어렵다.

다른 대항문화 공동체가 그러했듯, 이런 유형의 레즈비언 분리주의가 목표로 삼은 건 노동을 거부하는 것이 아니라 필수 노동을 새롭고 더 주체적인 조건에서 다시 상상하는 것이었다. 아무리 고된 조건에서 힘들게 하는 노동이라 해도 어떻게 참여하고, 수행하고, 조직하는지에 따라 개인에게 시간 주권을 돌려주는 것으로 볼 수 있다. 레즈비언 분리주의 공동체가 당대의 다른 많은 대항문화 공동체와 차별되는 점은 젠더화된 노동 분화를 뛰어넘겠다는 목표에 한결같이 주의를 기울였다는 것이다 – 그 덕분에 주민들은 다른 곳에서라면 문화적으로 격리되거나 배제되었을 노동 형태에 대한 접근권을 (그리고 책무를) 얻을 수 있었다.

분리주의자들은 '여성의 (임금노동을 통한) 자본 종속과 (일상적 재생산을 통한) 남성 종속을 바꿀 방법으로서 여성이 두 가지의 착취로부터 자유로운 삶을 선택하고 다른 여성과 더불어 자족적인 시골 생활을 누리도록 했다'.[118] 다른 유형의 공동체도 젠더화된 노동 분화를 문제로 인식했지만(또는 적어도 이 개념에 대해 허울뿐인 빈말을 했지만) 남성을 방정식에서 제외시킬 때 어떤 기대와 의무들이 필연적으로 바뀐다는 사실을 감안하면, 분리주의 공동체만큼 노동의 젠더화된 분화에 철두철미하게 신경 쓴 공동체는 거의 없었다.

노동 분화에 대해 재고하고자 한 분리주의의 접근법은 야심차고도 포괄적이었다. 우먼셰어Womanshare(1970년대 중반 오리건 주의 레즈비언 분리주의 공동체)에서 거주민들은 다음과 같이 생활했다.

> (거주민들은) 모든 노동 형태를 공유하길 원했다. 그럼으로써 여성들은 각종 농사 기술을 습득했고, 도랑을 팠고, 동시에 창조적 추구를 할 시간과 공간을 얻었다. 그들은 식량을 유기농으로 기르고, 단순하게 살고, 간단한 기술로 가능한 한 많은 물질적 필요를 채우고, (재)생산 생활에 대해 새로 교육받고, 소비문화에 도전하고, 생태적으로 적절한 생활양식에 동참하길 원했다.[119]

시골 환경에서 남자 없이 생활한다는 건 필연적으로 젠더화된 노동의 대본을 다시 작성하는 일이었다. 도구 수리나 나무 베기 등을 전혀 경험하지 못한 거주민에게도 기술을 갈고닦을 기회가 주어졌다. 물론 돌봄 노동은 여전히 필요했지만, 그것이 여성의 주된 목적이나 자연스러운 의무라는 기대는 소거되었다.

이런 유토피아 프로젝트들은 분명히 '일로부터의' 해방이 아닌 '일을 통한' 해방을 중심에 두었지만, 그중 분리주의는 돌봄 노동을 집단화하고 강압적인 규범적 위력을 근절시킴으로써 '여성의 일'로부터는 부분적으로 해방되는 것을 목표로 했다(지금도 같은 목표를 지니고 있다). 실로 이런 공동체의 많은 참가자가 '도시보다 시골에서 더 온전한 레즈비언이 될 수 있었다고 언급했는데, 이는 레즈비언으로서의 정체성이 젠더 역할을 뛰어넘는 것과 강하게 연결되어 있었으며 그 역할이 시골에서는 더 쉽게 깨진다는 의미다'.[120] 이런 발언은 개인의 정체성을 쌓아가는 과정에서 (특히 이 공동체의 경우, 이성애 위주의 세상을 탐사해나갈 때) 노동이 맡은 수행적 역할을 의미 있게 보여준다.

그렇다면 레즈비언 분리주의 공동체를 둘러싼 담론들은 틀림없이 반본질주의적 젠더 설명에 가담하게 된다. 레즈비언은 태어나는 것이 아니라 만들어지는 것이다 - 그리고 레즈비언이 되는 과정은 (젠더-성 결합을 생성하고 재생성하는 힘으로서의) 노동과 깊숙이 엮여 있다. 그런데 바로 이 지점에서, 여성을 사랑하는 여성만을 위한 배타적 공동체를 향해 불편한 질문이 던져진다.

'여성이 무엇이든 할 수 있고 무엇이든 될 수 있다면, 여성은 무엇인가? 여성은 어떤 점에서 다른가?'[121]

이런 질문으로부터 레즈비언 분리주의의 악명 높은 트랜스포

비아 이슈가 부상한다. 분리주의 공동체는 그들이 해체하고자 하는 이성애 세계 내에서 하나의 입장을 취하고, 그것을 중심으로 공동체를 건설한다. 이는 '여성이 누군가를 두고 우리와 같은 사람이라고 느낄 때 사용하는 젠더 개념이나 이상이…… 특정한 인종의 신체가 특정한 역사적·문화적 형태의 젠더를 수행하는 데서 이끌어낸 젠더 본질'이라는 의미다.[122] 다시 말해 젠더가 더 이상 관습적 방식으로 작동하지 않을 때 이런 공동체의 근간을 이루는 젠더 차이는 다른 기준을 찾아야 하며, 어떤 경우 그 기준은 성적 형태의 차이라는 환상에서 발견된다.[123] 하나의 젠더를 아예 배제함으로써 젠더 이분법에서 탈출한 레즈비언 분리주의는 젠더 해체를 추구한다면서 오히려 생물학적 신체를 기초로 한 젠더를 엄격하게 집행하는 역설적 입장에 놓인다.

정치 전술로서의 사회적 물러남에 대한 일반적인 비판이 20세기 말 레즈비언 분리주의 공동체에도 얼마간 적용된다는 사실을 이 지점에서 짚고 넘어가야겠다. 괴짜 공동체 거주자들의 '사회 중퇴'가 그러했듯, 분리주의는 결코 절대적일 수 없다 – 특히 '경제적' 분리주의는 현재 조건에서는 불가능하다. 캐시 맥캔들리스Cathy McCandless는 1980년에 레즈비언 분리주의가 존재하지 않는다는 관점에서 이렇게 썼다.

나는 어떤 방식으로든 남성과 경제적으로 관련되지 않은 레즈비언 개인이나 공동체를 알지 못한다. 우리는 모두 부유한 백인 남성이 운영하는 기업에서 물건을 사고, 그들이 '소유'한 건물에 살고, 그들이 전 세계의 원주민에게서 훔친 재료에 강제 노동 또는 형편없는 급여를 받는 노동을 투입해 만든 제품을 사용한다.[124]

완전한 물러남은 현실적으로 불가능할 뿐더러 정치적으로 '바람직하지 못하다'고도 주장할 수 있다.[125] 이 관점은 1960년대와 1970년대에 유색인종 여성들이 레즈비언 분리주의를 비판한 관점과 맥락을 같이하는데, 그들은 물러남 전술이 연대 형성을 막는 장벽이라고 여겼다. 이는 1977년 '컴바히 강 집단 선언'의 분리주의에 대한 언급에서 명백히 드러난다. 어떤 사람의 젠더가 정치적 연대의 가능성을 절대적으로 부정하는 기준이라는 생각을 거부한 저자들은 다음과 같이 레즈비언 분리주의를 비판했다.

> 너무 많은 다양한 사람을 배제하는데, 특히 흑인 남녀와 어린아이를 배제한다. 남성들이 이 사회에서 사회화된 방식에 대해선, 그들이 무엇을 지지하고, 어떻게 행동하고, 어떻게 억압하는지에 관해선 우리도 크게 비판하고 증오한다. 하지만 우리는 그들의 남성성 자체가 – 즉 생물학적 남성성이 – 그들을 그렇게 만든 요인이라는 오도된 개념을 갖고 있지는 않다. 흑인 여성인 우리에게 어떤 유형의 생물학적 결정론을 정치의 기틀로 삼는 건 위험하고 반동적으로 여겨진다.[126]

선언의 저자들은 '우리는 페미니스트이자 레즈비언이지만 진보적 흑인 남성과 유대를 느끼고, 분리주의 백인 여성들이 요구하

는 분열을 옹호하지 않는다'라고 말한다.[127]

맥캔들리스는 저작에서 이런 개념을 특히 강조하면서 분리주의를 '정치적 토라짐'과 같다고 묘사한다. '자신이 남성과 교류하지 않는다는 사실 하나를 들어 스스로 진정한 분리주의자라고 여기는 중간 이상 계급의 백인 레즈비언을 많이 알고 있다. 내가 보기에 사회적으로 분리주의의 정의는 그러한데, 간단히 말해 헛소리다.' 인종차별에 반대하는 그녀의 분석에서 남성과 가까이 교류하기를 거부하는 건 아무짝에 쓸모없다. 대부분의 여성이 생존을 위해 남성과의 상호작용에 의지하고 있으며 앞으로도 의지할 것이기 때문이다.[128] 게다가 남성 사회에서 물러나는 것을 개인적 정치의 중심으로 삼을 경우, 더 넓은 사회·정치적 조건을 변화시키려 노력하지 않고 다른 여성을 내버려둘 위험이 있다. 물러남 전술의 이러한 한계는 혼성 히피 공동체와 미국 시골의 분리주의 랜다이크 공동체 양쪽에서 확연히 드러난다. 공동체로 떠난다는 것은 불가피하게 다른 사람들을 기성 사회에 남겨놓는다는 뜻이기도 하다.

알다시피 가정 리얼리즘이 분리주의자나 공동체주의 히피들에 의해 전복되는 일은 결국 일어나지 않았다. 아직 운영 중인 몇몇 공동체가 있지만, 드롭 시티를 비롯해 대다수의 유사한 계획이 비교적 일시적인 실험이었던 것으로 판명되었고 사회와 성문화가 격변하던 짧은 한때를 넘어 살아남지 못했다. 그 이유 중 하나는 공동체가 탈출의 장소로서 스스로의 확장성을 담보하는 데 실패했기 때문이다. 그런 공동체들은 흔히 탈교외 유토피아(혹은 젊고 건강하고 신체장애가 없고 돌봄의 책무가 거의 없는 중간계급 사람들, 즉 드롭 시티 같은 공간에서 잘 살

수 있는 아주 구체적이고 제한된 범위의 사람들을 위한 유토피아)를 '지금 여기'에
서 살짝 맛보게 해주는 예시적 공간이 되는 정도를 목표로 했다. 따
라서 공동체들은 의식적으로 그들이 물러나고자 하는 사회 내에서
일종의 소수민족 거주지 – 다른 곳에서는 아직 번성하지 못하는 대
안적 가치들의 보루 – 로 기능했고, 그들이 실행한 대안들은 어떻게
보면 한 장소에만 국한된다고 할 만큼 초국지적이었다. '새로운 세
상을 단순히 사실로 상정하고 실천하는 것'은 그 세상이 일반화되
지 못하도록 막고 있는 구조적 힘들을 극복하기엔 불충분하다.[129] 사
회비평가 마이크 데이비스Mike Davis가 표현했듯이, '부자 나라에서
열리는 전시 프로젝트가 세상을 구하지는 않는다'.[130]

그러나 이런 유형의 탈출을 완전히 무시하는 실수를 범하지는
말자. 대항문화 공동체를 비롯한 의도적 공동체들은 필연적으로 규
모가 작고 수명도 짧지만, 정치·대중문화에 심오한 영향을 행사할
수 있다. 사회 중퇴자 히피와 전투적 레즈비언 분리주의자들은 오
늘날 높은 인지도를 지녔으며, 공동체의 전설은 여전히 (좋든 나쁘
든) 우리에게 미래 사회를 예시하는 대안이 무엇일 수 있는지 알려
준다.

급진적인 자비출판 전통과 공동체 주민들의 미디어(책, 잡지, 리스
트서브, 미디어 출연 등)를 통한 네트워킹 노력 덕분에 적극적으로 영향력
을 키운 탈출 공동체들은 그 물질적 형태와 직접적 야심의 규모에
비해 믿기 어려울 정도로 큰 영향력을 발휘했다. 정치적 상상을 확
장하는 데에는 여러 방법이 있다. 각종 이슈 – 특히 사회 재생산, 젠
더, 성 정치에 관한 이슈 – 에 시달리긴 했지만 1960년대와 1970년

대의 공동체들은 우리가 함께 살기에 대해 생각하는 방식을 바꿔놓는 데 큰 역할을 했다.[131]

어떤 집에 살 것인가

최근 몇 년간 단독주택의 대안들이 부상했다. 구체적으로는, 야심찬 전문직 직장인을 겨냥하여 수익을 내려는 부동산 개발이 이루어졌다. 지난 10년 사이 전 세계의 주요 대도시에서 급진적 수사를 기만적으로 활용한 – 예를 들어 '공유'라든가, 심지어 '공동체' 같은 단어를 사용한 – 신자유주의 공동 주거 공간이 등장한 것이다.[132] 주거 공간이 비교적 아기자기한 대신 상당히 폭넓은 공동 자원이 제공되는 이런 주택은 외면적으로 과거에 행한 주택 실험들의 꿈을 실현하는 것처럼 보인다. 그러나 이윤 추구를 목적으로 하는 속성과 땅값이 비싼 도심이라는 위치로 인해 여기에는 대부분의 사람이 감당할 수 없는 비용이 매겨진다. 이런 공간이 맞춤으로 겨냥하는 건 커리어의 사다리를 오르려 하는 젊은 미혼 노동자이다 – 즉 신자유주의 공동 주거 공간은 인맥을 쌓고 생산성을 높이고자 하는 전문직 종사자를 위한 가정판 '위워크WeWork'인 셈이다.[133] 그래서 이런 공간에 들어가는 공용시설은 보통 탁아소나 장기 돌봄 센터가 아니라 바, 코워킹 공간, 피트니스 센터다. 훨씬 더 급진적인 사촌 격인 코뮌과 마찬가지로, 이런 공간은 사람들에게 열려 있는 주거 선택지 중 '아주 작은 틈새'만 차지한다. 투자자들은 여전히 더 관습적

인 주택에 투자하는 쪽을 선호한다.[134]

오늘날의 주택은 무엇보다도 금융 자산으로서, '수집용 자동차의 가치가 쇼핑을 하러 가는 수단으로서의 활용도와 무관하듯 거주지로서 기능하는 능력과 거의 무관하다'.[135] 그 결과, 한편으로는 전 세계의 여러 도시에서 호화 주택이 폭증했고 다른 한편으로는 대부분의 사람이 재정적으로 부담할 수 있는 주택의 수가 부족해졌다.[136] 주택의 자산화와 그에 수반되는 부담 가능성 위기가 초래한 영향 – 열악한 생활 조건, (거의 치명적일 만큼) 위험한 저질 건물, 토지은행제도, 오로지 투자 목적으로 지어져 방치되고 썩어가는 주택의 존재 – 은 이미 널리 논의된 바 있다.[137] 그러나 여기서 우리의 관심은 이것이 어떻게 가정 모델의 다양화에, 나아가 탈노동 페미니즘 관점으로 가정을 재상상할 가능성에 찬물을 끼얹었는지 살펴보는 것이다. 역사학자 리처드 J. 윌리엄스Richard J. Williams가 지적했듯이, '고도로 발전된 시장경제에서 건물은 생활공간인 만큼이나 상품이기도 하다. 건물의 가격과 투자 대상으로서의 지속 가치는 실험을 억제한다'.[138]

주택이 우선적으로 상품이자 투자 수단으로 간주되고 취급되는 이상, 정치적으로 급진적이고 해방적인 주택 형태를 만들고 가정 리얼리즘을 뿌리 뽑으려는 노력은 큰 장벽을 맞닥뜨리게 된다. 넓게 보아 주택을 정치적 목적으로 설계한다는 발상 자체가 – 구체적으로 가사노동의 부담을 경감한다는 목적은 고사하고 – 갈수록 요원해지는 듯하다. 부담 가능성 위기는 주택을 소유할 수 있는 사람이 점점 줄어든다는 것을 의미한다. 따라서 주택의 설계나 개조에 관해 발언권을 지니지 못한 사람이 다수가 될 거라는 의미이기도 하다. 주택 소유를 기반으로 하는 사회를 건설하려는 상당한 노력에도 불구하고 현실에서 내 집 장만은 많은 이들에게, 특히 젊은 세대에게 불가능한 꿈이 되었다. 실제로 그사이 민간 임대주택 부문이 유의미하게 성장했고 아예 노숙자인 사람도 상당히 늘어났다.[139]

이런 맥락에서 단일 가정만을 위한 – 심지어 교외에 위치한 – 주택에 대한 욕망을 온전히 이데올로기적 눈가리개의 탓으로 돌려서는 안 될 것이다. 단독주택과 주택 소유가 정부 차원에서 공산주의에 대항해 자본주의를 확장시키고 공고히 할 수단으로서 동원된 건 사실이다. 주택과 토지는 경제적 자산일 뿐 아니라 주체성을 만들어내는 기술로서, 개인에게 맞춰진 방식으로 주의를 분산시켜 다양한 주택 소유자의 정치적 순응을 유도하고 유지하는 기능이 있다. 그러나 우리는 우리 시대에 주택 소유가 (비뚤어지고 불공평하며 유지 불가능한 형태로라도) 제공하는 사생활과 공간 통제권에 대한 진정한 욕구를 완전히 무시하지 않도록 경계해야 한다. 우리의 목표는 단순히 하나의 주거 형태를 비난하고 다른 형태를 정답으로 규정하는 것이 아니라 사람들이 최대한 자신의 환경을 통제하고 가정생활이 이루어지는 방식과 장소에 관해 스스로 의미 있는 의사 결정을 내릴 수 있게 해주는 방법을 찾아내는 것일 테다.

풍부한 가능성이 넘실댔던 20세기 초, 주택에 대해 근본적으로 재고할 기회가 열려 있었던 기간은 대체로 끝났다. 물론 지금도 가정의 사회적·공간적 관계에 관해 실험을 이어나가는 선구적 집단과 개인이 존재한다. 하지만 그런 실험 중 대다수가 단편적이고, 범위가 한정되었으며, 물질적 지원이 부족하다. 어떤 실험은 그것이 비판하는 단독주택만큼이나 고립되고 원자화된 것처럼 보인다. 그러나 한계가 있다고 반드시 실패했다는 뜻은 아니다. 많은 공간 실험이 공간 자체로서는 성공한다. 하지만 실험의 목표가 가정 리얼리즘에 도전하고 물질적 헤게모니에 대항하여 사생활에 관한 새로운 선택지를 여는 것이라면, 문화에 더 파급력을 미칠 수 있는 변화가 필요하다. 이를테면 '남성이 이끄는 가족과 단독주택의 특권적 지위를 보존하고' 인위적으로 강화시키며 다른 대안이 번성할 가능성을 억압하는 각종 문화적·정치적·법적 지원을 약화시켜야 할 것이다.[140] '관습적 주택의 대안이 너무나 적은 현재 상황에서, 우리는 선택지가 주어졌을 때 각 가정이 실제로 어떤 선택을 할지 알지 못한다.'[141] 모범 답안을 제시하지 않으면서 사람들에게 선택권을 줄 수 있는 방법은 무엇일까? 주택과 도시 설계가 우리 모두에게 미치는 영향을 인식하고 존중하는 동시에, 가정이 단순한 피신처가 아니라 (고도로 젠더화된) 일터라는 사실도 알아차리려면 어떻게 해야 할까?

6

어떻게 요구할 것인가

> 풍족함의 약속은 제품들을 끝없이 공급하는 것이 아니라
> 불쾌한 노력을 최소화하면서 충분히 생산하는 것이다.[1]
>
> G. A. 코헨

시간이 나의 것일 때

이 책의 핵심은 시간이었다 – 어떤 탈노동, 탈자본주의 세상의 핵심도 같을 것이다. 우리가 그리는 사회의 목표는 자유의 영역을 확장시킴으로써 사람들이 '시간을 어떻게 쓸 것인가?'라는 물음을 의미 있게 던질 수 있도록 (그리고 답할 수 있도록) 하는 것이다.[2] 그런데 이런 물음이 성립하려면, 우선 우리의 시간이 우리 소유여야 한다. 우리의 시간이 '자유 시간' – 노동운동에서 사용하는 고전적인 언어를 빌리자면 '우리가 하고자 하는 것을 위한 시간' – 이어야 한다.

자본주의 아래서 우리의 시간은 많은 부분이 우리 소유가 '아니다'. 빚더미에 앉은 빈곤한 노숙자가 되지 않기 위해 우리는 우리

의 시간을 타인에게 팔아야만 한다. 생계를 이어나갈 수단이 필요한 우리는 이른바 '가용 시간'의 3분의 1 가까이를 남에게 바쳐가며 임금을 확보해야만 한다. 따라서 진정한 자유는 첫 번째 조건으로서 경제사학자 아론 베나나브Aaron Benanav가 '풍요'라고 부르는 것, 즉 '누구도 자신의 존재 수단을 다른 사람과 맺은 관계에서 위협받지 않는다는 원리를 바탕으로 하는 사회적 관계'를 요구한다. 이런 조건이 보장될 때 모든 사람이 '어떻게 먹고살까?' 대신 '사는 동안 무엇을 할까?'라는 물음에 답을 찾으며 살아갈 수 있을 것이다.[3]

진정한 자유는 또한 지배(즉 타인으로부터의 임의적 간섭)의 부재를 요구한다 – 최근 사회주의자들과 노동공화주의자들이 주목하는 부분이다.[4] 자유주의에서 이야기하는 간섭 개념과 달리, 공화주의에서는 지배자가 위력을 절대 실행하지 않기로 선택할 때조차 지배가 일어날 수 있다고 본다. 임의적 간섭의 가능성이 존재하는 것 자체만으로 지배가 성립하기에 충분하다. 예를 들어 가부장제는 여성이 살면서 실제로 만나는 모든 남성이 윤리적이고 공평하게 행동하기로 선택할 때조차 여성이 사고하고 행동하는 방식을 지배할 수 있다. 사회주의 공화주의자들의 관점에서 지배는 일터와 시장에서 임금노동을 매개로 이루어지는 관계의 특징이기도 하다.[5] 일터에서 노동자는 상사에게 임의적으로 간섭당할 수 있고, 시장에서는 '모든 사람'이 비인격적 시장의 변덕에 속수무책으로 당할 수 있다.[6] 사회주의 공화주의자들은 여기에 초점을 맞추어, 우리의 생계를 좌지우지하는 관계들을 강조한다. 진정한 자유를 위한 전제 조건은 이런 유형의 지배를 극복하는 것이며, 그다음에야 우리는 우리의 시간을 어떻게 사용할지 자문할 수 있다.

진정한 자유는 긍정적 형태를 취한다 – 어떤 제약조건이나 지배'로부터의' 자유일 뿐 아니라 정체성, 규범, 사회적 세계에 참여하고 그것들을 조합하기 '위한' 자유이기도 하다는 뜻이다. 다시 말해 자유의 영역에도 의무는 있다. 자유의 영역이란 우리가 그 자체를 목적으로 혼자 또는 남들과 함께 선택하고 '그 일을 하면서 우리 자신을 알아차릴' 수 있는 프로젝트들의 영역이다.[7] 이런 의미를 지닌 자유에서 일상적 노동과 여가 개념은 구별하기 어려워진다. 이 프로젝트들이 엄청난 노력을 요구하기 때문이다. 마르크스가 썼듯이, '가령 작곡처럼 진정으로 자유로운 일이야말로 동시에 가장 지독하게 진지하고 가장 치열한 노력이다'.[8] 그러나 아무리 부담스럽고 불만스럽고 성가실 수 있는 활동이라도, 물질적 필요로 인해 강압적으로 하게 되는 게 아니라 우리가 그 활동 자체가 좋아서 스스로 한다면 자유로운 활동이다.

그렇다면 사회 재생산이라는 일은 어떠할까? 사회 재생산 일거리는 존재할 수 있는 어떤 사회에나[9] 필요의 영역 – 우리가 살아 있는 사회적 존재라서 필요해지는 활동들 – 이 있음을 명백히 보여준다.[10] 생물학적·사회적 필요에 의해 결정된 이상, 사회 재생산 노동은 반드시 요구된다. 다만 어떤 일이 요구되는지는 역사적으로 다소 차이가 있다. 21세기에 삶에서 필수로 여겨지는 것은 200년 전에 필수로 여겨졌던 것과 매우 다르다. 게다가 재생산 노동을 피할 수 없다고 해서, 그것이 더 유쾌하고 만족스럽고 사교적이고 효율적으로 행해지도록 개선시킬 수 없는 건 아니다. 우리는 살기 위해 먹어야 하지만, 식품을 생산하고 수확하고 요리하고 내놓는 과정은 문화에 따라 크게 상이하며 많은 부분이 달라질 수 있다. 노동조건의 개선은 노동운동이 처음 시작된 때부터 노동자들이 꾸준히 요구하고 있는 주된 사항이고, 생산 조건을 더 많이 통제하게 해준다는 건 탈자본주의 사상에서 핵심적인 약속이다.

그런데 필요의 영역과 자유의 영역 사이에 선을 그으려 할 때, 사회 재생산 노동은 흥미로운 위치에 놓이게 된다.[11] 사회 재생산 노동은 필요에 의해 결정되지만(따라서 필요의 영역에 속한다) 동시에 자유로운 선택에 의해 결정될 수도 있다(따라서 자유의 영역에도 속한다). 우리의 육아 경험이 그 좋은 예다. 쉴 새 없이 기저귀를 갈고 밤잠을 제대로 자지 못하는 고생 속에서도 – 첫째는 아프고 막내는 좀처럼 달래지지 않고 둘째는 성질을 부리고 있을 때에도 – 우리는 우리가 대체로 자유롭게 선택한 프로젝트에 참여하고 있음을 인식할 수 있다. 우리가 성취감을 느끼기 어려운 개별 업무를 수행하는 것은 큰 그림에서 만족스러운 결과를 얻기 위해서다. 많은 사람들이 즐겁고 뿌듯하게 느끼는 요리 활동에도 같은 논리가 적용된다. 뜨거운 오븐 앞에 서서 노동하는 건 그 자체로 성취감을 주는 일은 아니지만, 스스로 정한 더 큰 목표의 맥락에서는 자유롭게 선택한 활동의 특질을 취할 수 있다. 이런 사례는 필수 노동조차도 적절한 조건에서는 자유로울 수 있음을 보여준다.

이런 점들을 염두에 둘 때 탈노동 프로젝트는 한결 설명하기 쉬워진다. 탈노동 프로젝트의 목표는 필수 노동(즉 '일')을 가능한 한 줄이는 동시에 자유(즉 '자유 활동')를 가능한 한 확장하는 것이다. 그 방법은 기술로써 노동을 줄이는 것, 노동을 분담하는 것, 기대를 관리하는 것일 수도 있다. 또는 수행하는 활동과의 관계를 조정하는 것일 수도 있다. 탈노동 세상에서는 짐스러운 사회 재생산 일거리가 최소화되는 한편, 그중 자유롭게 선택한 유쾌한 활동에 집중할 수 있을 것이다. 현재 우리가 처한 상황은 정반대에 가깝다 – 우리는 아이들을 텔레비전 앞에 앉혀둔 채, 각종 의무로 빼곡한 정신없는 일정 사이에 급하게 먹을 기능성 식품을 요리한다. 이게 최선은 아닐 테다.

필요의 영역과 자유의 영역 사이의 구별을 길잡이 삼아, 이번 장에서는 탈노동 개념을 기반으로 하는 미래의 사회 재생산이 어떤 모습으로 조직될 수 있는지에 대한 비전을 제시하려 한다. 탈노동 세상에서는 사람들의 기본 필요가 충족되었다고 전제하는데, 생존에 매달려야 하거나 자본주의 고용주들이 제공하는 선택지에 의해 삶을 제약받을 때엔 자유가 실현될 수 없기 때문이다. 그러므로 탈노동 세상은 곧 '탈부족' 세상이다 – 상품이 넘쳐나는 세상이 아니라 자신의 시간을 남에게 팔지 않아도 인생의 필수 요소에 접근할 수 있는 세상이다.

더 나은 세상을 위한 원칙

여기서 우리의 목표는 미래의 청사진을 제시하는 것이 아니라 – 마치 그러한 작업이 불가능하지 않은 것처럼 – 원칙을 다듬고,

앞으로 나아가기 위한 구체적인 가능성을 제시하는 것이다. 지금껏 논의된 내용을 고려할 때 우리는 더 나은 세상을 건설하기 위한 핵심 원칙이 (적어도) 세 가지가 있다고 생각한다. 공동 돌봄, 공공 호사, 시간 주권이 그것이다. 우리는 각각의 개념을 하나씩 설명한 다음, 그것들이 어떻게 결합되어 사회 재생산을 위한 탈노동 미래를 가능하게 할지에 관해 몇 가지의 개략적 제안을 하려 한다.

공동 돌봄

우리의 논의를 이끄는 첫 번째 원칙은 '난잡한 돌봄'promiscuous care'[12]*, '공통 돌봄'care in common'[13], '가족 폐지' 등 다양한 용어로 표현되어온 공동 돌봄이다. 특히 가족 폐지는 오래전부터 논란의 대상이 되어왔다. 1848년에 마르크스와 엥겔스는 가족 폐지가 19세기 사회주의의 상상에 굳건히 자리잡았다는 사실을 언급하며 '공산주의자들의 이 악명 높은 제안에는 가장 급진적인 사람조차 벌컥 화를 낸다'라고 썼다.[14] 가족 폐지 개념은 1970년대에 제2세대 페미니즘과 더불어 부활했고, 최근에는 사회주의 급진주의자들의 핵심 요구사항으로서 다시금 가시화되었다.[15] 이 용어 자체가 여전히 사람들의 '감정을 자극하여 폭발시키며'[16], 지금 이 말을 꺼내면 정치 스펙트럼 전역에서 (다소 보수적인) 비판적 반사 신경을 자극할 것이 불을 보듯 뻔하다.

---

* 1980년대에 인권활동가 더글러스 크림프Douglas Crimp는 에이즈가 유행하는 원인을 게이들의 '난잡함'으로 돌리는 비난에 맞서 '난잡함'을 '가능한 한 많은 사람들과의 무차별적 관계 맺음'이라는 의미로 전복시켜 사용했다. '난잡한 돌봄'이란 이렇듯 제한된 관계를 넘어 관계를 확장시키는 돌봄 관계를 의미한다 – 옮긴이

바로 이런 이유로 우리는 '공동 돌봄'이라는 용어를 선호한다. 차근차근 속속들이 살펴보지 않는 이상, '가족 폐지'라는 말은 자녀를 부모에게서 억지로 떼어 기숙사로 보내는 전체주의를 너무 쉽게 연상시킨다(몇몇 서구의 민주주의 국가에서 실제로 발생한 일이다 – 캐나다가 원주민 아동을 어떻게 취급했는지, 미국이 '아동 복지'에 어떻게 접근하는지 알아보길).[17] 가족을 자본주의 아래서 몇 되지 않는 실용적 돌봄 자원으로 여기는 이들에게선 당연히 가족을 방어하려는 움직임이 있었다.[18] 우리는 진정한 논점을 전면으로 내세우는 '공동 돌봄'이라는 용어가 '가족 폐지'보다 편리한 약칭으로 기능하길 희망한다. 우리가 논하고자 하는 것은 (불공평하게 분배되었을지언정) 높은 가치가 있는 안전망의 즉각적 폐지가 아니라 돌봄 관계의 해방적인 '변혁'과 '확장'이다.

공동 돌봄 개념의 동력이 되는 여러 주장은 놀라울 정도로 다양한 – 플라톤, 마르크스, 칼럼니스트 데이비드 브룩스David Brooks를 아우르는 – 정치적 입장에서 유래한다.[19] 많은 이들이 주목했듯, 가족은 과거에나 지금이나 가부장 권력의 보루다. 가족은 또한 여러 세대에 걸쳐 부를 집중시키고 그에 관련된 불평등을 영속시키는 강력한 체제다. 마르크스와 엥겔스는 이런 관점에서 상속의 폐지를 주장했고, 존 롤스조차 평등한 기회가 주어지는 사회는 가족의 존재와 양립할 수 없다고 믿었다.[20]

그리고 많은 이들이 행복하고 만족스러운 가족생활을 즐기는 반면(우리도 이런 측면에서 큰 행운을 누리고 있다고 생각한다) 적대적이고 비협조적이고, 심지어 위험한 가족에 속한 사람들도 있다. 전 세계 여성의 27퍼센트가 연인이나 배우자로부터 신체적·성적 폭력을 경험했다는 사실을 고려할 때, 여성에게 집은 세상에서 가장 위험한 장소 중 하나다.[21] 가족 내 노인 학대도 여러 국가에 널리 퍼져 있다.[22] 1990년대 중반에 일본에서 수행된 한 연구에서, 설문조사에 참여한 돌봄 제공자 중 절반이 친척을 학대한 적이 있으며 3분의 1이 돌보는 사람에 대하여 증오를 느낀 적이 있다고 답했다. 가족이 이성애 중심의 규범에서 벗어나는 구성원에게 불친절한 것 역시 하루 이틀의 일이 아니다. 힐 말라티노Hil Malatino가 썼듯이, LGBT* 인구의 유의미한 비율이 '아예 가족이 없다. 살다 보니 어느 순간에 가족을 잃었다. 가족에게 거부당했다. 살아남기 위해 그들에게서 탈출해야 했다'라고 보고한다.[23] 퀴어 청년이 커밍아웃을 한 뒤 노숙자가 되고 부모로부터 학대받는 경험의 비율이 높은 데서도 이를 엿볼 수 있다.[24] 가족은 흔히 안전한 공간으로, 적대적 세상으로부터의 피신처로 이상화되지만 현실에서는 수백만 명의 사람들이 가족을 전혀 다르게 경험한다.

이런 비판들은 물론 무의미하지 않다. 하지만 가족에 대해 제기되는 이의 가운데 이 책의 구체적인 목적과 가장 밀접한 것은, 가족이 지나친 요구로 인해 과중한 부담을 지고 있는 사적 돌봄의 체계라는 것이다. 거의 20퍼센트에 달하는 핵가족의 구성원이 다른 가족과 같이 살지 않음을 고려하면, 가족이 돌봄의 수단으로서 충분하다고 주장하기는 어려워진다.[25]

이 책의 앞부분에서 논했듯이, 가족제도는 사회 재생산 노동을

---

* 레즈비언 Lesbian, 게이 Gay, 양성애자 Bisexual, 성전환자 Transgender의 첫 글자를 따서 만든 말로, 성소수자를 지칭한다 – 옮긴이

조직하는 방법으로서 분명히 비효율적이다. 자본주의자들은 가족을 점점 늘어나는 일과 책무를 떠밀 일종의 완충장치로 써먹고 있다. 이런 종류의 압박이 가해질 때 가족은 표면상의 기능을 더욱 왜곡해서 표출하게 된다. 팬데믹으로 인한 봉쇄 기간에 가정 폭력이 극적으로 솟구친 것이 생생한 증거다. 외부 세계의 위협에서 물러난 가족의 구성원들은 이제 서로에게서 탈출하지 못하는 비극적 상황에 처했다.[26] (여기서 우리는 가정 영역이 항상 공적 영역으로부터의 안식처가 아니라는 것을 확인하게 된다. 도리어 공적 영역이 가정 영역으로부터의 안식처일 수 있다.) 이 모든 사실이 입증하는 바, 가족은 사회의 돌봄 요구를 충족시키는 유일한 체제가 될 수 없고 되어서도 안 된다.

공동 돌봄은 이런 문제들을 바로잡기 위해 이중의 접근법을 제공한다. 첫째로 돌봄 관계를 핵가족이라는 하나의 틀 안으로 한정하려는 법·문화·경제 차원의 장려책을 폐지하는 것이다. 가족에 대해 다른 장에서 살펴보았듯이, 일련의 문화적 규범과 법적 규제로 인해 기성 가족 형태를 취한 이들은 유의미한 혜택을 받을 수 있는 반면, 대안적 돌봄 환경을 채택하려는 (혹은 그럴 수밖에 없는) 이들은 훨씬 더 난처한 상황에 놓인다. 이렇듯 돌봄은 '인위적 불충분의 정교한 편성'에 종속되어 있다.[27] 이런 강압을 바로잡는 것이 우리의 목표다. 작가 리처드 시무어Richard Seymour는 이렇게 썼다.

'가족'이 보수적인 사회 목표를 허락하는 이데올로기적 신비화인 이상, 가족은 탈자연화되어야 한다. '가족'이 국가와 자본이 키워낸

지식인들이 합심하여 사람들에게 시장에 의존하도록 장려하고 그
들을 다양한 방면에서 국가에 순응적이고 책임이 있는 존재로 만드
는 것을 목표로 하는 반사회적 프로젝트인 이상, 목표는 그 전복이
어야 한다. '가족'이 사회화될 수 있는 돌봄 및 재생산 노동의 책무
를 홀로 끌어안은 혈족 기반의 가정 단위인 이상, 목표는 선택의 영
역을 확장하고 가족에 의존하도록 하는 강압적 장려책을 완화하는
것이다.[28]

현재 사람들은 자신이 어떤 돌봄 관계에 진입하는지를 자유롭
게 선택하지 못한다. 오래된 속담처럼 '친구는 선택할 수 있지만 가
족은 선택할 수 없다'. 그런데 가족을 선택할 수 있다면 어떠할까?
혹은 생물학적 혈족 관계에 국한되지 않고 동료애와 상호 원조 같
은 여러 방면에서 충분한 돌봄이 제공되는 세상을 상상할 수 있다
면 어떠할까?

공동 돌봄의 두 번째 핵심 강령은 현재 가족 단위에 할당된 책
무를 더 잘 이행할 수 있는 대안적 제도를 만들어내는 것이다. 요점
은 (당황스럽게도 상황이 가장 좋았을 때조차) 가족 내에서 결합되
어온 여러 기능을 해체하여, 현재 가족의 손에 맡겨진 요구들을 충
족시킬 일련의 새로운 제도와 방식을 만들어내는 것이다. 부모가
반드시 자녀의 모든 돌봄 요구를 충족시켜야 할까? 부모가 자녀의
교육자, 친구, 지도자, 멘토, 그 모든 것이 되어주어야 할까? 배우자
와 연인에게도 똑같은 질문이 적용된다. 배우자가 정말 우리에게
'모든 것'을 의미해야 할까? 가족 폐지는 (공동 돌봄 역시) 여기에

그렇지 않다고 답한다.

우리는 이런 다양한 필요를 더 잘 채워주는 돌봄 제도의 생태계를 만들 수 있다.[29] 목표는 '가족 자체가 아니라 가족을 필요로 하는 사회를 변혁시키는 것'이다.[30] 이렇게 급진적으로 달라진 세상에서 보호는 '내부에 비축되는 게 아니라 외부에서 제공되는' 것이 될 테다.[31]

공공 호사

우리의 주장을 이끄는 두 번째 원칙은 공공의 호사다. 유한한 세계에서 이 개념은 무엇을 의미할 수 있을까? 보편적 호사를 담보하기엔 우리의 자원이 불충분하지 않을까? 게다가 호사는 일반적으로 지위 재화positional good − 즉 소수만 접근할 수 있다는 이유만으로 갈망되는 순수한 지위 과시용 재화 − 로 여겨진다. 그렇다면 모두가 접근할 수 있는 호사란 형용모순이 아닐까? 그러나 우리는 다른 유형의 호사와 구별되는 − 배타성이 아니라 '품질' 개념을, 단순한 필요보다 생활을 기준으로 하는 − 공공 호사를 상상할 수 있다. 어쨌거나 '노동계급이 누리기에 너무 좋은 물건이란 없다'.[32]

도시에서 이는 기반 시설의 호사를 의미할 것이다. 개인적 필요를 충족시킬 수 있는 사적 공간은 새로이 부활한 공동 시설에 의해 다방면에서 강화된다. '훌륭한 도심 공원, 무료 개방되는 박물관, 도서관, 인간과 상호 작용할 무한한 기회'를 제공하는 자유 시간 기반 시설을 상상하기는 어렵지 않다.[33] 이런 호사로운 기반 시설이 공급된다면 자유가 단순히 텅 빈 시간이 아니라 사람들이 자신의 역량을 계발하고 집단 프로젝트를 추구할 기회를 얻게 해주는 것이라는 개념이 보장될 것이다.[34] 특히 미국과 영국에서 공공 공급은 다른 방법이 전혀 없을 때 의지하는 최후의 수단으로 – 사회 최빈곤층을 위한 질 낮은 공급으로 – 간주되지만, 공공 호사에서 요구하는 수준은 그보다 높으며 헬싱키의 호화로운 오디 도서관, 모스크바의 유명한 지하철역, 빈의 우아한 공공주택 같은 장소에서 영감을 얻는다. 공공 호사에 대한 요구는 부활한 21세기 사회민주주의가 내세울 전투 구호가 될 수 있다.

이 책의 앞부분에서 살펴보았듯, 현재 사용할 수 있는 가정 기술은 효율적인 집단화보다 개인 소비자를 겨냥해 설계되었으며 단독주택을 매개로 하는 사회 재생산 조직은 심한 낭비를 유발하고 있다. 공공 호사 모델은 이에 대항하여 일부 가사노동을 집단화하고 가정에서 가사를 들어내는 데 필요한 기반 시설을 제공할 것이다. 규모의 효율성이 달성될 것이고 기술은 실사용자에 의해, 실사용자를 위해 적합하게 설계될 것이다. 나아가 재생산 서비스를 지역사회와 동네에 제공함으로써 현재 분산된 교외 거주 형태에서 소요되는 이동시간이 크게 절약될 것이다.

마지막으로, 공공 호사에서는 도구의 공동 소유를 통해 자유가 확장될 것이다 – 그로써 값비싼 장비를 먼지만 쌓이게 놓아두는 배타적 사유재산제도와 달리, 중요하지만 사용 빈도는 낮은 가정 제품들에 대한 집단 접근권이 열린다.[35] 물론 집단적 선택지를 사용할 수 있다고 해서 개인적이거나 더 노동 집약적인 접근법이 반드시 금지되는 건 아니다. 철학자 마틴 하글런드Martin Hägglund는 식기세척기에 대한 설득력 있는 논의에서 이를 짚었다.

> 자유의 영역을 확대하는 핵심은 어떤 행위를 자유로운 것으로 간주
> 할지 사전에 결정하거나, 살아 있는 노동을 가능한 한 죽은 노동으
> 로 대체하라고 규정하는 게 아니다. 오히려 자유의 영역을 확대하
> 는 핵심은 이런 질문이 우리의 물질적 조건에 의해 결정되는 게 아
> 니라 개인과 집단이 논의할 대상으로서 진정한 의미의 질문이 될
> 수 있도록 하는 것이다. 식기세척기를 갖고 있을 때, 손으로 설거지
> 를 하는 건 필수가 아닌 선택이 된다.[36]

이 개념은 더 널리 확장될 수 있다. 식품이 대규모로 생산되기
시작했다고 해서 사람들이 직접 먹거리를 기르는 일이 금지되진 않
는다. 대규모로 의류가 생산된다고 해서 사람들이 직접 천을 짜고
옷을 만들지 못하는 건 아니다. 집단화된 선택지의 등장과 더불어
이런 활동을 하는 것에 들어가는 계산은 분명히 달라지지만, 그로써
특정한 접근법을 의무적으로 택하지 않아도 될 때 비로소 '자유롭게
선택'할 기회가 생겨난다. 직접 먹거리를 기르고 옷을 디자인하는
것은 매일 살기 위해 하는 일이 아니라 자발적 활동이 될 수 있다.
　자유에 따르는 핵심은 선택권을 갖는 것이다. 따라서 공공의 호
사는 시간을 절약하는 방법이 '의무'는 아니더라도 모두에게 가능
한 선택이기를 요구한다. (예를 들어 사람들이 집에서 요리하는 걸
포기하거나 자녀를 직접 양육하는 걸 금지해야 한다고 주장하는 사
람은 없다.) 뒤에서 논하겠지만 탈자본주의 세상에서 일어나는 규

범과 목표의 복잡한 상호작용으로 인해, 공공 호사를 위해 채택되는 기술은 오히려 이전보다 단순한 형태를 취할 수도 있다. 상상 속에 존재하는 '인류 타락 이전의' 유토피아로 돌아가자는 뜻은 아니다. 그러나 우리는 몇몇 의도적 공동체처럼 우리가 다룰 줄 아는 기술과 생태적 인식을 염두에 두고 삶의 방식을 택할 수 있다. 중요한 건, 지금처럼 자본가들이 결정한 대로 기술을 쓰는 게 아니라 우리가 의식적으로 결정한 기술을 사용한다는 것이다. 공공 호사는 그러므로 해방적 미래에 대해 상상하려는 시도의 기본적이고 핵심적인 요소가 된다. 모든 사람이 모든 것을 누릴 수 있는 것, 우리는 그 이하로는 타협할 수 없다.

시간 주권

자유의 영역에서 우리는 '삶을 어떻게 할 것인가'라는 질문에 직면하게 된다. 다시 말해, 우리의 시간에 대한 주권을 어떻게 할 것인가? 하글런드는 이렇게 썼다.

'우리가 무엇을 하고, 무엇을 말하고, 누구를 사랑할지 정해져 있다면 – 요컨대 우리의 시간을 어떻게 할지 정해져 있다면 – 우리는 자유롭지 않을 것이다.'[37]

자본주의 아래서 우리에게는 무엇을 할지 고민하는 공간이 거의 주어지지 않는다. 자유에 관한 질문은 사전에 차단된다. 우리 대다수는 생존하는 대가로 1주일에 40시간 이상을 포기해야 하며, 일반적으로 매일 무엇을 할지 스스로 결정할 수 없는 일자리 몇 개 중 하나를 선택해야 한다. 자본주의는 명백히 근로 중에 우리의 시간을 규제하며, 그 영향은 생산 과정을 넘어 사회 전체로까지 확장된다. 시간을 규제하는 자본주의의 힘은 체계적으로 확장되어, 개인이 직면하는 결정은 물론이요 생태 환경의 변화에 영향을 미치고, 제국주의적 갈등을 일으키기까지 한다.

철학자 코딜리어 벨튼Cordelia Belton이 설명했듯, 자본주의 아래서 '가치'가 조직되는 원리는 서로 경쟁 관계에 있는 우리 삶의 가능성들의 교환 관계를 직접 규제하며, 그럼으로써 우리가 소중히 여기는 여러 가치와 갈등을 빚는다.[38] 개인적 차원에서, 자본주의의 가치는 모든 상품, 활동, 경험을 측정하는 단위를 하나로 통일함으로써 우리가 지닌 시간으로 무엇을 선택할지에 관해 유의미한 제약을 건다. 임금노동에서 하루 휴가를 내는 것은 사랑하는 사람과 보내는 시간을 늘릴 수 있다는 뜻이지만, 동시에 월급이 줄어든다는 뜻이다. 아이에게 외국어를 가르치는 대신 밖에서 뛰어놀게 하면 모두 더 즐겁겠지만, 아이에게 미래의 일꾼이 될 준비는 덜 시키는 셈이 된다. 배달 음식을 주문하면 요리와 설거지에서 하루 저녁 해방될 수 있지만, 월말에 낼 카드값이 늘어난다.

이렇듯 자유 시간에 내릴 수 있는 선택들은 하나의 가치 환산 체계에서 신중하게 계산할 대상이 된다. 가치는 여러 선택지 간의 관계를 상당 부분 결정하고, 선택지를 대폭 좁힘으로써 우리가 시간을 어떻게 보낼지에 관한 표면상으로는 자유로운 결정에 대해 다소 명확한 답을 제시한다. 기준에 관해 다룬 장에서도 같은 현상을 목격한 바 있다. 집중양육은 심하게 불평등한 사회가 제시하는 장려책에 대한 합리적 반응이다. 위생 기준의 강화는 더 많은 제품을 판매하고자 광고주들이 부추긴 것이다. 분주함은 노동 윤리가 지배하는 세상에서 마냥 미덕으로만 여겨진다. 가정주부의 이데올로기는 가사노동의 가치 절하에 의존하는 사회에서 유용하게 기능했다. 물론 자본주의가 유일한 배후 요소는 아니겠지만, 이런 현상들을 사회적으로 중요하게 만들고 사람들의 삶을 제약하는 주요한 힘인 건 틀림없다.

탈자본주의 아래서는 상황이 크게 달라진다. 축적을 위한 축적을 요구하는 자본주의의 강령은 더 이상 모든 규범이 순응해야 하는 규제적 메타규범으로 작동하지 않으며, 그 인력이 다른 규범들을 왜곡시키는 일도 없다. 새로 발견된 - 양적으로나 질적으로나 새로운 - 자유 시간은 진정한 자유의 문제를 열어젖힌다. 케인스는 다음과 같은 유명한 질문을 던졌다.

'인간은 창조 이래 최초로 진정하고 영구적인 질문에 직면하게 될 것이다 - 경제적 문제의 압박에서 벗어난 자유를 어떻게 활용할 것인가, 과학과 복리가 얻어준 여가 시간을 무엇으로 채워서 현명하고 기분 좋게 잘 살아갈 것인가.'[39]

그런데 케인스의 '질문'은 자본주의적 가치 개념에 의해 조직된 사회 내에서는 이해될 수 없다 - 이 질문이 이해되려면 가치의 체계적 지배가 강요하는 가능성들이 작동을 멈추고, 등가교환에 대한 평가에 이의를 제기할 수 있어야 한다.

명료하게 말해, 시간 주권은 단순하게 우리가 개인적으로 원하는 무엇에든 시간을 쓸 수 있는 자유를 의미하지 않는다. 우리는 사회나 자연의 연결 관계에서 스스로 분리해낼 수 있는 단자가 아니기 때문이다. 우리는 사회적 존재이며, 따라서 시간 주권이 있다는 건 우리 자신의 규범과 의무를 우리가 살아가는 집단 내에서 스스로 결정한다는 의미다. '자유로워진다는 건 사회 세계로부터 자유로워지는 문제가 아니라 자신이 속박된 사회적 규범 내에서 스스로 참여하고, 변혁하고, 인식하기 위해 자유로워지는 문제다.'[40]

시간 주권은 또한 우리가 무엇을 – 또한 어떻게 – 해야 할지의 문제가 영원히 논쟁에 열려 있음을 의미한다. 특히 우리가 대부분의 의사 결정을 내리는 기틀인 묵시적 사회 규범에 대해 논쟁하는 것이 중요하다. 기준을 다룬 장에서 보았듯, 그런 규범들에는 지배력이 깃들 수 있다.[41] 예를 들어 청결, 예의, 자기표현 등에 대한 규범은 무보수 가사노동의 환경과 행위에 대해 젠더화된 기대를 부과한다.[42] 집중양육에 대한 기대는 유독 여성에게로 향하는 경향이 있으며, 현실적으로 충족할 수 없는 기준을 충족하지 못한 데서 솟아나는 죄책감 역시 그러하다. 시야를 넓혀보면, 가족을 다룬 장에서 보았듯 젠더 규범은 여전히 무보수 가사노동을 여성에게 더 많이 – 가장 젠더 평등한 사회에서조차 – 분담시키고 있으며 여성의 자유 시간은 여기서 부정적 영향을 받는다.[43]

미래 사회에서 이런 규범을 모두 논의하려면 타인과 계속 민주적으로 교류할 수밖에 없다 – 우리는 어느 수준에서나 '항상' 우리가 집단적으로 무엇을 해야 하는가에 관한 질문에 답하는 사회 규범과 프로젝트를 세우고 있기 때문이다. 따라서 시간 주권의 또 다른 중요한 측면은 우리가 고민해서 우리에게 필요한 구조 – 즉 우리가 스스로 집단 프로젝트를 협상하고 결정하게 허락하는 '자유의 제도' – 를 직접 만드는 것이다.⁴⁴ 여기에는 개인이 자신의 길을 스스로 결정하도록 허락하는 체제 역시 포함된다.⁴⁵ 결국 탈노동, 탈부족, 탈자본주의 세상은 논쟁과 갈등이 사라진 세상과는 거리가 멀다. 그 세상에는 선택 가능한 상이한 가치들이 존재할 것이다. 자본 축적이라는 규제적 메타규범이 붕괴되고 나면, 그제야 여러 가치에 대해 의미 있는 고민이 시작될 수 있다.

다양한 시도와 제안

그렇다면 탈노동 미래에서 사회 재생산에 들어가는 필수 노동은 어떤 모습을 띨까? 제일 중요한 건 필수 사회 재생산 노동이 공정하게 분담되는 것이다 – 다시 말해 능력에 따라 분배되고, 필요에 따라 제공되는 것이다. '모든 사람'이 자신의 자유 프로젝트에 힘쓸 수 있도록 필수 노동은 반드시 공유되어야 한다. 그러지 않으면 계속해서 너무 많은 시간을(다시 말해 인생을) 일에 잃게 되는 사람들이 생긴다.⁴⁶ 가사노동이 '여성의 일'로 간주되거나 '더러운 일'이 이민자 또는 유색인종 여성의 전유물로 여겨지던 시대는 흘러간 과거가 될 것이다. 탈노동 미래를 향한 (작긴 해도) 즉각적 발걸음으로서 우리는 모든 사람을 사회 재생산 책무를 지닌 개인으로 간주하여 지원하는 것을 목표로 하는 낸시 프레이저Nancy Fraser의 '보편적 돌봄 제공자 모델'과 같은 것을 고려할 수 있다.⁴⁷

이 모델에서는 돌봄의 리듬을 기준으로 삼고, 생산과 재생산 둘 다에 대해 개인이 지니는 결합된 책무를 중요하게 받아들이며, 유연 노동과 시간제 노동의 필요성을 인식하여 평등을 함양한다. 정부 정책의 목표는 일터와 가정 사이의 전환을 용이하게 하고, 지역사회 기반의 공공 돌봄 체계를 지원하고, 모두에게 더 많은 임금노동을 강요하지 않는 방식으로 노동의 전통적 젠더 분화를 해체하는 것이다.

탈노동 세상에서 우리는 사회 필수 노동이 더 전면적으로 공유될 거라고 상상할 수 있다. 필수 재생산 노동은 모두의 할 일로, 나아가 그 공평한 분담은 개인의 의무이자 자유로운 사회에 대한 기여로 여겨지는 것이다. 이 단계에 이르러야 모든 사람이 자신만의 프로젝트를 발전시킬 공평한 기회를 누릴 수 있을 것이다.

충분한 역량을 지닌 모든 사람이 소속 공동체의 필수 재생산 노동에 기여할 테지만, 이전과 달리 자동적으로 특정 역할을 떠맡는 일은 없어질 것이다. 일은 그것을 수행할 사람의 정체성이 반드시 어떠해야만 한다는 고정된 인식에서 떨어져 나와 비교적 자유롭게 (특별히 어렵거나 부담스러운 유형의 일에 대해선 긍정적 장려책이 주어지는 조건에서) 선택될 것이고 (하루, 1주일, 1년 중 일어나는) 역할전환을 어렵게 만드는 장벽은 낮아질 것이다. 요컨대 일은 더 이상 노동자의 사회적 정체성 또는 자아 정체감을 결정하지 않을 것이다. (사회적 필요뿐 아니라 개인적 재능, 흥미, 적성 요인을 근거로 하는) 어느 정도의 전문화는 틀림없이 존재하겠지만, 그럼에도 불구하고 노동은 지금보다 훨씬 더 유연하게 분담될 것이며, 모두가 사회 유지에 필요한 일상적 노역에 참여할 것이다.[48] 누구에게나 단지 수행할 '직업'이 아니라 적절한 '몫의 일'이 분배될 것이다.

하지만 우리는 재생산 노동의 재분배가 탈노동을 위한 만병통치약이 아니라는 사실 역시 알아두어야겠다. 재분배는 분명히 많은 이들의 일을 줄여줄 테지만, 어떤 이들의 일은 도리어 늘릴 것이며, 전체적으로 소요되는 노동의 총량에는 별다른 영향을 미치지 못할 것이다. 자유를 극대화하고자 하는 탈노동 프로젝트는 여기서 멈추지 말고 더 나아가야 한다.

우선 노동을 '줄이는' 첫 단계로 핵가족의 사적 돌봄에 특권을 주는 법적·문화적 장치를 폐지해야 한다. 사회학자 미셸 바렛Michèle Barrett과 메리 맥킨토시Mary McIntosh가 표현했듯이, 우리는 자녀 양육권, 변호사의 권력, 사회보장제도 같은 여러 방면에서 '다른 종류의 생활 방식을 희생시키고 가족에 특권을 부여하는 현행 국가 정책'에 도전함으로써 '사람들이 핵가족 가구로 살거나 그 형태를 유지하게 하는 모든 종류의 압박을 약화'시키려 노력해야 한다.[49] 이는 현재 생물학적 가족에 주어지는 혜택을 '철회'한다는 의미라기보다는 그 혜택을 다른 유형의 관계에도 '확장'한다는 의미다. 다시 말해 혼인이나 출산으로 만들어진 관계뿐 아니라 우정, 공동체, 확장된 혈족 관계에 의해 만들어진 유대 역시 온전히 아우른다는 의미다.

현재 우리는 가족을 돌보기 위해 휴가를 낼 수 있지만, 친구를 위해선 휴가를 낼 수 없다.[50] 친구가 돌봄 노동의 대상으로 편입되면 어떠할까? 누가 누구의 대리인으로서 의료 결정을 내릴 수 있는지, 누가 돌봄에 대한 정부 지원을 받을 수 있는지를 규정하는 자녀 양육권법도 분명히 핵가족을 염두에 두고 설계되었다 – 여기에도 좀 더 확장된 집단 돌봄의 형태를 인정할 여지가 존재한다. 다시 말해 정부 정책을 조정해서, 핵가족이 아닌 생활환경이 더 잘 수용되고 불공정한 처벌을 받지 않도록 만들어야 한다.

이 대목에서 우리에게 모범이 될 만한 모델은 최근 쿠바에서 통과된 가족법 개정안이다. 여기에서 '가족'의 정의는 '정서적·심리적·감정적 유대에 의해 연결되어 서로 지지하는 형태로 삶을 공유하는 사람의 집합'으로 적극 확장된다. 아동의 권리가 강화되고 ('부모의 권위'를 '부모의 책임'으로 바꾸었다) 가사노동의 평등이 요구된다.[51] 이런 유형의 개혁은 돌봄을 이성애-가부장제 가족의 구체적인 한계 너머로 확장시키는 잠재력이 있으며, 따라서 재생산 노동의 더 평등하고 효율적인 공유로 나아가는 첫걸음이 될 수 있다.

재생산 노동의 사회화

우리가 여기서 그린 대대적인 변화를 시작하기 위한 또 다른 접근법은 공동 재생산 제도를 새로이 개념화하고 회복시키는 것이다. 현재 공공 서비스와 자원은 관습적 형태의 가족을 이룰 수 없는 사람들이 의지할 최후의 우울한 수단으로 여겨지지만, 수혜자들에게 훨씬 더 매력적으로 느껴지도록 개선시킬 수 있다. 오늘날 가족 밖에서 사는 게 불가능하지는 않으나, 이에 대해 바렛과 맥킨토시는 이렇게 썼다.

가족 안에서 사는 것보다는 현저히 덜 매력적인 조건에서만 가능하다. 하지만 반드시 그래야 하는 건 아니다. 양로원이 레지던스 호텔이나 자치 공동체처럼 될 수도 있다. 장애인 시설은 다운증후군이 있는 10대가 지내기에 부모와 사는 집보다 훨씬 바람직할 수 있다. 탁아소나 보육원은 협동, 우정, 다양한 활동이라는 긍정적 사회경험을 제공할 수 있다. 가족생활에 대한 과대평가로 이런 생활은 평가 절하된다. 가족이 홀로 단물을 다 빨아먹고 나머지 제도의 성장을 가로막으며 왜곡시킨다.[52]

사회 재생산이 맞이할 탈노동 세상은 현재 가족에게 부여된 돌봄 기능을 지금보다 훨씬 많이 지원하는 것을 목표로 할 것이다. 육아를 예로 들어보자. 우리가 그리는 사회에서는 공동 보육에 대해 상당한 지원이 – 특히 24시간 고품질 보편 보육(탈노동이 모든 노동을 완전히 없앤다는 뜻이 아니며 그럴 수도 없다는 것을 다시 강조해야겠다)의 형태로 – 가능해질 것이다. 1970년대 페미니즘 운동에서 내세운 이 요구는 처음에 인기를 끌었으나 곧 열외로 취급되었다.[53] 하지만 지난 수십 년 사이 보육에 대한 정부의 지원이 늘어나면서 우리 앞에는 이미 공동 보육으로 향하는 선례가 놓여 있다.

공동 보육에서 가장 앞서 있는 국가는 아마도 독일과 덴마크인데, 덴마크의 경우 아동에게 품질 좋은 보육이 보장되고 국가에서 높은 지원금이 나온다. 최빈곤층은 보육 서비스를 무료로 이용할 수 있다.[54] 직원들은 대단히 전문화되었으며 좋은 급여를 받는다.[55] 공급되는 보육의 많은 부분이 비영리 부문에 의해 운영된다(자금은 정부에서 댄다).[56] 물론 문제가 없지는 않지만 – 가장 눈에 띄는 문제는 보육 노동자의 부족으로 인해 보편적 보육 제공이라는 목표를 달성하는 데 어려움이 따르는 것이다 – 그럼에도 이런 사례는 보육의 공공화가 무엇을 의미하는지 잘 보여준다.

공공 공급과 공공자금이 구별된다고 전제할 때, 우리는 좀 더 실험적인 초기 아동기 돌봄 모델에 대한 지원도 상상할 수 있다. 예를 들어 (부모와 돌봄 제공자를 적극적으로 참여시키는) 협동 생산과 (노동자가 소유하고 운영하는) 협동조합 모델은 자체적으로 운영하되 거시적 차원에서 정부로부터 지원을 받을 수도 있다. 여기에는 현시대 복지국가의 생산주의적 경향에서 우리에게 간절한 휴식을 제공해줄 수 있다는 장점도 따른다.[57]

공동 보육 덕분에 재생산 노동을 핵가족의 몫으로 돌리려는 압박이 줄어든 세상에서, 우리는 아동의 자율성에 대한 존중 역시 더 커지리라 희망할 수 있다. 우리가 살펴보았듯, 오늘날 아동들은 끊임없이 경쟁이 일어나는 세상으로 내보내기 전에 계발시키고, 훈련시키고, 준비시킬 조그만 인적 자원으로 취급되기 일쑤다. 반면 탈노동 사회에서는 아이들에게 그저 아이답게 자라는 시간이 주어질 것이다. 그러면 최근 몇십 년간 여러 국가에서 아이들의 놀이 시간이 갈수록 줄어드는 경향이 역행될지도 모른다.[58] 놀이에 법적 권리를 부여한 웨일스의 사례가 모범이 된다.[59] 웨일스에 속한 시에서는 이제 아동이 놀 수 있는 근린 공간을 확보해야 하고, 지역 의회는 아동의 자유 시간을 지원하는 활동을 제공해야 하며, 주택 개발업자들은 신규 개발이 아동의 여가 기회에 어떤 영향을 미치는지 평가해야 한다. 아동의 자율성을 높이면 학대 상황에서 벗어날 아동의 역량 또한 높아질 것이고, 아동에 대한 부모의 권한은 이전보다 제한될 것이다. 공동 보육의 원칙과 동일한 맥락에서, 아동은 유전적 일치를 통해 연결된 소수의 사람들에게 지금보다 덜 의존하게 될 것이며 안전하고 힘이 되는 방식으로 직접 지원의 안전망을 구축하는 기회는 훨씬 늘어날 것이다.

노인 돌봄에서는, 공동 공급을 제안할 때 다소 조심스러움이 요구된다. 틀림없이 많은 노인이 기관 돌봄 개념에 매력을 느끼지 못한다. 물론 수십 년 전부터 가정 내 돌봄으로 이동하는 경향이 생겨난 건 정부 차원에서 비용을 절감하기 위해서였다. 그럼에도 가정 돌봄은 많은 돌봄 수혜자의 진정한 선호와 일치한다. 많은 노인이 자신이 가장 편안하게 느끼는 장소에서 전과 같이 독립적으로 생활하고 싶다는 합당한 바람을 품고 있다. 그렇다면 여기선 개혁에 어떻게 접근해야 할까? 제일 먼저 주목할 사실은 가정과 가족이 현재의 고립된 형태에서 한층 개방되는 것만으로 가정 내 노인 돌봄에 '즉시' 변혁이 일어나리라는 것이다. 그러면 지금보다 많은 돌봄 자원을 활용할 수 있게 된다. (이윤 목적이 아닌) 디지털 플랫폼도 돌봄 제공자의 공급과 돌봄 수혜자의 필요를 조정시키는 데 유용하게 쓰일 수 있다.[60] 이런 기술은 분산된 행위자들을 연결시켜주고, 자원을 탐색하고 찾아내고, 공급을 조정하는 데 도움이 된다.

본래의 주거지를 기반으로 공동체 기반 돌봄 및 생활 모델을 자생적으로 조직하는 최근의 실험에서도 힌트를 얻을 수 있다.[61] 예를 들어 협동생활주택 모델은 영국에서 많은 60세 이상 인구에게 매력적인 해법으로 부상하고 있으며 특정한 필요, 흥미, 인구 특성에 맞는 단지들이 만들어지고 있다.[62] 이런 모델은 개별 거주지를 넘어 서비스와 자원을 통합시키고 지역사회 공동체를 형성하는 데 초점을 맞춘다.

독립적인 생활을 이어나가기 위해 자원을 한데 모으고, 원래 거주지에서 여생을 보내기로 선택했을 때 따를 수 있는 외로움을 해소하는 수단으로 공동주택을 택한 여성 노인 집단도 있다.[63] 예를 들어 '런던 노인 레즈비언 공동주택'은 인생의 대부분을 이성애 기반 핵가족 바깥에서 살아온 사람들에게 주거형 요양원이나 독립생활 설계안이 꼭 들어맞지 않을 것이며, 따라서 나이 든 주민들이 (이런 환경에서 불편을 느낄 경우) 다시 성 정체성을 숨겨야 한다고 느낄 수 있다는 생각에서 시작되었다.[64] 맞춤형 공동 주거 공동체의 개발은 이런 문제를 해결하는 주된 접근법이 된다.

공동 주거 공간의 보완책으로는 지역사회를 기반으로 하는 장기 돌봄 시설 - 가정과 병원 양쪽과 분리되어 있으면서도 돌봄 제공자와 돌봄 수혜자가 요구하는 적절한 자원을 제공할 수 있는 시설 - 을 건설하는 방법도 있다.[65] 의료 장비와 기술, 전문적 보조와 기술 사용법에 관한 적절한 훈련을 제공하는 이런 시설은 집이 탈의료화를 하도록 도울 것이다(앞서 보았듯이, 집의 의료화는 가정에 새로운 보건 업무를 떠안기는 주된 원천이었다). 이런 공간은 또한 돌봄 제공자들의 휴식처가 되어줄 수 있다.

오늘날 가족 내에서 휴일 없이 하루 24시간을 노동하는 돌봄 제공자에게 휴식은 너무나 절실하다. 재생산 노동에 대한 고려를 확실하게 내세우는 공공 호사 모델에서는 노인과 돌봄 제공자 둘 다 활용할 수 있는 운동 및 재활 기구를 제공할 것이다 - '무료 사우나, 스튜디오, 체육관⋯⋯ 정기 수업과 활동도.'[66] 운영은 협동조합 돌봄 집단이 맡을 수 있다. 네덜란드에서 간호사들의 주도하에 탄생하여 전 세계적으로 영향을 미치고 있는 뷔르트조르흐Buurtzorg 모델을 따를 수도 있다. 이 모델에서는 각 지역의 자치 간호사 집단이 개인 및 (친척, 친구, 이웃을 비롯한) 더 넓은 공동체 네트워크와 협력하여 사람들이 지역사회 내에서 잘 살아가도록 돕는다.[67]

식생활로 눈을 돌리면, 자본주의가 이미 효율적인 집단 생산의 이상적 형태를 창조한 것처럼 보일 수도 있다. 음식점을 말하는 거다. 매끄럽게 운영되는 맥도날드의 생산 과정은 신속성을 보장한다. 그런데 기억해야 할 중요한 사실은 이것이 노동자들의 '자유가 줄어드는 것'을 전제로 한다는 것이다. 음식점에서의 노동은 헌신과 책무의 감각에 의해 수행되는 노동과는 거리가 멀고 단순히 가치의 축적에 의한, 가치의 축적을 위한 논리로 조직된다(버거와 프라이는 그 부산물에 지나지 않는다).[68]

이와 달리 진정한 집단 자유 프로젝트를 구현할 수 있는 더 나은 선택지도 존재한다. 그 첫 단계로서 우리는 초등학교와 중학교의 보편 급식 무료화와 아침 식사 제공 모임을 상상할 수 있다. 예를 들어 핀란드는 1940년대부터 무상 급식을 시행해서 어린이집 연령부터 중등교육 최고 학년까지 모든 학생에게 훌륭한 식사를 제공한다.[69] 국제연합UN에서는 최근에 급식 보편화를 식량에 대한 권리의 중요한 부분으로 내세웠다.[70] 이런 진보는 물론 시간 절약에도 중요하지만, 또한 – 여전히 많은 것이 부족한 세상에서 – 여러 아동이 경험하는 식량 빈곤에 대응하는 중요한 방법이다.

시야를 넓혀서, 부엌 없는 생활양식을 가능하게 해주는 공동 주방과 구내식당을 조직할 수도 있다. 1800년대 초기의 유토피아적 사회주의 공동체와 러시아 혁명기의 도시 공동체가 공공 주방으로 실험한 데서 볼 수 있듯, 주방은 공동체 형태의 핵심이다.[71] 부엌 없는 생활이라는 개념은 페미니즘 관점의 기술 설계에도 들어가 있다. 예를 들어 1800년대 말에서 1900년대 초에 디자이너들은 공동 주방을 보충하려는 목적으로 개인 주거지에 특화된 주방 수납장을 넣었다. 옷장 크기의 이 수납장 안에는 다수의 기본 요리 도구가 가장 편리하리라 여겨지는 방식으로 정리되어 있었다.

부엌이 다른 형태로 발전했더라면, 가족들이 개별 가정을 자족적으로 꾸미기보다 공동체 주방으로 노력을 모으기로 결정했더라면 요리가 필요한 몇 안 되는 순간에 이런 수납장 하나로 충분했을 것이다.[72]

공유 주방은 오늘날까지도 집단 주거에 관한 여러 실험의 중심이며,[73] 많은 점거 시위의 단골 특징이기도 하다.[74]

우리는 다양한 접근법을 장려하고 싶지만, 탈노동 세상에서도 사적 주방은 여전히 자리를 지킬 가능성이 높다고 생각한다. 어쨌든 많은 사람들이 개인적으로 요리하는 것을 즐겁고 만족스러운 활동으로—자유 시간이 늘어난 조건에서 그 자체로 하나의 목적이 될 수 있는 활동으로 느낀다. 요리 노동은 필요에서 떨어져 나올 때 더 자율적인 활동이 된다. 음식에 어떻게 접근할지 스스로 결정하는 건 중요한 권리이기도 하다. 하지만 그런 점을 감안하더라도 공동 주방은 끼니를 요리하는 게 즐겁기보다 부담스러운 많은 상황에서 대안을 제공한다. 요리는 특히 고성능 장비와 규모의 경제에서 큰 혜택을 입을 수 있는 활동이다. 이미 여러 회사에서 그런 혜택을 누리기 위해 구내식당을 운영하고 있다 - 이케아IKEA와 존 루이스의 지원금이 나오는 구내식당이 그 예다(전자는 손님들, 후자는 직원들을 위한 식당이다).

런던의 정치 엘리트들이 현재 식사하는 방식 역시 살펴볼 가치가 있다. 작가 리베카 메이 존슨Rebecca May Johnson이 썼듯이, '도시에 공공 구내식당은 존재하지 않는 반면(예산이 삭감되었으니 어떤 지방의회가 그만한 대지를 유지할 여력이 있겠는가?), 국회의사당 내에는 구내식당이 열 개나 된다'.[75] 여기서 의원들은 소고기 등심구이부터 팬으로 구운 연어와 고열로 조리한 호박에 체르뮬라를 뿌린 요리까지 다양하게 골라 먹을 수 있다 - 보조금 덕분에 프렛Pret a Magner*에서 샌드위치와 커피 한 잔을 사는 돈이면 된다.[76] 노후된 공공 서비스의 이미지 앞에서 우리는 '대량 음식 공급에 즐거움이 없다는 개념은 거짓'이라고 주장해야겠다.[77]

제2차 세계대전 중에 활약한 공공 구내식당도 우리에게 힌트를 준다. 전쟁 기간은 자원이 부족해서 배급 통장을 이용한 시기였다고 주로 인식되지만, 한편으로는 사회에서 가장 못사는 사람들이 가장 잘 먹을 수 있는 시기이기도 했다. 전시에 사람들을 먹이는

---

* 영국의 샌드위치 전문점 - 옮긴이

문제를 해결하기 위해 영국 정부에서는 '공공 급식 센터'를 설립했다 – 윈스턴 처칠은 지나치게 공산주의적으로 들린다는 이유로 이 명칭을 거부하고 국가주의적인 '영국 음식점'으로 바꾸었다. 영국 음식점은 고액의 정부 지원금을 받는 공공 주방으로서 국민들에게 건강하고 영양가 있는 식사를 제공하기 위해 설계되었다(전시에 이루기 쉬운 업적은 아니었다).[78] 주방에는 정부의 지원으로 들인 산업 장비가 즐비했고, 메뉴는 규모의 경제에 의해 효율적으로 생산될 수 있는 음식을 지향했다.

이런 구내식당 중 일부는 테이블 서비스를 제공했고, 일부는 카페테리아처럼 셀프 서비스였으며, 많은 곳에서 음식을 포장해주었다.[79] 시골 지역에는 이곳저곳 돌아다니며 음식을 제공하는 이동 서비스까지 제공되었다. 전성기에 이 공공 급식 센터는 1주일에 대략 400만 끼니를 제공했다. 벽은 버킹엄 궁전과 국립미술관에서 나온 작품으로 장식되었다 – 사적 호사에 대조되는 공적 호사의 사례로 이보다 나은 것을 찾기는 어려울 것이다. 현재 재생산 노동이 조직되는 방식에서 요리는 심하게 비효율적이고 음식, 에너지, 시간의 낭비를 유발하지만 교훈을 줄 만한 대안은 이렇듯 충분하다.

가정 내에서 일어나는 노동의 다른 측면인 가사노동은 어떠할까? 가사노동은 어떻게 탈노동 세상에서 (혹은 탈노동 세상을 향해) 조직될 수 있을까? 가사노동의 잠재적 자동화에 관한 연구에서는 현존하는 기술만 활용해도 수 시간의 무보수 노동을 절약할 수 있다고 주장하지만, 이는 최대한 절약한 경우를 기준으로 삼은 것일 뿐 현실적 가능성은 아니다.[80] 가까운 미래에도 가사노동은 여전히 인간에 의해 수행될 것이다. 이 노동을 더 잘 관리하는 방법으로서 (알렉산드라 콜론타이와 앤절라 데이비스 같은 사상가들이 상상했듯) 전문화되고 좋은 보수를 받는 청소부에게 필수 노동을 효율적으로 전담시키는 것을 상상할 수 있다.[81] 가사노동자에게 괜찮은 임금과 더 나은 근로조건을 보장하기만 해도 즉시 상황이 개선될 것이다.

너무 오랫동안 가사노동자는 고도로 착취 가능한 노동력으로서 국가에 의해 규제받았다. 불안정한 비자를 쥐여주고 데려온 이민자 인력은 선을 넘어 권력을 휘두르는 고객의 군림 아래서 신음했고, 저임금과 복지의 부재를 감내해야 했다. 이를 바로잡는 것이 제일 중요한 첫 단계일 것이다. 저임금 문제를 해결하기 위해 벨기에, 프랑스, 스웨덴 같은 국가는 가사노동에 대한 보수에 보조금을 붙였다. 지금으로서는 국가 보조금을 (장애인이나 노인 등) 장기 돌봄을 필요로 하는 이들에게 – 이런 외주를 가장 필요로 하고, 비용을 감당할 수 있게 되면 가사 서비스를 활용할 가능성이 제일 높을 것으로 증명된 사람들에게 – 집중시킬 수 있다.[82] 가정에서 제각기 세탁을 하는 현재의 관습에서 탈피해, 지역사회에서 필요한 세탁을 시간적으로 더 효율적이면서 생태적으로 지속 가능한 방식으로 조직하고 국가 차원에서 세탁소를 지원하는 방법도 상상할 수 있다. 이런 개혁은 디딤돌에 불과할지도 모르지만, 그 방향이 가사의 더 전면적인 사회화로 나아가는 것만은 틀림없다.

공공 기반 시설의 확대

다음으로 가정 내에서 사회 재생산이 이루어지는 물질적 기반 시설인 주택을 살펴보자. 더 나은 미래에는 우선 사회주택에 대규모로 투자가 이루어질 것이다. 자본주의가 유지되는 조건에서 우리의 목표는 주택을 탈상품화하여 안전하고, 믿음직하고, 품질 좋은 집에 대한 접근권이 임금에 좌우되지 않도록 하는 것이다. 신규 주택을 모험적으로 설계할 수도 있다. '붉은 빈'은 설계부터 진정한 공공 호사의 감각을 보여주었고, 설계 공모전을 열어 더 실험적인 가정 형태에 대한 흥미를 조성했다는 점에서 좋은 모범이 된다.

기존의 사회주택 모델을 살펴보면, 공간 설계에서 사생활의 중요성에 대한 중요한 교훈을 얻게 된다.[83] 앞에서 보았듯이, 많은 경우 집단화된 주거 공간이 거부당한 이유는 사람들이 이미 부정적인 경험을 했기 때문이었다. 선택이 아니라 빈곤한 상황으로 인해 어쩔 수 없이 비좁은 공간에서 생활해본 많은 노동계급 가족이 중간계급 개혁가들이 제안하는 집산주의에 코웃음을 쳤다. 같은 맥락에서, 전쟁 중의 생활을 경험한 많은 이들이 공동 거주를 거부하고 고립된 교외 주택을 꿈꾸게 되었다. 실패한 공동체 실험의 참가자들에게서 반복적으로 나오는 증언은 그 안에서 사생활이 부정당했다는 것이다. 사생활에 대한 욕구는 단순히 이데올로기적 미신이나 허위의식이나 자동 반사 반응이라고 무시할 게 아니다. 오히려 그런 욕구야말로 사람들의 진정한 느낌과 선호, 필요를 반영한다고 보는 게 옳다. 온전히 집단화된 공간에서의 장기 거주를 모두가 편안하게 느끼는 건 아니며, 많은 이들이 침실 하나는 은신처로 삼기에 부족하다고 느낀다. 그러니 공간의 미래에 관한 비전은 공공 호사뿐 아니라 사적 충분에도 관심을 기울여야 하며, 집단 거주가 (가사노동량 측면에서 아무리 이득이라도) 위에서 아래로 강요될 수 없음을 반드시 인정해야 한다.

공공 호사 개념에 근거한 또 하나의 중요한 설계상의 결정은 각종 편의 시설과 지원 서비스를 지척에 배치함으로써 가정 주거지와 공공 서비스를 통합하는 것이다. 이 야심은 많은 아파트 호텔과 '붉은 빈'을 비롯한 여러 실험의 핵심이었으며, 공공자원에 대한 접근성 불량이야말로 20세기 중반 미국의 교외 주택이 전체적으로 노동 집약적이 된 중요한 이유 중 하나다. 건축 및 도시학자 돌로리스 헤이든Dolores Hayden은 고전이 된 글 「성차별적이지 않은 도시는 어떤 모양일까?」에서 그런 생각의 결을 따라, 40개 가정으로 구성된 대도시형 협동조합을 상상하면서 다음과 같은 공간과 활동을 요구한다.

1) 유아 40명을 돌보고 학령기 아동 64명에게 방과 후 활동을 제공하는, 조경된 야외 공간이 딸린 탁아소. 2) 세탁 서비스를 제공하는 세탁소. 3) 탁아소에 점심을 제공하고, 저녁에는 포장된 식사를 제공하고, 동네의 노인들에게 '밥차 배달 서비스'를 해주는 주방. 4) 지역 식품협동조합과 연계된 식료품 창고. 5) 차량 호출 서비스와 밥차 배달 서비스를 위한 봉고차 두 대가 들어가는 차고. 6) 식량을 재배할 수 있는 정원(또는 부지). 7) 노인, 환자, 아이가 아픈 맞벌이 부모를 위해 도우미를 제공하는 가정 원조 사무실. 이 모든 공동 서비스는 사적 거주 단위와 사적 정원에 더해 추가적으로 존재하며, 원할 때만 이용해도 된다.[84]

여기서 우리는 공공연히 페미니즘 관점에서 표현된 사적 충분과 공적 호사 개념을 보게 된다. 헤이든이 제안한 비전에서 사회 재생산의 시간 부담은 공동체에서 운영하는(다수가 거주민이 직접 운영한다) 서비스와 공간 덕분에 크게 줄어든다. 필수 지역 자원에 접근하기 위해 이동을 계획하는 수고와 이동에 소요되는 시간만 줄여도, 현재 재생산 노동을 수행하는 이들에겐 확실하게 일이 줄어드는 이점이 있다.

헤이든의 비전은 몇 가지 측면에서 21세기에 적합하도록 갱신할 수 있다. 휴대전화와 컴퓨터 수리점, 출장 기술 수리팀은 노인 거주민들에게(그리고 와이파이 공유기가 알 수 없는 이유로 작동을 멈춘 적이 있는 이들에게) 유용한 자원이 되어줄 것이다. 지역 의료 센터는 (병원보다 집을 선호하는 이들을 위한) 자조 보건 시설과 결합되어, 앞서 논의한 장기 돌봄 센터 개념을 확장시킬 것이다. 부모와 돌봄 제공자들을 위해서는 생태 친화적인 천 기저귀 세탁 서비스, 아기 옷 대여 서비스, 주기적인 모유 수유 지원 집단(또한 요청 시 가정을 방문해주는 동료 어머니 상담사), 산전·산후 정신 건강 집단, 아이를 잃은 부모를 위한 전문 상담사, 숙제 도움 센터 등이 제공될 수 있다. 부유한 가정에서 거의 사용되지 않는 손님용 침실은 다수의 가정이 함께 사용하는 공간으로 새로 상상될 수 있다.[85] 이는 간혹 필요할 때를 위해 공간의 유연성을 확보하는 한편, 청소하고 난방하고 꾸밀 방 하나를 줄인다는 의미이기도 하다.

우리는 자유 시간을 위한 기반 시설에 대해서도 상상할 수 있다 – 사람들이 무언가를 구매하거나 입장료를 내야 한다는 압박 없이 자유롭게 모이고, 사귀고, 놀고, 무언가를 만들어낼 수 있는 환경을 상상해보자. 사람들과 교류하고 협동 작업을 펼칠 수 있는 널찍한 무료 공간과 스크린 프린팅 시설·재봉틀·도자기 가마·최고급 3D 프린터까지 고성능 장비가 설치된 공용 메이커스페이스가 만들어질 수 있다. 기술을 익히고 싶은 이들을 위해 정규 수업이 진행되며, 자기 프로젝트를 실현하고자 하는 이들을 도울 기술팀도 배치된다. 미디어 도구 환경도 비슷하게 꾸며져 주민들이 자기만의 콘텐츠를 생산하고 출판하도록 돕는다. 음악연습실, 체육관, 스튜디오, 클럽도 설치된다. 어린 주민들을 위해서는 책/장난감 도서관을 지어서 교육과 여흥에 대한 접근권을 확장시킨다.[86]

빈의 사회주택에서 영감을 얻어, 옥상에 대중 수영장을 짓는 것도 고려할 수 있다.[87] 사실 미국에도 한때는 시영 수영장이 여럿 있었다. 작고 붐비는 수영장이 아니라 모래밭과 근사한 공원에 둘러싸여 한 번에 수천 명, 심지어 수만 명을 수용할 수 있는 넓은 '리조트형' 수영장이었다. 그러나 인종차별정책이 철폐되면서 이 수영장들은 방치되고 낡아갔다. 인종차별적 편견에 사로잡힌 백인들은 더 이상 수영장을 찾지 않았고, 시 정부에서는 건설이나 유지에 자금을 댈 의향이 없었다.[88]

이런 역사적 경험은 모두를 위한 공공 호사를 실현하려면 우선 인종과 계급을 차별하는 편견의 장벽에 맞서야 한다는 사실을 보여준다. 그렇다 해도, 우리가 그려보는 탈노동 세상이 현재 우리의 세상과 얼마나 다른지 이미 느껴질 것이다. 우리의 비전에서 가정과 근린 지역은 통합되어 무보수 가사노동의 악독한 요소로부터 사람들을 해방시킬 뿐더러, 그로써 생겨난 자유 시간을 즐겁게 보내는 방법까지 제공한다.

공유되는 혁신

공공 기반 시설을 밑바탕으로 삼을 때, 우리는 기술 혁신과 창조의 과정에 대해 지금과는 근본적으로 다른 태도를 취할 수 있다. 역사적으로 '무엇이 어떻게 생산되는지에 관해 통제하지 못할 때, 자유는 애초에 자신이 만들지 않은 선택지 중 하나를 결정하는 것에 불과했다. 예를 들어 개인은 웨스팅하우스와 제너럴일렉트릭 사의 냉장고 중 하나를 선택할 수 있지만, 개인 냉장고와 공동 주방 중 하나를 선택할 수는 없다'.[89] 탈노동 페미니즘의 목표는 가사 (그리고 다른 유형의) 노동에 소요되는 필수 시간의 양을 줄이기 위해, 가정 기술의 발전에 대한 근시안적 접근법에서 벗어나 어떤 기술이 개발되고 어떻게 사용되는지에 관해 의식적이고 집단적인 통제권을 손에 넣는 것이다.

공동체는 기술의 수동적 수혜자에서 서로 연결된 적극적 창조자로 탈바꿈할 수 있다.[90] 실제로 많은 공공 주거 실험에서 가사노동을 줄이는 유의미한 혁신이 일어났다. 그중 다수가 현재 개인화된 가족-가정을 둘러싼 가정 리얼리즘의 기대를 깨는 방식이었다. 헤이든은 공동체주의의 야심을 품은 한 기독교 종파에 대해 썼다.

셰이커교도들은 개량된 세탁기, 공용 빨래집게, 밀가루 반죽 생산 속도를 높여주는 이중 밀대, 다리미를 데우는 원뿔형 난로, 세척하기 쉽도록 탈착이 가능한 창틀, 새시 밸런스, 더 균질한 요리를 위한 원형 오븐, 음식을 쉽게 꺼낼 수 있는 회전형 오븐 선반, 버터 연압기, 치즈 누름기, 콩 껍질 벗기는 기계, 사과 껍질 벗기는 기계, 사과를 4등분하고 씨를 빼주는 기구 등을 개발한 공로가 있다.[91]

한편 완벽주의 종교사회인 오네이다 커뮤니티의 구성원들은 '식탁 중앙에 설치하는 회전 쟁반, 개량된 걸레 짜는 기구, 개량된 세탁기, 규격화된 감자 껍질 벗기는 기계를 생산했다'.[92]

어쩌면 가정 내에서 가장 철저하게 (분명 고립되긴 했어도) 프롤레타리아적 혁신이 일어난 순간은 프랜시스 게이브Frances Gabe의 발명에 있을 것이다. 가사를 감탄스러울 만큼 증오한 게이브는 자가 청소 기능이 있는 주택을 짓고 특허를 냈다. 이 사려 깊고도 혁신적인 설계에 대해선 길게 설명할 가치가 있다.

각각의 방에서 게이브 부인은 안전하게 우산을 쓴 채로 천장의 스프링클러를 작동시키는 버튼을 누를 수 있다. 첫 번째 분사에서는 거품 물이 나와서 벽과 바닥에 뿌려진다. 두 번째 분사에서는 모든 것이 헹궈진다. 이윽고 따뜻한 공기가 나와서 모든 것을 말린다. 이렇게 청소 사이클이 한 차례 돌아가는 데 한 시간이 걸리지 않는다. 게이브 부인의 주택 바닥은 거의 눈에 띄지 않을 정도로 미세하게 경사져 있어서 유출액이 배수구로 빠져나간다. 유출액은 외부의 개집을 통과하면서 그 과정에서 개를 씻긴다……. 68개의 개별 발명품으로 구성된 특허를 가진 이 주택에는 더러운 접시를 선반 망에 올려두면 즉시 세척되고 건조되는 찬장도 딸려 있다. 여러 방면에서 솜씨를 발휘해야 하는 세탁 문제를 해결하기 위해, 게이브 부인은 완전 밀봉이 가능한 수납장을 설계했다. 더러워진 옷을 옷걸이에 걸어 수납장에 넣으면 물줄기가 옷을 세탁하고 공기가 옷을 건조시킨다. 세탁이 끝난 의류는 여전히 옷걸이에 걸린 채, 줄에 끌려 옷장으로 이동된다. 세면대, 변기, 욕조 역시 스스로 청소된다. 커튼과 천, 목제 가구가 있는 전통적 형태의 주택은 이렇듯 물줄기를 이용해 원상 복구하는 게이브 부인의 설계를 버텨낼 수 없다. 그 정도야 게이브 부인이 전부 예상한 바다. 그녀는 바닥을 방수 바니시로 여러 차례 덧칠했다. 가구는 투명 아크릴 레진으로 감쌌다. 침구는 물줄기가 작동하기 전에 가림막을 설치해 보호한다. 천이 필요할 때는 게이브 부인이 발명한 방수 천을 사용하는데, 그 천은 1985년에 〈보스턴 글로브〉에서 쓴 표현을 빌리자면, '질감이 강하게 느껴지는 노가하이드(모조 가죽)'처럼 보였다. 액자는 플라스틱으로 덮었고 자질구레한 장식품은 유리장식장에 진열했다. 서류는 물이 새지 않는 플라스틱 상자에 봉인해두었고 책은 게이브 부인이 발명한 방수 커버를 씌웠다. 전기 콘센트는 다행히 덮개가 있었다.[93]

이 주택은 미적으로나 기능적으로나 개선의 여지가 있지만, 그럼에도 가사노동을 줄이겠다는 철두철미한 일념만큼은 의심의 여지가 없다. 우리 자신의 노동 과정에 대해 통제권이 주어질 때, 그리고 그 과정의 목표가 자본 축적의 논리로 결정되지 않을 때 이렇듯 전적으로 새로운 기술 발전의 길이 열리는 것을 기대할 수 있다.

도구 도서관이 널리 보편화되고 편의를 위한 장치가 더 쉽게 공유되는 세상에서는 기술의 속성도 달라지리라 상상할 수 있다. 현재 우리가 소유하는 대부분의 기구는 튼튼하지 않고, (실용적이고 법적인 이유로) 수리하기가 어려우며, 공용으로 사용될 때의 부담을 버틸 만큼 견고하게 설계되지 않았다. 물론 이는 설계가 이윤을 지향하기 때문이다. 어쨌든 '내구성으로는 수익을 내지 못하며', 자본주의 관점에서는 소비자들이 매년 신제품을 구입하게 하는 게 훨씬 나은 선택지다. 수익 논리에서 벗어날 때 기술은 예측하지 못한 방향으로 진화할 것이다. 우리의 도구들이 '개인용이 아닌 공용으로 설계된다면 구조, 기계, 재질이 전부 달라질 거라고 믿는다'.[94]

기존에 공유되고 있던 노동을 개인화한 20세기의 가전제품과 정반대 방향으로, 가사노동을 더 쉽게 공유하게 해주는 기술도 기대할 수 있다. 한 예로 유축기와 젖병 소독기는 모유 수유 노동을 여러 돌봄 제공자가 공유하게 해주는 기구로 생각될 수 있다. '어머니와 유모 대신 1번 돌봄 제공자(유축자)와 2번 돌봄 제공자(수유자)가 협동한다. 3번 돌봄 제공자는 기저귀를 갈고 4번 돌봄 제공자는 아이를 지켜본다. 협동 과정 중에 역할이 주기적으로 교체된다.'[95] 밤중 수유는 더 이상 수면이 부족한 수유부 한 명이 전담하는 책무가 아닐 수 있다. 재생산 노동을 기술이 이미 결정한 틀에 끼워 넣는 게 아니라 기술을 돌봄 노동과 여타 재생산 노동에 맞추어 설계할 수도 있다. 예를 들어 뷔르트조르흐 모델에는 지역사회 내를 돌아다니는 간호사들이 서로 소통할 수 있게 해주는 품질 좋은 기술이 사용된다. 이동 중에도 믿음직스럽게 작동하는, 고객 데이터를 기록하고 분석하는 전문 소프트웨어가 하나의 예다.

우리가 여기서 고려한 사례들은 사회주의적 기술이 반드시 더 크고 더 집중화된 기술을 의미하지 않음을 보여준다. 우리의 목표 는 우리의 자유를 가장 넓혀주며 우리가 자율적으로 선택한 목표와 합치하는 기술을 개발하고 채택하는 것이다. 경우에 따라 그런 목 표들은 규모의 경제와 대규모의 건축을 활용할 것이고, 또한 반대 로 덜 화려하고 탈집중화된 소규모 기술이 필요할지도 모른다.

한없이 프로메테우스적인 길

지금까지 과도기적 사회 혹은 탈노동 사회 내에서 사회 재생산 이 조직되는 방식을 개략적으로 그려보았다. 하지만 탈노동은 절대 적인 목표가 아니라 하나의 바람직한 목표일 뿐이다. 앞서 보았듯 이 우리가 시간을 활용하는 방법이 더 이상 강압, 지배, 시장 논리에 의해 결정되지 않는 조건에서, 서로 경쟁하는 가치들 중 원하는 것 을 선택할 수 있는 권한이야말로 진정으로 자유로운 사회를 이루는 핵심 요소다. 우리의 시간을 다른 것들이 결정하지 않을 때, 우리는 우리 자신의 욕구에 대한 광활한 질문에 직면하게 될 것이다. 우리 는 시간을 어떻게 사용하고 싶으며, 규범적으로 우리의 삶을 어떻 게 조직하고 싶은가?[96] 이 책의 저자인 우리는 제도 설계자가 아니 며(공간이나 기술 설계자도 아니다) 제도를 결정하는 건 결국 미래 사회 구 성원들의 몫이다.[97] 하지만 우리는 적어도 여기서 탈노동 안건을 복잡하게 하거나, 필수 노동시간을 최소화한다는 목표와 긴장을 이루며 존재하는 몇 개 – 생태, 미, 윤리 등 – 의 핵심 가치를 눈여겨볼 수 있다.

더 많은 자유 시간은 탈자본주의 세상의 가치 중 하나에 불과하다. 물론 자유 시간은 스스로 자기 삶을 결정하는 바탕이므로 중요하다. 하지만 여기에도 지불해야 할 대가는 있다. 예를 들어 천연자원 발굴에 들어가는 인간의 활동을 최소화하자고 말하긴 쉬워도, 아이를 키우는 노동에 대해 똑같은 논리를 적용하기는 어렵다. 더 넓게 보아 오늘날 많은 사람들이 겪는 문제는 돌봄의 '결여'에 있다. 돌봄 노동을 줄인다는 생각은, 따라서 공평한 사회가 나아가야 하는 길과 상충하는 것으로 볼 수도 있다. 그보다는 오히려 오랜 시간이 들어가는 '느린 돌봄' 개념이 유용할 것이다. 생산성과 효율성의 증가는 돌봄 노동의 목표와는 오히려 상반된다. 많은 개인 돌봄 노동이 전인적으로 이루어지길 요구하며, 돌봄 노동을 자동화할 수 있는 개별 업무로 쪼개려는 시도는 전인적 돌봄 노동의 이점을 위협할 수 있다. 따라서 우리는 어떤 노동 절차에 대해 그것의 미묘성을 민감하게 인지하는 동시에, 돌봄 및 재생산 노동의 제공자 및 수혜자 양쪽의 욕구와 필요를 알아차려야겠다.

우리가 그리는 세상은 또한 생태학적 영향과 탈노동 야망 사이의 균형 잡기를 요구한다. 만일 가사의 모든 노역을 자동화해서 없애주는 새로운 기계가 만들어지더라도, 그것이 생태에 큰 파장을 일으킨다면 기계를 실제로 도입할지 고민해야 할 것이다. 현재 이런 결정은 대체로 이윤을 추구하는 기업과, 그들이 펼치는 마케팅에 달려 있다. 그러나 탈자본주의 사회에서 결정을 내리는 책임은 우리에게 있다.

농업을 조직하는 방식과 식량 주권이라는 목표에 대해서도 비슷하게 고려할 사안들이 존재한다.[98] 어쨌든 생존 수단에 대한 접근권을 보장하고자 식량의 재지역화를 목표로 삼는 것은 규모의 효율성과 세계적 노동 분화를 일부 포기한다는 의미일 수 있다. 예를 들어 도시 농업은 늘어나는 도시 인구에 식량 접근성을 보장하는 유용한 방법으로, 산업화된 농업 형태에 비해 수확량이 높고 지속 가능하다는 증거가 있다. 하지만 한편으로 여기에는 단일 품종을 재배하는 산업적 형태의 식량 생산에서 기대되는 효율성을 포기한다는 의미가 따른다. 미래 사회의 입장에서 그 정도의 대가는 치를 만한 가치가 있을지도 모른다.

마지막으로, 우리는 필수 노동의 총량과 그것이 조직되는 방식을 둘러싸고 여러 가지 선택을 내려야 할 것이다. 어느 동네의 주민들이 더 나은 자유 시간 기반 시설을 원한다고 치자. 그런데 이는 적어도 일시적으로는 (예를 들어 공원을 짓고 유지하는 등) 필수 노동에 들어가는 시간의 양을 '증가'시키는 결정이다.[99] 어떤 지역사회는 지역 협동조합 형태로 공급되는 돌봄이 규모를 키울 수 있는 공적 형태의 돌봄에 비해 탈노동 세상에 적합한지 묻는 질문을 마주하게 될 것이다. 규모의 효율성을 활용해서 필요한 노동을 최소화시키는 공적 형태의 돌봄이 '탈노동'에 더 부합하는 선택일지도 모른다. 그러나 책임, 유연성, 연대와 같은 논점이 존재하는 이상, 미래 사회는 노동 집약적이더라도 민주적으로 운영되는 협동조합 형태를 선호할 가능성이 있다.

우리는 또한 노동 분화에 대해서도 선택을 해야 한다. 노동을 더 엄격하게 분화하면, 노동이 전문화되면서 효율성이 높아질 것이다. 그러나 노동을 줄인다는 이 목표는 개인에게 지금보다 유연하게 여러 역할을 오갈 자유를 보장한다는 목표와 긴장 관계에 놓인다. 이번에도 여러 선택지 사이에서 결정을 내리는 문제는 여기서 확답할 수 없으며, 탈노동 세상이 처리해야 할 현실적인 긴장으로 남게 된다.

따라서 탈노동 사회는 유토피아적 목적지로 오해받기보다, 오히려 자유의 영역을 계속 넓혀가는 한없이 프로메테우스적인 과정의 일부로 이해되어야 한다.[100] 탈노동 세상의 핵심은 ─ 그리고 그것이 탈자본주의 세상과 필연적으로 연결된 이유는 ─ 정확히 말해, 우리가 의미 있는 결정을 내릴 수 있다는 것이다. 우리가 자유의 영역을 넓히기 위해 필수 노동을 최소화하려 하는 이유는 현실적으로 이런 질문들을 던질 수 있는 조건을 형성하기 위해서다. 궁극적으로는 필수 노동 자체를 끝없이 줄여나가는 것이 아니라 시간을 해방시키고, 우리가 함께 고민하여 인류의 발전을 이끌 수 있는 제도를 만들어나가는 것이 중요하다. 우리에게 무엇이 필요한지 결정하기 위해, 우리에겐 자유가 필요하다.

| 감사의 말 |

1917년 12월, 『국가와 혁명The State and Revolution』에 붙인 유명한 추신에서 블라디미르 레닌은 혁명이 터졌기 때문에 혁명에 대한 소책자 쓰기를 그만둬야 했다고 적었다.[1] 우리가 이 책을 쓰면서 겪은 일이 정확히 그러했다. 2015년에 처음 착상한 사회 재생산에 대한 글은 우리에게 멋진 세 아이가 찾아오면서 사회 재생산 일 자체로 인해 늦춰졌다(막내는 우리가 이 원고를 제출하고 불과 며칠 뒤에 태어났다). 그러나 다시 한 번 레닌의 말을 빌리자면, '이런 방해는 반가울 따름이다'.

이 책을 쓰는 과정에서 운 좋게도 수많은 사람들의 도움을 받았다. 우리는 에마 다울링Emma Dowling, 제레미 길버트Jeremy Gilbert, 앨바 고트비Alva Gotby, 조 리틀러Jo Littler, 제임스 멀둔James Muldoon, 로드리고 누네스Rodrigo Nunes, 탐 오시어Tom O'Shea, 베네딕트 싱글톤Benedict Singleton, 윌 스트런지Will Stronge, 조이 서덜랜드Zöe Sutherland 같은 존경

스러운 동료들의 생각과 통찰, 지적 관대함에 큰 혜택을 입었다. 그들의 피드백은 이 책을 크게 발전시켜주었고, 우리는 그들에게 깊이 감사드린다.

지난 8년간 우리의 생각에 대해 대화해준 모든 사람에게 – 우리를 토론으로 끌어들이고 우리의 관점을 다듬어준 수많은 패널, 청중, 논평가들에게 감사드린다. 특히 웨스트런던 대학교 '젠더, 기술, 노동' 연구 분과의 (과거와 현재의) 박사과정 학생들에게 감사를 보낸다. 그들은 여전히 우리에게 영감의 원천이 되어주고 있다.

우리의 친구들, 동료들, 우리에게 영향을 준 이들에게도 감사를 표하고 싶다. 다이앤 바우어Diann Bauer, 레이 브래시어Ray Brassier, 벤자민 브래튼Benjamin Bratton, 라보리아 큐보닉스Laboria Cuboniks, 마크 피셔 Mark Fisher, 소피 루이스Sophie Lewis, 서헤일 말릭Suhail Malik, 레자 네가레스타니Reza Negarestani, 피터 울펜데일Peter Wolfendale, '오타너미Autonomy' 팀 등에게, 그리고 (모든 문제에도 불구하고 우리가 무척 사랑하는) 우리의 가족에게도. 그들이 없었다면 이 책은 세상의 빛을 볼 수 없었을 것이다. 원고가 무사히 출판된 건 버소Verso 출판사의 노동자들 덕분이다. 우리가 새 장을 써내는 것보다 아이를 더 많이 낳는 동안 무한히 인내심을 발휘해준 그들에게 감사드린다. 얘기가 나왔으니 말인데, 우리 아이들이 편집회의에 불쑥 들어와도 한 번도 불평하지 않고 우리에게 격려와 탁월한 통찰을 나누어준 로지 워런Rosie Warren은 정말이지 멋진 사람이다.

마지막으로, 우리에게 이 책을 쓸 시간을 내준 모든 사람의 일에 감사하고 싶다 – 교사, 청소부, 베이비시터, 어린이집 직원들 덕분에 우리는 우리 가정을 재생산하는 노동에서 간절히 필요했던 휴식을 얻을 수 있었다. 조산사, 의사, 간호사들은 아주 어려운 조건에서 우리를 살려냈다. 이 책을 그들에게, 그리고 서로에게 바친다.

헬렌 헤스터와 닉 스르니첵

재생산 노동의 미래를 생각한다

2023년 한국에서 세탁기, 냉장고, 진공청소기가 없는 집은 찾아
보기 어려울 것이다. 그런데 이런 가전제품이 실제로 가사노동을 얼
마나 줄여주었을까? '코완의 역설'이라고 이름 붙인 현상이 있다.
학자 루스 슈워츠 코완에 따르면, 노동을 절감시켜주는 모든 장치
에도 불구하고 가정 내에서 노동은 줄어들지 않았다. 1870년대부
터 1970년대까지 100년 동안 많은 혁신적 기술이 개발되었지만 가
사노동 시간은 거의 그대로였다. 기술의 발전과 더불어 가사노동이
개인화되고 가사의 기준이 높아지자, 기술이 단축할 수도 있었던
노동시간은 새로운 일거리로 채워지고 말았다.

꾸준히 우리의 시간을 잠식하고 있는 재생산 노동 앞에서, 우리
는 자연스럽게 의문을 품게 된다. 재생산 노동은 왜 줄어들지 않았
을까? 그리고 재생산 노동을 줄여야 하는 이유는 무엇일까? 저자 헬

렌 헤스터와 닉 스르니첵은 이 책에서 두 질문을 성실히 탐구한다. 그리고 한 발짝 나아가, 탈노동·탈자본 관점에서 재생산 노동으로 부터 벗어나기 위한 대안적 미래상을 제시한다.

저자들은 재생산 노동을 줄여야 하는 이유가 단순히 그 일이 힘들어서도 아니고, 임금노동을 할 시간을 내기 위해서도 아니라고 설명한다. 우리가 재생산 노동에서 벗어나야 하는 건 오로지 의미 있는 자유를 누릴 시간을 쟁취하기 위해서다. 재생산 노동은 가정 내 무보수 노동의 거의 전부에 해당할 뿐 아니라 임금노동에서도 갈수록 높은 비율을 차지하여 전체의 30퍼센트에 달한다. 지금처럼 재생산 노동에 많은 시간을 쏟고 있을 때, 우리에겐 인생을 어떻게 살아갈지 스스로 결정할 자유가 주어지기 어렵다.

이 책의 문제의식은 이처럼 우리에게 주어진 시간에서 큰 비중을 차지하며 우리의 자유를 제약하고 있는 재생산 노동이 탈노동 관점에서 충분히 다뤄지지 않았다는 데서 시작한다. 남성 위주의 임금 노동에 집중하는 기존의 탈노동 관점에서 돌봄을 자동화하는 '육아 로봇'과 같은 상상은 비윤리적인 것으로 취급된다. 재생산 노동에 대해 대체로 입을 다물고 있었던 (심지어 본문을 인용하자면 가사노동의 높은 기준을 '흥미로울 정도로 자주 언급하는') 다른 탈노동 사상가들과 달리, 저자들은 재생산 노동을 탈노동 관점에서 고려해야 하는 필수 요소로 부각시킨다. 탈노동 미래에도 재생산 노동은 반드시 지금처럼 이루어져야 할까? 재생산 노동을 완전히 없애지는 못 하더라도, 더 낫게 조직할 방법은 없을까? 저자들은 그렇지 않다고, 재생산 노동을 둘러싼 모든 것이 자연적으로 발생한 것이 아니라 사회적 구성체이므로 다르게 상상할 수 있다고 주장한다.

이 책에서는 재생산 노동의 조직을 개선할 방법을 알아보기 위해 기술, 기준, 가족, 건축의 네 가지 요소를 차례로 살펴본다. 과거의 관습과 실패한 혁신들, 매력적이고 엉망진창이었던 실험들이 모두 '지금 여기'와는 다른 가능성을 엿볼 원천이 된다.

먼저 제2장에서는 가정 내에 기술이 도입되면서 재생산 노동에 어떤 변화가 일어났는지 살펴본다. 두 저자는 탈노동주의자인 동시에 좌파 가속주의자accelerationist로도 알려져 있는데, 가속주의는 기술이 내포한 생산 잠재력을 실현하면서 생산관계의 변화를 모색하는 것을 특징으로 한다. 헤스터가 공저자로 참여한 『제노페미니즘Xenofeminism』에서 기술은 미래의 페미니즘 철학을 현실화하는 최적의 도구로 간주된다. 예상할 수 있듯, 이 책에서도 저자들은 현실을 개선시킬 도구로서 기술의 잠재력에 주목한다. 저자들은 기술이 가사노동을 실제로 절약시킨 사례뿐 아니라 가사노동을 더 크게 절약시킬 수 있었으나 그러지 못했던 사례도 검토하는데, 예를 들어 세탁기는 집단화할 수 있는 형태로 개발되었다면 훨씬 더 효율적이었겠지만 이윤 논리와 상상력의 부족으로 인해 지금과 같이 하인 한 명의 일을 대체하는 형태를 띠게 되었다. 스마트 홈 같은 첨단 기술의 경우 실제로는 가사노동을 '절감'해주기보다는 작은 규모에서 '편의'를 제공할 따름이며, 셀프 주유소나 ATM 등은 '자동화 도구'로 오해받지만 실은 '노동 이동' 도구일 뿐이다. 저자들이 보기에 기술은 아직도 할 수 있는 일이 훨씬 많다. 현재의 사회관계와 사회적 상상이 달라지면, 기술의 현실적 영향력도 제약에서 벗어날 수 있을 것이다.

제3장에서는 청결과 위생, 요리, 육아, 번아웃을 부르는 '허슬 문화'까지 재생산 노동의 여러 분야에서 기준이 사회적으로 변해온 양상을 살펴본다. 깨끗함과 좋은 음식에 대해 우리가 믿고 있는 개념들은 자본의 이윤 동기와 광고업계의 이해관계, 하향식 계몽 노력 등이 결합하여 만들어진 사회적 구성체다. 육아의 기준이 높아진 것은 인적 자본을 중심으로 하는 사회에 대한 합리적 반응이다. 기준은 이렇듯 가변적이지만 사회적으로 규범화되어 있으므로 기준을 따르지 않으려는 개인의 선택은 한계에 부닥치게 마련이다. 여기서 공동체가 스스로 규범과 법을 정하여 구조 자체를 변혁시킬 필요가 생겨난다.

제4장에서는 재생산 노동에서 분명히 드러나는 핵가족의 한계를 지적하고, 가족 역시 사회적 구성체로서 새롭게 상상할 대상이 될 수 있음을 보여준다. 과연 '가족'의 개념은 과거엔 지금과 달리 혈연관계보다 노동관계로 정의되어, 함께 생활하며 일하는 사람들을 뜻했다. 오늘날 전통적인 가족 형태로 여겨지는 생계 부양자/가정주부 모델이 지배한 시기는 고작 몇십 년에 지나지 않는다. 1인 가구가 증가하고 어느 때보다도 가구 규모가 작아진 지금, '마지막 돌봄의 보루'로서 돌봄 노동을 담당하고 있는 가족은 큰 부담을 떠안고 있다. 저자들은 비합리적인 노력 중복 현상이 일어나고 돌봄 노동에 부적합한 핵가족에서 탈피해, 가족 재생산 제도를 근본적으로 재고해야만 재생산 위기에서 벗어날 수 있으리라고 주장한다.

제5장에서는 우리가 생활하는 공간의 건축적 요소가 재생산 노동에 미치는 영향을 살펴본다. 저자들이 특히 주목하는 것은 노동 집약적인 단독주택의 한계를 극복하고자 한 건축적 실험들이다. 20세기 초에 기반 시설의 공유라는 발상이 인기를 얻어, 주방을 뺀 대신 호화로운 공용시설을 제공한 고급 아파트 호텔과 협동조합주택이 지어졌다. 과학적 접근법으로써 가사노동을 합리화하거나 노동을 줄여주는 공간을 설계하려는 시도도 있었다. 사회 중퇴자들이 지은 히피 공동체부터 정부가 공급하는 사회주택, 현대의 자본이 전문직을 겨냥해 지은 가정판 '위워크'까지 다양한 층위에서 이루어진 공동 주거 실험은 우리에게 '함께 살기'에 대해 새롭게 생각할 기회를 주었다.

마지막 제6장에서는 문화 잡지 〈콰이터스The Quietus〉의 서평에서 '응용유토피아주의'라고 평가한 이 책의 실천적 면모가 두드러진다. 재생산 노동이 줄어든 세상의 기틀을 세우기 위해 저자들은 공동 돌봄, 공공 호사, 시간 주권이라는 세 개의 기조를 내세운다. 저자들은 청사진을 제시하는 것은 아니라고 말하지만, 그들의 제안은 구체적이고 현실성 있다. 풍부한 참고문헌과 통계를 바탕으로 설득력 있는 논의를 쌓아올린 덕분일 것이다. 이 책의 결론에 이르면, 가정을 지금과 다르게 꾸릴 방법이 현실로 존재한다고 믿게 된다.

번역을 하는 중에, 심각한 재생산 위기를 맞은 한국의 상황에 대해 저자 닉 스르니첵과 이메일로 대화했다. 공공임대주택으로도 확장되어 '공공 호사'라 부르기에 부족함이 없는 요즘 한국 아파트의 커뮤니티 시설을 소개하자 그는 여기서 일말의 낙관을 엿본다면서도, 더 중요한 것은 동아시아 특유의 '일 중심 문화'에서 벗어나는 것이라고 강조했다. 기술의 한계는 기술이 놓인 사회문화적 맥락에 있다. OECD 국가 중 '워크-라이프 밸런스' 지수가 가장 낮고 삶의 여유가 부족한 한국에 필요한 것은 무엇보다도 탈노동 '멘탈리티'일지도 모른다. 이 책에서 소개한 히피 공동체 '드롭 시티'에서 일이 줄어들지는 않았으나 더 주체적으로, 더 자유롭게 행해졌음을 기억해본다. '시간을 어떻게 쓸 것인가?'라는 질문에 먼저 진지하게 답하려 해본다면, 역으로 우리가 자유 시간을 만들어낼 – 혹은 일과 맺은 관계를 바꿀 – 필요를 절감할지도 모르겠다는 생각이 든다.

어린아이를 키우고, 가사노동을 하며, 인공지능이 발전한 미래에 사라질 직업으로 꼽히는 번역을 업으로 삼는 내게 이 책의 논의는 긴급하게 느껴졌다. 오늘날 쏟아지는 일의 미래에 대한 여러 담론 속에서 가장 눈에 띄는 서사는 인공지능과 자동화가 그려내는 화려한 미래다. 그러나 '일의 미래는 코딩이 아니라 돌봄에, 기계가 아니라 살갗을 만지는 일에 있다'라는 본문의 문장처럼, 실제로 우리가 맞닥뜨릴 미래를 대비하려면 재생산 노동에 대한 이해가 반드시 필요할 것이다. 어떤 식으로든 사회 재생산에 참여하며 쉼 없이 자유 시간을 침해받고 있을 독자에게 이 책이 재생산 노동의 새로운 가능성과 그로써 우리 모두가 누리게 될 자유에 대해 생각해보는 기회가 되길 소망한다.

| 주 |

1 | 일을 줄일 수 있을까?

1 물론 이 경향에는 흥미로운 예외도 있었다. 예를 들어 다음을 보라. Albert, *Parecon: Life After Capitalism*; Gibson-Graham, *A Postcapitalist Politics*.

2 Fisher, *Capitalist Realism: Is There No Alternative?*(한국어판 : 마크 피셔 지음, 박진철 옮김, 『자본주의 리얼리즘 : 대안은 없는가』, 리시올, 2018년)

3 Saito, *Karl Marx's Ecosocialism*(한국어판 : 사이토 고헤이 지음, 추선영 옮김, 『마르크스의 생태사회주의』, 두번째테제, 2020년); Schmelzer, Vetter, and Vansintjan, *The Future Is Degrowth*.

4 Huws, *Reinventing the Welfare State*; Muldoon, *Platform Socialism*; Scholz and Schneider, *Ours to Hack and to Own*; Tarnoff, *Internet for the People*.

5 Benanav, 'How to Make a Pencil'; Morozov, 'Digital Socialism: The Calculation Debate in the Age of Big Data'; Rozworski and Philips, *People's Republic of Walmart*.

6 코딜리어 벨튼Cordelia Belton의 연구와 더불어 다음을 보라. Roberts, *Marx's Inferno*; Hägglund, *This Life: Secular Faith and Spiritual Freedom*(한국어판 : 마틴 하글런드 지음, 오세웅 옮김, 『내 인생의 인문학』, 생각의길, 2021년); Bernes, 'The Test of Communism'; Clegg and Lucas, 'Three Agricultural Revolutions'.

7 Green et al., 'Working Still Harder'; Gimenez-Nadal, Molina, and Sevilla, 'Effort at Work and Worker Well-Being in the US'; Eurofound, 'Working Conditions and Workers' Health'.

8 Rodrik and Stantcheva, 'Fixing Capitalism's Good Jobs Problem'.

9 Anderson, *Private Government*; Gourevitch and Robin, 'Freedom Now'.

10 Bouie, 'This Is What Happens When Workers Don't Control Their Own Lives'.

11 Gourevitch, *From Slavery to the Cooperative Commonwealth*, Ch. 4.

12 Mau, 'The Mute Compulsion of Economic Relations'; Roberts, *Marx's Inferno*.

13 Cohen, 'The Structure of Proletarian Unfreedom'.

14 Weeks, *The Problem with Work*(한국어판 : 케이시 윅스 지음, 제현주 옮김, 『우리는 왜 이렇게 오래, 열심히 일하는가?』, 동녘, 2016년); Srnicek and Williams, *Inventing the Future*.

15 Frey and Osborne, 'The Future of Employment: How Susceptible Are Jobs to Computerisation?'; Brynjolfsson and McAfee, *The Second Machine Age: Work, Progress, and Prosperity in a Time of Brilliant Technologies*.(한국어판 : 에릭 브린욜프슨·앤드루 맥아피 지음, 이한음 옮김, 『제2의 기계 시대』, 청림출판, 2014년)

16 Benanav, *Automation and the Future of Work*.(한국어판 : 아론 베나나브 지음, 윤종은 옮김, 『자동화와 노동의 미래』, 책세상, 2022년)

17 더 정확하게는, 재생산 노동이 다양한 맥락에서 – 임금을 받거나 무보수로, 가정 안팎에서 – 수행되며 '돌봄 노동', '가정 내 노동', '가사노동'과 동의어는 아니지만 유사 범주로서 이것들을 아우른다고 말할 수 있다.

18 Gorz, *Farewell to the Working Class: An Essay on Post-Industrial Socialism*, 85.

19 이 견해를 제안한 가장 유명한 사회주의 페미니즘 사상가는 실비아 페데리치일 것이다. 조이 서덜랜드Zöe Sutherland와 마리나 비슈미트Marina Vishmidt는 이렇게 썼다. '돌봄의 정치와 깊이 관련된 생각을 담은 페데리치의 최근 저작에서는 필요와 바람직함, 고유성과 보편성, 내핍한 현재의 젠더화된 노역과 (여전히 젠더화된) 유토피아 지평의 융합이 자주 일어난다. 실제로 재생산 공역에 관해 페데리치는 현재의 젠더화된 노동 분화를 공공연히 비판하지 않으며, 오히려 자급 경제에서 일어나는 경우 반자본주의적이라는 점을 들어 재평가하고 있다.' Sutherland and Vishmidt, 'The Soft Disappointment of Prefiguration', 10. 페데리치의 글에서 찾을 수 있는 사례는 다음에 실린 에세이를 보라. Federici, *Re-Enchanting the World: Feminism and the Politics of the Commons*.

20 Vishmidt, 'Permanent Reproductive Crisis'.

21 최근의 사례 하나를 들자면 '(케이트 소퍼의 대안적 쾌락주의는) 돌봄 노동의 근절을 추구하는 것이 아니라 그에 적절한 존중을 표한다'. Soper, *Post-Growth Living*, 87.

22 *The Telegraph*, 'NHS Is Fifth Biggest Employer in World'; *Full Fact*, 'How Many NHS Employees Are There?'

23 구체적으로 보건 서비스에 종사하는 개인 돌봄 노동자, 초등학교 및 유치원 교사, 수행원/개인 비서다. 참조 : 'Employees 16-64 years by occupation(SSYK

2012), age and year', statistikdatabasen.scb.se.

24   Dwyer, 'The Care Economy?', 404.

25   이런 변혁을 잘 설명하는 취재가 다음 책에 담겨 있다. Winant, *The Next Shift*.
이 변혁에는 선진 자본주의 국가의 노령화, '인적 자본' 중심 경제로의 전환, 보몰
Baumol의 비용질병 같은 현상을 낳는 전체적 구조 전환 같은 요소들이 포함된다.

26   데이터 출처 : Statistics Canada, France's National Institute of Statistics and
Economic Studies, Germany's Statistisches Bundesamt, Italy's National
Institute of Statistics, Japan's Statistics Bureau, the UK Office for National
Statistics, the US Bureau of Economic Analysis. 이 수치들은 표준산업화분
류SIC 체계를 사용해 '숙박 및 식음 서비스 활동', '교육', '보건 및 사회복지 활동'
분류를 합산하여 계산한 결과다. 대안적 분류 시스템을 채택한 경우, 가장 가까
운 분류를 사용했다. 장래의 연구에선 더 세분화된 분류에 초점을 맞춤으로써 정
확도를 향상시킬 수 있겠으나, 우리의 목적에서 중요한 건 보편적 경향이다. 코
로나19 팬데믹에서 심하게 부정적 영향을 받은 접객업의 경우 2020~2021년에
미약한 감소가 일어났음을 짚고 넘어간다.

27   Wilson et al., 'Working Futures 2017-2027', 93.

28   Oh, 'The Future of Work Is the Low-Wage Health Care Job'.

29   출처 : 'Fastest growing occupations', bls.gov.

30   한때 노르웨이는 무보수 노동을 국민계정에 포함시켰으나, 결국은 다른 국가들
과의 표준화를 위해 배제시켰다.

31   Folbre, *The Invisible Heart: Economics and Family Values*, 67.(한국어판 : 낸시
폴브레 지음, 윤자영 옮김, 『보이지 않는 가슴』, 또하나의문화, 2007년)

32   무보수 노동 부문을 측정하려는 가장 이른 노력은 1919년 미국, 영국, 스웨덴, 덴
마크에서 시작되었다(Hawrylyshyn, 'The Value of Household Services'). 1990년대 이
래로 시간 활용 조사는 가정 내에서 얼마나 많은 노동이 일어나고 있는지를 알아
보기 위한 대중적 방법으로서 갈수록 표준화되었다. 조사에서는 사람들에게 전
날 자신이 어떤 활동을 했는지 기록하도록 함으로써 가정이 무보수 사회 재생산
노동을 어떻게 분배하고 조직하는지에 관한 전례 없는 통찰을 안겨주었다. 이 정
보를 기반으로 다수의 정부가 무보수 사회 재생산 노동의 가치를 추산하려는 '위
성계정'을 운용하기 시작하는 한편, 학술 연구자들은 이 노동의 추정과 측정에
대해 갈수록 많은 관심을 기울였다.(위성계정의 방법론에 관해서는 다음을 보라. Holloway,
Short, and Tamplin, 'Household Satellite Account (Experimental) Methodology'; Abraham
and Mackie, *Beyond the Market*; Landefeld and McCulla, 'Accounting for Nonmarket
Household Production Within a National Accounts Framework'; Suh, 'Care Time in the US:
Measures, Determinants, and Implications'; Folbre, 'Valuing Non-Market Work'.) 그러나
무보수 사회 재생산 노동의 측정에는 여전히 상당한 제약이 존재하며, 새로운
척도에 의존하는 것이 유일한 접근법이어선 안 된다. 이에 대한 비판은 다음을

보라. Bryson, 'Time-Use Studies: A Potentially Feminist Tool'; Cameron and Gibson-Graham, 'Feminising the Economy'; Folbre, 'Valuing Non-Market Work'.

33 Webber and Payne, 'Chapter 3: Home Produced "Adultcare" Services'.

34 Slaughter, 'The Work That Makes Work Possible'.

35 International Labour Organization, 'Care Work and Care Jobs for the Future of Decent Work', 43.

36 도표는 입수할 수 있는 가장 최근의 시간 활용 연구와 세계은행의 데이터를 근거로 해당 국가의 남녀 비율에 가중치를 두었다. 시간 활용 데이터의 출처 : Charmes, 'The Unpaid Care Work and the Labour Market: An Analysis of Time Use Data Based on the Latest World Compilation of Time-Use Surveys', 45-6.

37 Rai, Hoskyns, and Thomas, 'Depletion: The Cost of Social Reproduction'; Ervin et al., 'Gender Differences in the Association Between Unpaid Labour and Mental Health in Employed Adults'.

38 Fox, 'Frances Gabe, Creator of the Only Self-Cleaning Home, Dies at 101'.

39 Davis, *Women, Race, & Class*, 223.(한국어판 : 앤절라 Y. 데이비스 지음, 황성원 옮김, 『여성, 인종, 계급』, arte, 2022년)

40 Engels, *The Origin of the Family, Private Property and the State*; Kollontai, 'In the Front Line of Fire'; Kollontai, 'Working Woman and Mother'; Kollontai, 'The Labour of Women in the Revolution of the Economy'; Friedan, *The Feminine Mystique*(한국어판 : 베티 프리단 지음, 김현우 옮김, 『여성성의 신화』, 갈라파고스, 2018년); Sandberg, *Lean In*(한국어판 : 셰릴 샌드버그 지음, 안기순 옮김, 『린 인』, 와이즈베리, 2013년).

41 Weeks, *The Problem with Work*.

42 혹은 에마 다울링Emma Dowling이 '돌봄 해법care fix'이라고 부른 것이 아니다. 다음을 보라. Dowling, *The Care Crisis*.

43 이 논점을 만드는 데 도움을 준 베네딕트 싱글턴Benedict Singleton에게 깊이 감사드린다.

2 | 기술의 배신

1 Fortunati, 'Robotization and the Domestic Sphere', 9.

2 Hardyment, 'Rising Out of Dust'; Samsung, 'Samsung KX50: The Future in Focus'.

3 Taipale et al., 'Robot Shift from Industrial Production to Social

Reproduction', 18.

4   Parks, 'Lifting the Burden of Women's Care Work'.

5   흥미로운 예외 중 하나가 포르투나티Fortunati의 지난 10년간의 연구로, 사회적 로
    봇에 집중하면서 자본주의적 속성과 탈자본주의 시대에 활용될 잠재력 둘 다를
    강조했다. Fortunati, 'Robotization and the Domestic Sphere'.

6   Vishmidt, 'Permanent Reproductive Crisis'.

7   인용 출처 : James Butler: Bastani, Sarkar, and Butler, 'Fully Automated
    Luxury Communism'.

8   National Alliance for Caregiving and the AARP, 'Caregiving in the US', 50-4.

9   Cowan, 'The "Industrial Revolution" in the Home'.

10 Charmes, 'A Review of Empirical Evidence on Time Use in Africa from
    UN-Sponsored Surveys', 49.

11 O'Toole, *We Don't Know Ourselves*, Ch. 3.

12 Greenwood, Seshadri, and Yorukoglu, 'Engines of Liberation', 112.

13 Hardyment, *From Mangle to Microwave*, 12.

14 Ibid., 10; Cowan, 'The "Industrial Revolution" in the Home', 5.

15 Thompson, 'The Value of Woman's Work', 516.

16 Seccombe, *Weathering the Storm*, 125-6.

17 Bereano, Bose, and Arnold, 'Kitchen Technology and the Liberation of
    Women from Housework', 172.

18 Seccombe, *Weathering the Storm*, 129.

19 Bereano, Bose, and Arnold, 'Kitchen Technology and the Liberation of
    Women from Housework', 172.

20 Hardyment, *From Mangle to Microwave*, 147.

21 Bose, Bereano, and Malloy, 'Household Technology and the Social
    Construction of Housework', 65.

22 Hardyment, *From Mangle to Microwave*, 5-6.

23 Cowan, 'The "Industrial Revolution" in the Home', 7.

24 Ibid., 7.

25 Veit, 'An Economic History of Leftovers'.

26 Cowan, *More Work for Mother*, 106.

27 Cowan, 'The "Industrial Revolution" in the Home', 5; Parr, 'What Makes
    Washday Less Blue?'

28 Pursell, 'Domesticating Modernity'.

29 Cowan, *More Work for Mother*, 46-52.

30 Cowan, 'The "Industrial Revolution" in the Home', 8.

31 Gordon, *The Rise and Fall of American Growth*, 74.(한국어판 : 로버트 J. 고든 지음,

이경남 옮김, 『미국의 성장은 끝났는가』, 생각의힘, 2017년)

32 Hardyment, *From Mangle to Microwave*, 144.

33 Dalla Costa, *Family, Welfare, and the State: Between Progressivism and the New Deal*, 15.

34 Ehrenreich and English, *Witches, Midwives, and Nurses: A History of Women Healers*.(한국어판 : 바버라 에런라이크·디어드러 잉글리시 지음, 김서은 옮김, 『우리는 원래 간호사가 아닌 마녀였다』, 라까니언, 2023년)

35 Cowan, *More Work for Mother*, 76.

36 쇼어가 바넥의 수치를 20년 연장시켜 적용한 결과, 동일한 경향성이 발견되었다. Vanek, 'Time Spent in Housework', 116; Schor, *The Overworked American*, 87.

37 '역설'이라는 용어의 출처 : Joel Mokyr: Mokyr, 'Why "More Work for Mother?"'

38 코완의 이론은 1980년대 말에 거슈니Gershuny와 로빈슨Robinson의 연구에 의해 의심받고 잠시 부정당했으나, 최근의 연구에서 다시 한 번 논점을 입증했다. Cowan, *More Work for Mother*; Gershuny and Robinson, 'Historical Changes in the Household Division of Labor'; Bittman, Rice, and Wajcman, 'Appliances and Their Impact'.

39 Staikov, 'Time-Budgets and Technological Progress', 470.

40 거슈니는 가사노동의 부상이 특히 이 시기에 가정 내 하인들을 잃은 중간계급의 가정주부들에게 의미가 있었다고 지적한다. Gershuny, 'Are We Running Out of Time?', 17.

41 Dalla Costa and James, *The Power of Women and the Subversion of the Community*, 29.

42 예를 들어 1922년 웨스팅하우스 사의 광고는 가전제품이 '보이지 않는 하인'이라고 칭찬했다. 그런데 가정 기술의 도입과 하인의 쇠퇴 사이의 실제 관계에 대해서는, 인과에 대한 흥미로운 질문이 남아 있다. 코완은 두 과정이 공생적이었으며, 새로운 가전제품의 출시를 추동하려 한 자본주의 기업들로 인해 더 수월해졌다고 합리적인 주장을 펼친다. Cowan, 'The "Industrial Revolution" in the Home', 22.

43 Cowan, *More Work for Mother*, 98.

44 Hardyment, *From Mangle to Microwave*, 56.

45 Ibid., 188.

46 Mohun, *Steam Laundries*, Ch. 11.

47 Mokyr, 'Why "More Work for Mother?"'

48 Ehrenreich and English, *For Her Own Good*, 197.(한국어판 : 바버라 에런라이크·디어드러 잉글리시 지음, 강세영 외 옮김, 『200년 동안의 거짓말』, 푸른길, 2017년)

49   Cowan, *More Work for Mother*, Ch. 3.

50   Bittman, Rice, and Wajcman, 'Appliances and Their Impact', 412.

51   Bose, Bereano, and Malloy, 'Household Technology and the Social Construction of Housework', 74.

52   Glazer, *Women's Paid and Unpaid Labor*, 83.

53   Cowan, *More Work for Mother*, 79-80.

54   Wajcman, *Pressed for Time*, 201n7.

55   Glazer, *Women's Paid and Unpaid Labor*, 53-63.

56   Gordon, *The Rise and Fall of American Growth*, 524-5.

57   Ibid., 362.

58   Ormrod, '"Let's Nuke the Dinner": Discursive Practices of Gender in the Creation of a New Cooking Process'.

59   모든 기술이 신속하게 보급된 건 아님을 짚고 넘어가야겠다. 식기세척기는 성능이 좋지 않았고 가정에 따라 필요도가 달랐기 때문에, 1990년대에 이르러서도 식기세척기가 있는 영국 가정은 전체의 20퍼센트에 지나지 않았다. Silva, 'Transforming Housewifery: Dispositions, Practices and Technologies', 62.

60   Gomez, 'Bodies, Machines, and Male Power'.

61   Federici, 'The Restructuring of Housework and Reproduction in the United States in the 1970s', 47.

62   Krafchik, 'History of Diapers and Diapering'.

63   Thaman and Eichenfield, 'Diapering Habits', 16.

64   Boyer and Boswell-Penc, 'Breast Pumps', 124.

65   Lepore, 'Baby Food'.

66   임금 부문에서 무보수 부문으로의 일의 이동은 주목받지 못했을지언정 글레이저Glazer가 논의한 '노동 이동'부터 곤잘레스Gonzalez와 네튼Neton이 논의한 '비참함'까지 아우르는 페미니즘 노동 사상의 중요한 요소였다. 참조 : Glazer, *Women's Paid and Unpaid Labor*; Giménez, *Marx, Women, and Capitalist Social Reproduction*; Gonzalez and Neton, 'The Logic of Gender'.

67   Glenn, *Forced to Care*, 154.

68   Mosebach, 'Commercializing German Hospital Care?', 81; Glazer, *Women's Paid and Unpaid Labor*, 110-12; Gordon, *The Rise and Fall of American Growth*, 489-90.

69   Mathauer and Wittenbecher, 'Hospital Payment Systems Based on Diagnosis-Related Groups: Experiences in Low-and Middle-Income Countries', 746; Freeman and Rothgang, 'Health', 375.

70   Gordon, *The Rise and Fall of American Growth*, 481.

71   Evans, 'Fellow Travelers on a Contested Path', 287-8.

72   Gordon, *The Rise and Fall of American Growth*, 490-1.

73   Glazer, *Women's Paid and Unpaid Labor*, 111.

74   Freeman and Rothgang, 'Health', 373; Stark, 'Warm Hands in Cold Age – On the Need of a New World Order of Care', 21, 24; Kirk and Glendinning, 'Trends in Community Care and Patient Participation', 371.

75   Mauldin, 'Support Mechanism'; Reinhard, Levine, and Samis, 'Home Alone'.

76   Guberman et al., 'How the Trivialization of the Demands of High-Tech Care in the Home Is Turning Family Members Into Para-Medical Personnel'.

77   Glazer, *Women's Paid and Unpaid Labor*, 188-91; Glenn, *Forced to Care*, 155-7.

78   Mauldin, 'Support Mechanism'; Ginsburg and Rapp, 'Disability/ Anthropology'.

79   이를 지적해준 조이 서덜랜드에게 감사드린다.

80   Sadler and McKevitt, '"Expert Carers"'.

81   Folbre, *The Invisible Heart*, 59.

82   McDonald et al., 'Complex Home Care', 249.

83   Glazer, *Women's Paid and Unpaid Labor*, 188-91.

84   이러한 일의 이동에 관해 마르타 히메네스Martha Giménez는 '무보수 소비 노동의 효과는 셀프 서비스 덕분에 소비재 가격이 낮아질 수 있지만, 실제로는 노동력이 값싸져서 자본이 전반적인 임금 수준을 낮추고 착취율을 높이도록 허락하는 것이다'라고 지적한다. Giménez, *Marx, Women, and Capitalist Social Reproduction*, 237.

85   Gershuny, *After Industrial Society?*

86   Lambert, *Shadow Work*.(한국어판 : 크레이그 램버트 지음, 이현주 옮김, 『그림자 노동의 역습』, 민음사, 2016년)

87   가장 심하게 적용되었을 때 '가정 내에서 지속 가능성을 높이려는 노력은 한 정보 제공자의 표현을 빌리자면, 생태에 덜 적대적인 존재 방식에 헌신하고 있는 사람들이 자신의 정신 건강과, 심지어 아이를 낳으려는 욕구까지 희생하고, 일상적인 일들을 환경적 가치와 합치한다고 느껴지는 방식으로 수행하도록 만든다'. Munro, 'Unwaged Work and the Production of Sustainability in Eco-Conscious Households', 677.

88   Gordon, *The Rise and Fall of American Growth*; Gordon, 'Interpreting the "One Big Wave" in US Long-Term Productivity Growth'.

89   Gordon and Sayed, 'Transatlantic Technologies'.

90   그럼에도 여전히 발전은 이루어지고 있다. 예 : Clegg et al., 'Learning to

Navigate Cloth Using Haptics'.

91   가사노동 임금 운동에서는 가정주부에게 임금이 주어지면 신기술을 도입할 장
     려책이 생길 것이라고 주장했다. Sweeney, 'Wages for Housework: The
     Strategy for Women's Liberation', 105.

92   Krenz and Strulik, 'Automation and the Fall and Rise of the Servant
     Economy'.

93   Chang, *Disposable Domestics*; Wrigley, 'Migration, Domestic Work, and
     Repression'.

94   Samuel, 'Happy Mother's Day'.

95   Chen and Adler, 'Assessment of Screen Exposure in Young Children,
     1997 to 2014'.

96   Madrigal, 'Raised by YouTube'.

97   '물질적 노동과 유사한 것은 기계화 과정에 여전히 저항하는 경향이 있는 반면,
     (생각하기, 배우기, 소통하기, 즐기기, 교육하기처럼) 비교적 무형인 부분은 기계
     화되었다.' Fortunati, 'Immaterial Labor and Its Machinization', 140.

98   Huws, 'The Hassle of Housework', 19.

99   여기서 디지털 플랫폼이 어떻게 일터에서 가정으로 무보수 노동의 이동을 용이
     하게 했는지 언급하지 않으면 태만일 테다. 이런 '원격 노동'의 부상은 분명히 무
     보수 가사노동의 수행을 한층 더 복잡하게 만들었지만, 임금노동을 지배하는 강
     령을 바꾸지는 않았다. 가정에서 수행되든 다른 어딘가에서 수행되든, 임금노동
     은 한결같이 생산성, 규율, 자본가들에게 노동의 수행을 보장해주는 감시와 통제
     를 요구한다. 그에 반해 우리가 여기서 관심을 가진 부분은 무보수 노동이 임금
     노동 형태로 이동한 것과, 그로써 일어나는 변화이다.

100 Huws et al., 'Work in the European Gig Economy', 16.

101 Landefeld, Fraumeni, and Vojtech, 'Accounting for Household
     Production', 216.

102 여기서 유일한 예외는 프랑스인데, 1974년에 비해 집에서 식사하는 데 1분을 더
     쓰고 있다. Warde et al., 'Changes in the Practice of Eating', 368.

103 Mokyr, 'Why "More Work for Mother?"', 30. 저임금 레스토랑 노동자들이 맡
     고 있는 노동이 언급되지 않았다는 건 주목할 만하다.

104 Smith, Ng, and Popkin, 'Trends in US Home Food Preparation and
     Consumption'.

105 Kim and Leigh, 'Are Meals at Full-Service and Fast-Food Restaurants
     "Normal" or "Inferior"?'

106 Bureau of Labor Statistics, 'Consumer Expenditures in 2016', 10;
     Smith, Ng, and Popkin, 'Trends in US Home Food Preparation and
     Consumption'.

107 USDA 데이터를 계산한 것이다 – 측정법이 달라지면서 1997년도 계산에 다소 변화가 있었다. 'Food Expenditure Series', ers.usda.gov.

108 Marino-Nachison, 'GrubHub: Here's Why People Order Delivery'; Smith, 'Food Delivery Is a Window Into Our Busy, Overworked Lives'.

109 Garlick, 'Dark Kitchens'; Wiener, 'Our Ghost-Kitchen Future'; Hancock and Bradshaw, 'Can Food Delivery Services Save UK Restaurants?'; Lee and Pooler, 'Travis Kalanick Expands "Dark Kitchens" Venture Across Latin America'.

110 Yeo, 'Which Company Is Winning the Restaurant Food Delivery War?'

111 Marino-Nachison, 'Food & Dining'.

112 Warde, 'Convenience Food', 521.

113 Bonke, 'Choice of Foods: Allocation of Time and Money, Household Production and Market Services, Part II'.

114 Warde et al., 'Changes in the Practice of Eating', 368; Bianchi et al., 'Is Anyone Doing the Housework?', 208.

115 Bram and Gorton, 'How Is Online Shopping Affecting Retail Employment?'

116 Mims, 'How Our Online Shopping Obsession Choked the Supply Chain'.

117 UNCTAD, 'Estimates of Global E-Commerce 2019 and Preliminary Assessment of Covid-19 Impact on Online Retail 2020', 6.

118 출처 : 'Internet sales as a percentage of total retail sales (ratio) (%)', ons.gov.uk; 'E-Commerce Retail Sales as a Percent of Total Sales', fred.stlouisfed.org.

119 Satariano and Bubola, 'Pasta, Wine and Inflatable Pools'.

120 Evans, 'Step Changes in Ecommerce'.

121 'Aldi Meets Amazon – Digitalisation & Discount Retailers: Disruption in Grocery Retail'; Retail Feedback Group, 'Retail Feedback Group Study Finds Online Supermarket Shoppers Register Improved Overall Satisfaction and Higher First-Time Use'.

122 Evans, 'The Ecommerce Surge'.

123 Bradshaw and Lee, 'Catch Them If You Can'; Bradshaw, 'Why Tech Investors Want to Pay for Your Groceries'.

124 Ehrenreich, 'Maid to Order', 96.

125 Berg, 'A Gendered Socio-Technical Construction: The Smart House', 169.

126 Miles, *Home Informatics*; Berg, 'A Gendered Socio-Technical Construction: The Smart House', 171.

127 Wajcman, *Pressed for Time*, 130.

128 Gardiner, *Gender, Care and Economics*, 177.

129 Hardyment, 'Rising Out of Dust'; Strengers and Nicholls, 'Aesthetic Pleasures and Gendered Tech-Work in the 21st-Century Smart Home', 73; Darby, 'Smart Technology in the Home'.

130 Berg, 'A Gendered Socio-Technical Construction: The Smart House', 170; Strengers and Nicholls, 'Aesthetic Pleasures and Gendered Tech-Work in the 21st-Century Smart Home', 74.

131 Strengers and Nicholls, 'Aesthetic Pleasures and Gendered Tech-Work in the 21st-Century Smart Home', 73-4.

132 Evans, 'Smart Homes and Vegetable Peelers'.

133 Woyke, 'The Octogenarians Who Love Amazon's Alexa'.

134 Mattern, 'Maintenance and Care'; Mattu and Hill, 'The House That Spied on Me'.

135 Strengers and Nicholls, 'Aesthetic Pleasures and Gendered Tech-Work in the 21st-Century Smart Home', 76, 78.

136 Ibid., 78.

137 Wajcman, *Pressed for Time*, 127.

138 Strengers and Nicholls, 'Aesthetic Pleasures and Gendered Tech-Work in the 21st-Century Smart Home', 76.

139 Wajcman, *Feminism Confronts Technology*, 100.

140 Evans, 'Smart Homes and Vegetable Peelers'.

141 Mattu and Hill, 'The House That Spied on Me'.

142 Wolfe, 'Roomba Vacuum Maker iRobot Betting Big on the "Smart" Home'.

143 Webb, 'Amazon's Roomba Deal Is Really About Mapping Your Home'.

144 머리 굴든 Murray Goulden의 대담에서 빌린 표현이다.

145 Waters, 'Amazon Wants to Be in the Centre of Every Home'.

146 Mims, 'Amazon's Plan to Move In to Your Next Apartment Before You Do'; Matsakis, 'Cops Are Offering Ring Doorbell Cameras in Exchange for Info'; Bradshaw, 'Google Signs $750m Deal with ADT to Sell Its Nest Devices'.

147 Greenwood, Seshadri, and Yorukoglu, 'Engines of Liberation'; de V. Cavalcanti and Tavares, 'Assessing the "Engines of Liberation"'; Coen-Pirani, León, and Lugauer, 'The Effect of Household Appliances on Female Labor Force Participation'; Dinkelman, 'The Effects of Rural Electrification on Employment'.

148 여기에 포함된 활동은 구체적으로 다음과 같다. '계획하기, 재화와 서비스 구매하기(의료 및 개인 돌봄 서비스 제외), 아동 및 성인 돌봄(가정 내외에서), 일반적인 청소, 주택 및 마당의 관리와 보수(마당 관리 포함, 정원 일 제외), 식사 준비 및 정리, 의류 및 기타 가정 내 천의 생산·수선·세탁.' Ramey and Francis, 'A Century of Work and Leisure', 202-4.

149 Goodin et al., *Discretionary Time*, 75.

150 Bittman, Rice, and Wajcman, 'Appliances and Their Impact', 412.

151 Bereano, Bose, and Arnold, 'Kitchen Technology and the Liberation of Women from Housework', 180; Papanek and Hennessey, *How Things Don't Work*, 23.

152 Spigel, 'Designing the Smart House'.

3 | 기준의 강화

1 Krisis Group, 'Manifesto against Labour'.

2 Gorz, *Farewell to the Working Class: An Essay on Post-Industrial Socialism*, 82.

3 Soper, *Post-Growth Living*, 87.(한국어판 : 케이트 소퍼 지음, 안종희 옮김, 『성장 이후의 삶』, 한문화, 2021년)

4 Morris, *News from Nowhere and Other Writings*, 54.

5 Pfannebecker and Smith, *Work Want Work*, Ch. 1.

6 Johnson, 'I Dream of Canteens'.

7 Shove, *Comfort, Cleanliness and Convenience*, 3.

8 Ferree, 'The Gender Division of Labor in Two-Earner Marriages', 178.

9 기준의 관리가 명시적으로 논의되는 경우는 드물지만, 눈에 띄는 예외로 루스 슈워츠 코완의 연구가 있다. 참조 : Cowan, *More Work for Mother*, 214.

10 조던 피터슨Jordan Peterson이 젊은 남자들에게 방을 치우라면서 혼돈과 질서 사이의 형이상학적 전투를 이야기할 때, 그는 이런 경계의 구분에 대한 오랜 담론을 따라가는 셈이다.

11 인용 출처 : Cowan, *More Work for Mother*, 167.

12 McClintock, 'Soft-Soaping Empire: Commodity Racism and Imperial Advertising', 129.

13 Davin, 'Imperialism and Motherhood', 19.

14 Willimott, *Living the Revolution*, 56-7.

15 Kelley, '"The Virtues of a Drop of Cleansing Water"'.

16 Vishwanath, 'The Politics of Housework in Contemporary India'.

17 Davis, *Women, Race, & Class*, Ch. 5.

18 Shove, *Comfort, Cleanliness and Convenience*, 86–7.

19 Shove, *Comfort, Cleanliness and Convenience*, 99.

20 Zhang, 'How "Clean" Was Sold to America with Fake Science'.

21 Everts, 'How Advertisers Convinced Americans They Smelled Bad'.

22 Zhang, 'How "Clean" Was Sold to America with Fake Science'.

23 Schor, *The Overworked American*, 89.

24 Shove, *Comfort, Cleanliness and Convenience*, 131.

25 Gordenker, 'Laundry Logic'.

26 Strasser, *Never Done*, 268.

27 Cowan, *More Work for Mother*, 177.

28 Mohun, *Steam Laundries*, 264.

29 Cowan, *More Work for Mother*, 167; 216–19.

30 Gordenker, 'Laundry Logic'.

31 Grand View Research, 'Dry-Cleaning & Laundry Services Market Size Report, 2020–2027'.

32 Neff, 'The Dirt on Laundry Trends Around the World'.

33 Shorter, *The Making of the Modern Family*, 69.

34 Hardyment, *From Mangle to Microwave*, 14.

35 Seccombe, *Weathering the Storm*, 47–8.

36 Arnold and Burr, 'Housework and the Application of Science', 156–9; Hoy, *Chasing Dirt*, 113–17; Woersdorfer, *The Evolution of Household Technology and Consumer Behaviour, 1800-2000*, Ch. 3.

37 Cowan, *More Work for Mother*, 187–8; Mokyr, 'Why "More Work for Mother?"', 17, 33.

38 Hoy, *Chasing Dirt*, 140–9.

39 Ehrenreich and English, *For Her Own Good*, 175.

40 Bereano, Bose, and Arnold, 'Kitchen Technology and the Liberation of Women from Housework', 166–7.

41 Mokyr, 'Why "More Work for Mother?"', 29.

42 Cowan, *More Work for Mother*, 177.

43 Tronto, *Moral Boundaries*, 118.

44 Bianchi et al., 'Housework: Who Did, Does or Will Do It, and How Much Does It Matter?', 57.

45 Robinson and Milkie, 'Back to the Basics', 216.

46 Sayer, Cohen, and Casper, 'Women, Men, and Work', 26.

47 Greaves, 'A Causal Mechanism for Childhood Acute Lymphoblastic

Leukaemia'.

48   Ehrenreich and English, *For Her Own Good*, 176.

49   Casey and Littler, 'Mrs Hinch, the Rise of the Cleanfluencer and the Neoliberal Refashioning of Housework'.

50   Evans, 'Lockdowns Lower Personal Grooming Standards, Says Unilever'; 'Monthly Briefing from WFH Research'.

51   Schor, *The Overworked American*, 91.

52   Rowbotham, *Dreamers of a New Day*, 142.

53   Ehrenreich and English, *For Her Own Good*, 178.

54   Mokyr, 'Why "More Work for Mother?"', 19.

55   Ehrenreich and English, *For Her Own Good*, 180.

56   Rowbotham, *Dreamers of a New Day*, 129.

57   Hayden, *Grand Domestic Revolution*, 159.

58   Neuhaus, 'The Way to a Man's Heart', 532.

59   Ibid., 533.

60   Silva, 'Transforming Housewifery: Dispositions, Practices and Technologies', 59.

61   Freeman, *The Making of the Modern Kitchen*, 45.

62   Strasser, *Never Done*, 276-7; Neuhaus, 'The Way to a Man's Heart', 533; Shapiro, *Something from the Oven*.

63   Barthes, *Mythologies*, 78.(한국어판 : 롤랑 바르트 지음, 이화여자대학교 기호학연구소 옮김, 『현대의 신화』, 동문선, 1997년)

64   Neuhaus, 'The Way to a Man's Heart', 533.

65   OECD, 'Society at a Glance 2011 – OECD Social Indicators', 23.

66   Strasser, 'What's in Your Microwave Oven?'

67   Yates and Warde, 'The Evolving Content of Meals in Great Britain', 303-5.

68   Bowen, Brenton, and Elliott, *Pressure Cooker*, 113; Greene et al., 'Economic Issues in the Coexistence of Organic, Genetically Engineered(GE), and Non-GE Crops', 8-9.

69   Fielding-Singh, 'A Taste of Inequality: Food's Symbolic Value across the Socioeconomic Spectrum'.

70   인용 출처 : Bowen, Brenton, and Elliott, *Pressure Cooker*, 4.

71   Daly and Ferragina, 'Family Policy in High-Income Countries'; Lutz, 'Care as a Fictitious Commodity', 4; Daly, 'Families versus State and Market', 143; Gauthier, *The State and the Family*, 173.

72   Ferragina, 'The Political Economy of Family Policy Expansion', 12.

73   Huber and Stephens, 'Postindustrial Social Policy', 269.

74 출처 : Chart PF3.2.A and Chart PF3.2.D in the OECD Family Database.

75 OECD, 'Doing Better for Families', 15.

76 Gauthier, Smeeding, and Furstenberg, 'Are Parents Investing Less Time in Children?', 648.

77 Samman, Presler-Marshall, and Jones, 'Women's Work', 30.

78 Esping-Andersen, *Incomplete Revolution*.

79 Ferragina, 'The Political Economy of Family Policy Expansion', 7.

80 Vaalavuo, 'Women and Unpaid Work'.

81 출처 : 'Children aged less than 3 years in formal childcare', ec.europa.eu. 직접 비교 가능한 미국 데이터에는 접근할 수 없었지만 미국에서도 비슷한 과정이 일어났다는 증거가 있다. 참조 : Cascio, 'Early Childhood Education in the United States', 70.

82 출처 : 'Children in formal childcare or education by age group and duration-% over the population of each age group-EU-SILCsurvey', ec.europa.eun

83 Bianchi, 'Family Change and Time Allocation in American Families', 25; Aguiar and Hurst, 'Measuring Trends in Leisure', 981; Gauthier, Smeeding, and Furstenberg, 'Are Parents Investing Less Time in Children?', 654-5; Bittman, Craig, and Folbre, 'Packaging Care', 134; Sani and Treas, 'Educational Gradients in Parents' Child-Care Time Across Countries, 1965-2012'.

84 중요한 사실은 이 연구가 두 백인 부모가 있는 가정에 초점을 맞추었다는 것이다. Bittman, Craig, and Folbre, 'Packaging Care', 134.

85 Bittman and Wajcman, 'The Rush Hour: The Quality of Leisure Time and Gender Equity'; Bittman, Craig, and Folbre, 'Packaging Care', 147.

86 Gauthier, Smeeding, and Furstenberg, 'Are Parents Investing Less Time in Children?'; Sayer, 'Trends in Housework', 22.

87 Schor, *The Overworked American*, 92.

88 Senior, *All Joy and No Fun*, 126.(한국어판 : 제니퍼 시니어 지음, 이경식 옮김, 『부모로 산다는 것』, 알에이치코리아, 2014년)

89 Whittle and Hailwood, 'The Gender Division of Labour in Early Modern England', 21.

90 Schor, *The Overworked American*, 92.

91 Boswell, *The Kindness of Strangers*.

92 Schor, *The Overworked American*, 93; Hulbert, Raising America, Ch. 1.

93 Park, *Mothering Queerly, Queering Motherhood*, 63; Seccombe, *Weathering the Storm*, 108, 129-31.

94 Gardiner, *Gender, Care and Economics*, 191.

95 Schor, *The Overworked American*, 93; Cowan, *More Work for Mother*, 179.

96 Gardiner, *Gender, Care and Economics*, 193.

97 Senior, *All Joy and No Fun*, 152.

98 Bernstein and Triger, 'Over-Parenting', 1225; Hays, *The Cultural Contradictions of Motherhood*. 이런 방식의 육아는 다양한 유사 형태를 취하는데 '헬리콥터 육아', '집중양육', (북유럽 국가에서는) '컬링 부모', 단순히 '과잉 육아' 등이다.

99 Senior, *All Joy and No Fun*, 154.

100 Bernstein and Triger, 'Over-Parenting', 1227.

101 Senior, *All Joy and No Fun*, 123; Ramey and Ramey, 'The Rug Rat Race'; Doepke and Zilibotti, *Love, Money, and Parenting: How Economics Explains the Way We Raise Kids*.(한국어판 : 마티아스 도프케·파브리지오 질리보티 지음, 김승진 옮김, 『기울어진 교육』, 메디치미디어, 2020년)

102 Schaefer, 'Disposable Mothers', 337-8.

103 Ramey and Ramey, 'The Rug Rat Race'.

104 Doepke and Zilibotti, *Love, Money, and Parenting: How Economics Explains the Way We Raise Kids*.

105 Mose, *Playdate*.

106 Bianchi et al., 'Housework: Who Did, Does or Will Do It, and How Much Does It Matter?', 60.

107 Folbre, *The Invisible Heart*, 33.

108 Kornrich and Furstenberg, 'Investing in Children', 11.

109 Coontz, *The Way We Never Were*, 389.

110 Ramey and Ramey, 'The Rug Rat Race'.

111 Ishizuka, 'Social Class, Gender, and Contemporary Parenting Standards in the United States'; Sani and Treas, 'Educational Gradients in Parents' Child-Care Time Across Countries, 1965-2012'.

112 Lareau, *Unequal Childhoods: Class, Race, and Family Life*, 238-9.(한국어판 : 아네트 라루 지음, 박상은 옮김, 『불평등한 어린 시절』, 에코리브르, 2012년)

113 Harris, *Kids These Days*, 35-6.

114 Bernstein and Triger, 'Over-Parenting', 1228-9.

115 Roberts, 71-2.

116 Cruz, 'Utah Passes "Free-Range" Parenting Law'.

117 집중양육에 대항하는 움직임도 커지고 있다 – 이른바 '방목 육아'나 '디스쿨 링de-schooling'을 둘러싼 오래된 담론이 그 예다. 하지만 이런 움직임에 가해지는 구조적 압박을 감안하면, 자본주의가 유지되는 한 이런 양육법은 틈새 육아법 이

상의 지위를 차지하기 어려울 것이다. 이런 사례를 강조해준 조이 서덜랜드에게 감사드린다.

118 Veblen, *The Theory of the Leisure Class*, 24.(한국어판 : 소스타인 베블런 지음, 김성균 옮김, 『유한계급론』, 우물이있는집, 2012년)

119 Ibid., 26.

120 '과시적 바쁨'이라는 표현의 출처 : Shir-Wise, 'Disciplined Freedom'.

121 Gershuny, 'Busyness as the Badge of Honor for the New Superordinate Working Class', 303-9.

122 Jacobs and Gerson, *The Time Divide*, 35; Kuhn and Lozano, 'The Expanding Workweek?'

123 Weeks, *The Problem with Work*, 70-1; Jacobs and Gerson, *The Time Divide*, 164; Cha and Weeden, 'Overwork and the Slow Convergence in the Gender Gap in Wages'.

124 긱 노동 플랫폼에서 대부분의 노동은 다른 수입을 보충하기 위해 이루어진다. 사례 참조 : Forde et al., 'The Social Protection of Workers in the Platform Economy'; Gray and Suri, *Ghost Work*(한국어판 : 메리 그레이·시다스 수리 지음, 신동숙 옮김, 『고스트워크』, 한스미디어, 2019년); Pesole et al., 'Platform Workers in Europe: Evidence from the COLLEEM Survey'; Fabo, Karanovic, and Dukova, 'In Search of an Adequate European Policy Response to the Platform Economy'; Schmid-Drüner, 'The Situation of Workers in the Collaborative Economy'; Vallas and Schor, 'What Do Platforms Do?'; Huws et al., 'The Platformisation of Work in Europe: Results from Research in 13 European Countries'.

125 Kesvani, 'Rise, Grind and Ruin'; Sprat, 'Why The Rise Of "Work Porn" Is Making Us Miserable'.

126 Jones and Muldoon, 'Rise and Grind'.

127 Wajcman, *Pressed for Time*, Ch. 4.

128 Sullivan, 'Busyness, Status Distinction and Consumption Strategies of the Income Rich, Time Poor', 20.

129 Ibid.

130 Shir-Wise, 'Disciplined Freedom'.

131 Gershuny, 'Busyness as the Badge of Honor for the New Superordinate Working Class', 295.

132 게리 베커Gary Becker의 신고전주의를 기반으로 파생된 거슈니의 주장이지만, 반드시 소비가 '최종 만족의 생산'이라고 믿어야만 일의 속성이 개인의 흥미와 장려를 강력하게 결정한다는 데 동의할 수 있는 건 아니다. 물론 후자는 마르크스주의의 기본 원칙이다.

133 Weeks, *The Problem with Work*, 60.

134 Friedan, *The Feminine Mystique*, Ch. 10; Fortunati, *The Arcane of Reproduction: Housework, Prostitution, Labor and Capital*, 40; Gonzalez and Neton, 'The Logic of Gender', 65.

135 잡지 〈라이프Life〉의 벤딕스 사 광고에서 인용.

136 Vanek, 'Time Spent in Housework', 120.

137 Hofferth and Sandberg, 'Changes in American Children's Time, 1981– 1997'; Harris, *Kids These Days*, 26–7.

138 Ibid., 13–14.

139 Bernstein and Triger, 'Over-Parenting', 1231.

140 Munro, 'The Welfare State and the Bourgeois Family-Household', 202.

141 King, 'School Bans Parents from Wearing Pyjamas While Dropping Kids Off'.

142 Roberts and Evans, 'The "Benevolent Terror" of the Child Welfare System'.

143 Ibid., 22, 163.

144 Munro, 'Unproductive Workers and State Repression', 624.

4 | 가족 형태의 변화

1 예란 테르보른Göran Therborn은 전 지구적 트렌드를 개괄하면서 '유의미한 지역적 차이가 존재하는 가운데 주로 유럽, 아메리카 대륙, 아프리카 일부 지역의 젊은 세대 사이에서 비공식적 실험이 일어나고 있기는 해도, 결혼은 여전히 세계적 사회-성 질서의 지배적 제도다. 이에 반대하는 주장은 기껏해야 국지적인 것일 테다'라고 짚었다. 과연 '결혼이 비공식적 성 결합에 의해 심각하게 도전을 받고 있는 지역은 카리브 해 지역, 안데스 산맥, 남아프리카의 몇 개 국가, 어쩌면 스칸디나비아 정도에 국한된다'.(Therborn, *Between Sex and Power*, 186)

2 Gershuny, *Changing Times*, 132–4.

3 해당 영역을 탐구하는 연구 중 다수가 (아마도 시스젠더인) 두 이성애자 부모 사이의 역학에 집중하는 경향이 있으며, 그 사실이 이런 논의에서 젠더화된 노동을 프레이밍하는 방식에 불가피하게 반영된다는 점을 중요하게 짚고 넘어가야겠다. 미셸 오브라이언Michelle O'Brien이 지적하듯, '통계학자들에게 대표 데이터를 제공하는 국가 설문조사에서는 트랜스젠더 인구를 알아볼 수단이 없다. 한편 퀴어 연구자들은 일반적으로 철저한 경험적 조사에 나설 자원이 부족하다'(O'Brien, 'Trans Work: Employment Trajectories, Labour Discipline and Gender Freedom', 49). 따라서 서로 다른 유형의 가족 및 사회 재생산 단위 내에서 노동시간이 조직되는 방

식을 설명할 때, 주의를 기울여야 하는 공백이 존재한다. 안타깝게도, 이번 장에도 그런 한계가 지워져 있다. 젠더, 재생산 노동, 자유 시간에 대한 보다 포괄적인 분석을 가능하게 해주는 데이터가 거의 없기 때문이다. 첨언하건대, 동성 부부에 대한 연구에서는 동성 부부로 이루어진 가구 내에서 가사노동은 어엿한 노동이자 가정에 대한 귀중한 기여로 인정받으며 노동 분담 역시 훨씬 더 공정하게 이루어진다고 주장한다. Oerton, '"Queer Housewives?"'; Weeks, Donovan, and Heaphy, 'Everyday Experiments: Narratives of Non-Heterosexual Relationships'.

4   Charmes, 'The Unpaid Care Work and the Labour Market: An Analysis of Time Use Data Based on the Latest World Compilation of Time-Use Surveys', 47.

5   National Alliance for Caregiving and the AARP, 'Caregiving in the US', 6.

6   Landefeld, Fraumeni, and Vojtech, 'Accounting for Household Production', 216.

7   Office for National Statistics, 'Women Shoulder the Responsibility of "Unpaid Work"'.

8   Samman, Presler-Marshall, and Jones, 'Women's Work', 19.

9   각국에 대한 시간 활용 설문조사는 전부 같은 연도에 시행되지 않았다. 우리는 단순화하기 위해 설문조사 일자와 제일 근접한 5년 단위로 반올림했다. 출처 : Sayer, 'Trends in Housework', 28.

10 출처 : ibid., 28.

11 Wajcman, *Pressed for Time*, 117.

12 Senior, *All Joy and No Fun*, 55.

13 Wajcman, *Pressed for Time*, 127; Senior, *All Joy and No Fun*, 57.

14 Wajcman, *Pressed for Time*, 127.

15 Charmes, 'Time Use Across the World: Findings of a World Compilation of Time Use Surveys'; Charmes, 'Variety and Change of Patterns in the Gender Balance Between Unpaid Care-Work, Paid Work and Free Time Across the World and Over Time', 5.

16 Office for National Statistics, 'Men Enjoy Five Hours More Leisure Time Per Week Than Women'.

17 Bittman and Wajcman, 'The Rush Hour: The Quality of Leisure Time and Gender Equity', 176.

18 여가 질의 중요성에 관한 초기 논의는 다음을 보라. Linder, *The Harried Leisure Class*.

19 Bittman and Wajcman, 'The Rush Hour: The Quality of Leisure Time and Gender Equity', 185.

20   Willis, 'The Family'.

21   Cowan, 'From Virginia Dare to Virginia Slims', 59.

22   인용 출처 : Thomson, 'Domestic Drudgery Will Be a Thing of the Past:
      Co-operative Women and the Reform of Housework', 118.

23   Whittle and Hailwood, 'The Gender Division of Labour in Early Modern
      England', 20-5.

24   Gillis, *A World of Their Own Making*, 9; Tilly and Scott, *Women, Work, and
      Family*, 13.(한국어판 : 조앤 W. 스콧·루이스 A. 틸리 지음, 김영 옮김, 『여성 노동 가족』, 앨피,
      2021년)

25   Tilly and Scott, *Women, Work, and Family*, 124; Cowan, *More Work for
      Mother*, 18; Marglin, 'What Do Bosses Do? The Origins and Functions of
      Hierarchy in Capitalist Production'; Landes, 'What Do Bosses Really Do?'

26   Fraser, 'Contradictions of Capital and Care', 105.

27   O'Brien, 'To Abolish the Family', 365.

28   Tilly and Scott, *Women, Work, and Family*, 144.

29   Ehrenreich and English, *For Her Own Good*, 13.

30   Positions Politics, 'Abjection and Abstraction'.

31   이 시기의 인구조사 데이터는 '가정에서 이루어지는 일을 과소평가하는 경향
      이 있는데, 조사원들이 하숙인을 받거나 개당 돈을 받고 삯일을 하는 모든 여성
      에게 설문조사를 하지도, 그들을 발견해내지도 못했기 때문이다'. Seccombe,
      Weathering the Storm, 34; Humphries, 'Enclosures, Common Rights, and
      Women', 37-8.

32   Tilly and Scott, *Women, Work, and Family*, 126.

33   Seccombe, *Weathering the Storm*, 146; Humphries, 'Enclosures, Common
      Rights, and Women'.

34   Seccombe, *Weathering the Storm*, 146.

35   Tilly and Scott, *Women, Work, and Family*, 196.

36   Seccombe, *Weathering the Storm*, 111.

37   O'Brien, 'To Abolish the Family', 378.

38   Marx and Engels, 'The Communist Manifesto', 226.

39   Hartman, *Wayward Lives, Beautiful Experiments*, 90.

40   O'Brien, 'To Abolish the Family', 377.

41   Ibid., 381.

42   Therborn, *Between Sex and Power*, 24.

43   Seccombe, *Weathering the Storm*, 1.

44   Coontz, *The Social Origins of Private Life*, 352.

45   Whittle and Hailwood, 'The Gender Division of Labour in Early Modern

England', 21; Thompson, 'Time, Work-Discipline, and Industrial Capitalism', 60.

46 Gillis, *A World of Their Own Making*, 87.

47 Seccombe, *Weathering the Storm*, 205, 48-9, 49.

48 Forty, *Objects of Desire: Design and Society, 1750-1980*, 99-104.(한국어판 : 에이드리언 포티 지음, 허보윤 옮김, 『욕망의 사물, 디자인의 사회사』, 일빛, 2004년)

49 Gillis, *A World of Their Own Making*, 87.

50 Thompson, 'Time, Work-Discipline, and Industrial Capitalism', 85.

51 Seccombe, *Weathering the Storm*, 49.

52 Gillis, *A World of Their Own Making*, 76.

53 물론 부유한 가족은 '가사노동의 진정한 노역을 하인들에게 맡겼지만, 집안의 여성들이 맡은 집안일에 대해서는 그것을 사랑의 노동으로 표현하도록 요구하는 관습이 존재했다. 여성 가사노동의 수혜자들에게 다림질한 셔츠와 정성을 들인 식사는 마법처럼 주어지는 것이었다'. Gillis, *A World of Their Own Making*, 76.

54 Thomson, 'Domestic Drudgery Will Be a Thing of the Past: Co-operative Women and the Reform of Housework', 120.

55 Luxton, 'Time for Myself: Women's Work and the "Fight for Shorter Hours"', 173-4.

56 Coontz, *The Way We Never Were*, 208.

57 Ibid., 208-9.

58 Stoltzfus, *Citizen, Mother, Worker*, 36.

59 Gauthier, *The State and the Family*, 76.

60 Coontz, *The Way We Never Were*, 210.

61 Stoltzfus, *Citizen, Mother, Worker*.

62 Coontz, *The Way We Never Were*, 210.

63 Landry, *Black Working Wives*, 110.

64 Coontz, *The Way We Never Were*, 210.

65 Beveridge, 'Social Insurance and Allied Services', 49.

66 예를 들어 다음을 보라. Abramovitz, *Regulating the Lives of Women: Social Welfare Policy from Colonial Times to the Present*.

67 Gordon, 'What Does Welfare Regulate?', 612-13.

68 Fraser, *Fortunes of Feminism*, 98.(한국어판 : 낸시 프레이저 지음, 임옥희 옮김, 『전진하는 페미니즘』, 돌베개, 2017년)

69 Fraser, 'Contradictions of Capital and Care', 111.

70 Lewis, 'Gender and Welfare Regimes', 164.

71 Lewis, 'Gender and the Development of Welfare Regimes', 161.

72 Groot, 'Part-Time Employment in the Breadwinner Era', 23.

73 Olivetti and Petrongolo, 'The Economic Consequences of Family Policies', 207.

74 Munro, 'The Welfare State and the Bourgeois Family-Household', 202-4.

75 Griffiths, 'The Only Way Out Is Through'.

76 Cooper, *Family Values*, 36.

77 Ibid., 36.

78 Coontz, *The Way We Never Were*, 349; Therborn, *Between Sex and Power*, 314.

79 Lewis, 'The Decline of the Male Breadwinner Model', 153.

80 Coontz, *The Way We Never Were*, 210.

81 Tilly and Scott, *Women, Work, and Family*, 214.

82 Therborn, *Between Sex and Power*, 287.

83 그런데 인종은 여기서 의미 있는 차별화 요인으로서 기능한다. 랜드리Landry는 20세기가 시작될 무렵의 중간계급 흑인 여성들에게 임금노동이 단순히 '경제적 상황에 대한 반응이 아니라 자기실현을 하는 여성의 권리 실현'으로 보였다고 말한다. 그는 미국에서 가정성과 여성성을 둘러싼 - 많은 유색인종 여성과 마찬가지로 흑인 여성들을 애초에 배제시킨 - 기대에 대한 거부가 20세기 중반까지 지속되었으며, 오늘날에도 인종과 젠더에 대해 영향력을 행사하고 있다고 주장한다. '흑인 아내들은 여성성에 관해 다른 이데올로기를 가지고 있었기에 시장에서 얻지 않은(즉 남편에게서 온) 수입, 교육 수준, 모성 지위가 비슷한 백인 아내에 비해 취업에 대한 선호가 높았다고 할 수 있다. 흑인 아내들에게 취업은 이런 여타 요인과 무관하게 바람직하게 여겨진 것으로 보인다.' 그러나 이 설명은 물질적 필요의 역할을 경시한다. 랜드리는 다른 주장에서는 가정 이데올로기에 대한 단순한 적대감이 아닌 경제적 고려 사항이 이 시기 흑인 여성의 노동력 참여를 재촉한 주된 요인이었다고 인정한다. 참조 : Landry, *Black Working Wives*, 79, 111.

84 O'Brien, 'To Abolish the Family', 407.

85 Hartmann, 'The Unhappy Marriage of Marxism and Feminism', 19.

86 Landry, *Black Working Wives*, 137.

87 주류의 입장에서 이런 변화는 노동 활성화(예 : Kenworthy, 'Labour Market Activation'; Bonoli, *Origins of Active Social Policy*)와 이중 생계 부양자 모델(예 : Lewis, 'The Decline of the Male Breadwinner Model'; Kowalewska and Vitali, 'Work/Family Arrangements Across the OECD')에 대한 논의로 구성된 반면, 비평적 연구에서는 노동복지 workfare 국가를 강조했다(예 : Peck, *Workfare States*; Jessop, 'Towards a Schumpeterian Workfare State?').

88 Esping-Andersen, *The Three Worlds of Welfare Capitalism*.(한국어판 : G. 에스핑 앤더슨 지음, 박시종 옮김, 『복지 자본주의의 세 가지 세계』, 성균관대학교출판부, 2007년)

89 Gingrich and Ansell, 'The Dynamics of Social Investment: Human

Capital, Activation, and Care', 283.

90 활성화 정책에 영향을 준 하나의 기원은 다음을 보라. Tony Blair-approved report: Commission on Social Justice, 'Social Justice'.

91 남유럽은 예외인데, 처음부터 실업 급여가 낮았기 때문이다. Huber and Stephens, 'Partisan Governance, Women's Employment, and the Social Democratic Service State', 268; Hemerijck, *Changing Welfare States*, 132.

92 물론 남성 임금에 대한 의존과 가정의 한계를 벗어나고자 한 특정 계열의 페미니즘이 이런 변혁을 주도했고, 다양한 가사·의료 기술도 그 역할을 했다. Albanesi and Olivetti, 'Gender Roles and Technological Progress'; Goldin and Katz, 'The Power of the Pill'.

93 Morgan, *Working Mothers and the Welfare State*, Ch. 4.

94 Goodin et al., *Discretionary Time*, 168.

95 Federici, 'The Restructuring of Housework and Reproduction in the United States in the 1970s', 44.

96 Blank, 'Evaluating Welfare Reform in the United States'.

97 따라서 이 복지 프로그램의 이름은 '부양 자녀가 있는 가족에 대한 원조'에서 '필요 가족을 위한 일시적 지원'으로 바뀌었다.

98 Office for National Statistics, 'Families in the Labour Market, 2014', 7-8.

99 Pew Research Center, 'Raising Kids and Running a Household', 2.

100 Canon, Fessenden, and Kudlyak, 'Why Are Women Leaving the Labor Force?', 2; Bianchi, 'Family Change and Time Allocation in American Families', 24.

101 Orloff, 'Farewell to Maternalism'.

102 출처 : OECD.

103 Seccombe, *Weathering the Storm*, 195.

104 법적·물질적 차원에서 변화가 일어난 뒤에도 비공식적 규범이 계속해서 사회 위계를 구성하는 방식에 대해서는 다음을 보라. Coffee, 'Mary Wollstonecraft, Freedom and the Enduring Power of Social Domination'.

105 Ciccia and Bleijenbergh, 'After the Male Breadwinner Model?'

106 Kowalewska and Vitali, 'Work/Family Arrangements Across the OECD', 7-8.

107 Lewis, 'The Decline of the Male Breadwinner Model', 156; Kowalewska and Vitali, 'Work/Family Arrangements Across the OECD', 4.

108 Ciccia and Bleijenbergh, 'After the Male Breadwinner Model?', 73.

109 Kenny and Yang, 'The Global Childcare Workload from School and Preschool Closures During the COVID-19 Pandemic'; Hozić and Sun, 'Gender and the Great Resignation'.

110 Schor, *The Overworked American*, 79; Zuzanek, 'What Happened to the Society of Leisure?', 30. 정부 정책이 임금노동에 쓰는 시간을 줄이는 것을 목표로 하는 프랑스와 독일이 눈에 띄는 예외다. 참조 : Alesina, Glaeser, and Sacerdote, 'Work and Leisure in the US and Europe'.

111 Schor, *The Overworked American*; Hochschild and Machung, *The Second Shift*.

112 Gershuny, 'Gender Symmetry, Gender Convergence and Historical Work-Time Invariance in 24 Countries', 12.

113 Wajcman, *Pressed for Time*, 65.

114 적어도 한 개 이상의 최근 설문조사에서 시간 압박 수준이 이전과 거의 같거나, 일부 질문을 근거로 한 경우에는 감소한 결과를 보였다. 그러나 이 연구가 불완전 고용 및 실업률이 높았던 2008년 경제 위기 이후에 이루어졌다는 사실을 유의해야겠다. Robinson, 'Americans Less Rushed But No Happier', 1094.

115 Bittman, 'Parenting and Employment: What Time-Use Surveys Show', 152-4; Zuzanek, 'Time Use, Time Pressure, Personal Stress, Mental Health, and Life Satisfaction from a Life Cycle Perspective'; Garhammer, 'Pace of Life and Enjoyment of Life'; Robinson and Godbey, 'Busyness as Usual', 418, 420.

116 Southerton and Tomlinson, '"Pressed for Time" – The Differential Impacts of a "Time Squeeze"', 217-18.

117 Wajcman, *Pressed for Time*, 75-8.

118 Jacobs and Gerson, *The Time Divide*, 45.

119 Bittman, 'Parenting and Employment: What Time-Use Surveys Show', 161, 165.

120 Pew Research Center, 'Raising Kids and Running a Household', 7.

121 Goodin et al., *Discretionary Time*, 89-90; Sayer, 'Gender, Time and Inequality', 296; Zuzanek, 'What Happened to the Society of Leisure?', 30.

122 Bianchi, 'Family Change and Time Allocation in American Families', 27-9.

123 Goodin et al., *Discretionary Time*, 91.

124 O'Hara, 'Household Labor, the Family, and Macroeconomic Instability in the United States', 108-9.

125 OECD, 'Doing Better for Families', 23.

126 Blau and Winkler, 'Women, Work, and Family', 3.

127 Autor, Dorn, and Hanson, 'When Work Disappears', 1; Martin et al., 'Births: Final Data for 2015', 8; OECD, 'Doing Better for Families', 25.

128 미국의 한부모 중 85퍼센트는 싱글맘이다. 저자들이 계산한 데이터 출처 : 'Household Relationship And Living Arrangements Of Children Under 18

Years, By Age And Sex: 2016', census.gov.

129 Blau and Winkler, 'Women, Work, and Family', 4; Alexander, *The New Jim Crow*, 179.

130 유일한 예외는 독일인데, 출산율 감소로 인해 한부모가정의 수가 줄어들 것이다. OECD, 'Doing Better for Families', 29.

131 United Nations, Department of Economic and Social Affairs, Population Division, 'Database on Household Size and Composition 2022'.

132 Seccombe, *Weathering the Storm*, 196.

133 United Nations, Department of Economic and Social Affairs, Population Division, 'Database on Household Size and Composition 2022'.

134 Ivanova and Büchs, 'Implications of Shrinking Household Sizes for Meeting the 1.5°C Climate Targets'.

135 예를 들어 많은 트랜스젠더 인구가 경험하는 가족으로부터의 배제는 경제적으로나 사회 재생산의 측면에서나 무수한 어려움을 낳는다. Belinsky, 'Transgender and Disabled Bodies', 193.

5 | 주거 공간의 재조직

1 Hayden, *Grand Domestic Revolution*, 294.

2 Hester, 'Promethean Labours and Domestic Realism'.

3 Hayden, *Grand Domestic Revolution*, 10.

4 Attwood, *Gender and Housing in Soviet Russia*, 1-3.

5 Stites, *Revolutionary Dreams: Utopian Vision and Experimental Life in the Russian Revolution*, 208-9.

6 Attwood, *Gender and Housing in Soviet Russia*, 28.

7 Ibid., 79.

8 Stites, *Revolutionary Dreams: Utopian Vision and Experimental Life in the Russian Revolution*, 200.

9 Ibid., 64-6.

10 Attwood, *Gender and Housing in Soviet Russia*, 96.

11 Attwood, 93.

12 공동생활과 새로운 관계 형태를 포용하려는 비교적 작은 규모의 시도들도 있었다. 한 예로 1924년 모스크바의 키타이고로드 지역에서는 대학 친구 열 명이 노비 비트의 비전을 실현하려는 뜻을 모아 공동체를 운영했다. 이 집단은 '공동체 구성원은 완전히 평등하게 생활해야 하며, 그만큼 중요한 건 혼성으로 구성되어야 한다. 그래야만 구식 가족에 대한 진정한 대안을 제시할 기회가 있다'라고 합

의했다. Willimott, *Living the Revolution*, 90.

13 Attwood, *Gender and Housing in Soviet Russia*, 68.

14 Ibid., 4.

15 Ibid., 131.

16 Buchli, *An Archaeology of Socialism*, 74, 68.

17 Ibid., 65.

18 Ibid., 121.

19 Ibid., 26.

20 Ibid., 28.

21 Attwood, *Gender and Housing in Soviet Russia*, 109.

22 Buchli, *An Archaeology of Socialism*, 65, 76.

23 Ibid., 105.

24 Stites, *Revolutionary Dreams: Utopian Vision and Experimental Life in the Russian Revolution*, 204, 208.

25 Buchli, *An Archaeology of Socialism*, 78.

26 Adams, *Architecture in the Family Way*, 40.

27 Lauster, *The Death and Life of the Single-Family House*, 17.

28 Adams, *Architecture in the Family Way*, 40.

29 Gilman, *The Home: Its Work and Influence*, 151.

30 Puigjaner, 'Bootleg Hotels', 33.

31 Allen, *Building Domestic Liberty*, 151.

32 Hardyment, *From Mangle to Microwave*, 183.

33 앤소니아 빌딩은 TV 드라마 「아파트 이웃들이 수상해Only Murders in the Building」의 배경이 되는 '아르코니아 빌딩'에 주된 영감을 준 것으로 최근 인지도를 높였다. 참조 : Counter, 'The Apartments That Inspired "Only Murders in the Building" Have Their Own Bloody History'.

34 Rowbotham, *Dreamers of a New Day*, 136.

35 Foster, 'The Finnish Women's Co-Operative Home', 11. 흥미롭게도 이 취재에는 '이웃의 협동조합'을 활용해 우유와 달걀을 도매가로 사라고 권하는 트리뷴 협회 협동조합 클럽 광고가 삽입되어 있다. 도매가는 '소매업자의 이윤과 비싼 간접비를 없앤' 한편, 배달비와 '중매인 수수료'를 포함해 책정되었다고 적혀 있다. 이 광고는 당시 협동조합 살림에 매력이 있었다는 증거이기도 하다.

36 Freeman, *The Making of the Modern Kitchen*, 29.

37 Ibid., 31.

38 에런라이크와 잉글리시가 썼듯, 주부 겸 가정학자는 '가계 장부, 재정 기록, 의료 기록, 집 안의 갖가지 주의 사항, 친지와 친척의 생일 등을 정리해놓은 가족 문서를 관리하는 엄청난 사무 업무'를 맡아야 했다. '요리법을 적어놓은 문서와 가족

이 소유한 모든 의류 품목의 위치 및 상태를 기록한 재고 목록은 말할 것도 없었
다.' Ehrenreich and English, *For Her Own Good*, 179.

39 Rowbotham, *Dreamers of a New Day*, 143.

40 Freeman, *The Making of the Modern Kitchen*, 31.

41 Ibid., 32.

42 Hayden, *Grand Domestic Revolution*, 200.

43 다만 헤이든이 지적하듯, 많은 개혁가가 '현실적으로 재정적 필요에 시달리
는 가정에서 성장'했으며 길먼은 어머니가 '건강과 원기를 잃어가며 생계를 이
어나가려 애쓰는 괴로움'을 겪는 모습을 목격했다. Hayden, *Grand Domestic
Revolution*, 300.

44 Hartman, *Wayward Lives, Beautiful Experiments*, 250.

45 Rowbotham, *Dreamers of a New Day*, 129.

46 Ehrenreich and English, *For Her Own Good*, 190.

47 Hartman, *Wayward Lives, Beautiful Experiments*, 250.

48 Allen, *Building Domestic Liberty*, 79.

49 Hayden, *Grand Domestic Revolution*, 167.

50 Puigjaner, 'Bootleg Hotels', 37.

51 Glendinning, *Mass Housing*, 11.

52 Archer, 'The Frankfurt Kitchen Changed How We Cook – and Live'.

53 Stavrides, *Common Space*, 111.

54 Blau, *The Architecture of Red Vienna, 1919-1934*, 387.

55 Heynen, 'Taylor's Housewife', 42.

56 Blau, *The Architecture of Red Vienna, 1919-1934*, 183. 마이와 쉬테 리호츠키
둘 다 1930년대 초에 새로운 소비에트 도시 마그니토고르스크의 개발에서 핵심
적 역할을 맡게 된다.

57 Archer, 'The Frankfurt Kitchen Changed How We Cook – and Live'.

58 Freeman, *The Making of the Modern Kitchen*, 39.

59 Heynen, 'Taylor's Housewife', 43-4.

60 Heynen, 'Taylor's Housewife', 45.

61 Ibid., 46.

62 Freeman, *The Making of the Modern Kitchen*, 42.

63 Blau, *The Architecture of Red Vienna, 1919-1934*, 79.

64 Boughton, *Municipal Dreams*, 43.

65 Duma and Lichtenberger, 'Remembering Red Vienna'.

66 Blau, *The Architecture of Red Vienna, 1919-1934*, 157.

67 Ibid., 205.

68 Ibid.

69 Ibid., 212.

70 Ibid., *The Architecture of Red Vienna, 1919-1934*, 212.

71 Duma and Lichtenberger, 'Remembering Red Vienna'.

72 Stavrides, *Common Space*, 115.

73 Blau, *The Architecture of Red Vienna, 1919-1934*, 215.

74 Hester, 'Promethean Labours and Domestic Realism'.

75 Duma and Lichtenberger, 'Remembering Red Vienna'.

76 Heindl, 'Alternatives to the Housing Crisis: Case Study Vienna'.

77 Fitzpatrick, 'What Could Vienna's Low-Cost Housing Policy Teach the UK?'; Förster, 'Social Housing Policies in Vienna, Austria', 1.

78 Fahey and Norris, 'Housing', 479.

79 Andrews and Sánchez, 'The Evolution of Homeownership Rates in Selected OECD Countries: Demographic and Public Policy Influences'.

80 Adkins, Cooper, and Konings, *The Asset Economy*(한국어판 : 리사 앳킨스·멜린다 쿠퍼·마르티즌 코닝스 지음, 김현정 옮김, 『이 모든 것은 자산에서 시작되었다』, 사이, 2021년); Harvey, *The Limits to Capital*; Bryant, Spies-Butcher, and Stebbing, 'Comparing Asset-Based Welfare Capitalism'.

81 Lacayo, 'Suburban Legend: William Levitt'.

82 Hayden, *Grand Domestic Revolution*, 23.

83 Ibid.

84 Gordon, *The Rise and Fall of American Growth*, 341.

85 Ibid., 161.

86 Su, 'The Rising Value of Time and the Origin of Urban Gentrification'.

87 Hayden, *Redesigning the American Dream*, 55.

88 Gilman, *The Home: Its Work and Influence*, 18.

89 Gordon, *The Rise and Fall of American Growth*, 357.

90 Nixon and Khrushchev 'The Kitchen Debate[Online Transcript]'.

91 Cowan, *More Work for Mother*; Potter, 'Debunking the "Housing Variety as a Barrier to Mass Production" Hypothesis'.

92 Faichney, 'Advertising Housework'.

93 Kwak, *A World of Homeowners*, 53-4.

94 Ibid., 58.

95 Ibid., 51.

96 Ibid., 60.

97 Glendinning, *Mass Housing*, 94.

98 Fogelson, *Bourgeois Nightmares*.

99 Colomina, *Domesticity at War*, 91.

100 Oliveri, 'Single-Family Zoning, Intimate Association, and the Right to Choose Household Companions', 1408. 올리베리는 지금까지 이어지고 있는 이런 경향이 집합할 권리와 갈등을 일으키고 있음을 짚는다.

101 Colomina, 'Unbreathed Air 1956'; Spigel, 'Yesterday's Future, Tomorrow's Home'; Preciado, *Pornotopia*; Hester, 'Anti-Work Architecture'.

102 Murphy, *Last Futures*, 115.

103 Ibid., 115.

104 Bob Fitch Photography Archive, 'Rural Communes in Northern California, 1969-1970'.

105 Murphy, *Last Futures*, 118.

106 Williams, *Sex and Buildings*, 83.

107 Sadler, 'Drop City Revisited', 5.

108 Williams, *Sex and Buildings*, 79.

109 Sadler, 'Drop City Revisited', 7.

110 Virno, 'The Ambivalence of Disenchantment', 33.

111 *Drop City* [documentary].

112 Fisher, 'K-Punk, or the Glampunk Art Pop Discontinuum', 274.

113 Scott, *Architecture or Techno-Utopia*, 44.

114 Mackay, *Radical Feminism*, 40.

115 Anahita, 'Nestled into Niches', 724.

116 Ibid., 724.

117 Sandilands, 'Lesbian Separatist Communities and the Experience of Nature', 143.

118 Ibid., 143.

119 Ibid., 138.

120 Ibid., 149.

121 Luis, *Herlands*, 95.

122 Ibid., 96.

123 반드시 이래야 할 필요는 없다. 분리주의의 역사는 흔히 생각하는 것보다 복잡하고 다양하다. 참조 : Mackay, *Female Masculinities and the Gender Wars*. 이 참고문헌을 소개해준 조 리틀러에게 감사드린다.

124 McCandless, 'Some Thoughts About Racism, Classism, and Separatism', 107.

125 20세기 초반 몇십 년 동안 흑인 여성의 삶에서 나타난 다양한 형태의 탈출에 대해 하트먼Hartman은 이와 다른 의견을 제기한다. 여기서 '다른 무언가'를 찾는 탐색은 - '아직 명백하게 드러나지 않은, 다른 어디, 다른 무엇에 대한 결연하고 강

인한 갈망은' – 가능성이 제한된 세상에서 자유를 추구할 유일한 기반으로 평가된다. 집단 정치에서 그것이 갖는 전략적 유용성은 하트먼이 저서에서 탐색하는 종류의 실질적 개인 해방 실험을 시작할 현실적 잠재력에 종속된다. 참조 : Hartman, *Wayward Lives, Beautiful Experiments*, 46.

126 Combahee River Collective, 'The Combahee River Collective Statement', 21.

127 Ibid., 19.

128 McCandless, 'Some Thoughts About Racism, Classism, and Separatism', 108.

129 Srnicek and Williams, *Inventing the Future*, 35.

130 Davis, 'Who Will Build the Ark?', 220.

131 Luis, *Herlands*, 25.

132 Gerrity, 'Residential Co-Living Trend Accelerates in Asia'; Harrad, 'This New Co-Living Space Is the Dystopian Symptom of a London Failing Young People'; Kusisto, 'Tiny Rooms, Shared Kitchens'.

133 Yuile, 'Ungating Community: Opening the Enclosures of Financialised Housing', 97.

134 Kusisto, 'Tiny Rooms, Shared Kitchens'.

135 사용가치보다 교환가치를 공식적으로 우선시하는 자본주의의 전형이다. Grima, 'Home Is the Answer, but What Is the Question?', 16-17.

136 Lee, Kemp, and Reina, 'Drivers of Housing (Un)Affordability in the Advanced Economies'; Florida and Schneider, 'The Global Housing Crisis'.

137 Florida and Schneider, 'The Global Housing Crisis'; Meek, 'Where Will We Live?'

138 Williams, *Sex and Buildings*, 26.

139 Arundel and Doling, 'The End of Mass Homeownership?', 650; Macfarlane, 'Is It Time to End Our Obsession with Home Ownership?'

140 Weisman, *Discrimination by Design*, 132.

141 Ibid., 131.

6 │ 어떻게 요구할 것인가

1 Cohen, *Karl Marx's Theory of History: A Defence*, 307.(한국어판 : 제럴드 앨런 코헨 지음, 박형신·정헌주 옮김, 『카를 마르크스의 역사이론』, 한길사, 2011년)

2 이 표현과 더불어 이번 장에서 이루어진 논의 중 많은 부분이 하글런드가 쓴 『내

인생의 인문학』에 빚지고 있다. 이번 장의 초고를 날카롭게 논평해준 탐 오시어Tom O'Shea에게도 감사드린다.

3 Benanav, *Automation and the Future of Work*, 89. 여기서는 테오도르 아도르노Theodor Adorno의 잘 알려진 경구의 영향력이 어렴풋이 느껴진다. '다정함은 오로지 가장 거친 요구에 ─ 누구도 더 이상 배를 곯지 않게 해달라는 요구에 있다.'

4 Gourevitch, *From Slavery to the Cooperative Commonwealth*(한국어판 : 알렉스 고레비치 지음, 신은종 옮김, 『19세기 노동기사단과 공화적 자유』, 지식노마드, 2022년); Roberts, *Marx's Inferno*; Anderson, *Private Government*; O'Shea, 'Socialist Republicanism'; Muldoon, 'A Socialist Republican Theory of Freedom and Government'. 이런 입장에 대한 비판은 다음을 보라. Kandiyali, 'Should Socialists Be Republicans?'

5 시장 관계가 일종의 지배를 구성한다는 개념은 여전히 논쟁의 대상이다. 이 책의 목적을 위해 우리는 어느 한쪽 입장을 강하게 지지하는 것을 피하고, 따라서 이 이슈에 관련된 논의는 차치하고자 한다.

6 Roberts, *Marx's Inferno*, Ch. 3.

7 Hägglund, *This Life: Secular Faith and Spiritual Freedom*, 299.

8 Marx, *Grundrisse*, 611.(한국어판 : 카를 마르크스 지음, 김호균 옮김, 『정치경제학 비판 요강 1·2』, 그린비, 2007년)

9 아론 베나나브가 지적하듯, 자유의 영역이자 필요의 영역이라는 이중적 위치는 '모든 노동을 놀이로 바꿈으로써 사회 영역을 통합할 수 있다고 믿는 샤를 푸리에Charles Fourier, 윌리엄 모리스, 헤르베르트 마르쿠제Herbert Marcuse의 주장'과 유용하게 대조될 수 있다. Benanav, *Automation and the Future of Work*, 132n7.

10 필요의 영역이 특히 근절 불가능한 속성을 지녔다는 것과, 필요의 영역과 자유의 영역 사이에 상호 의존성이 있다는 점에 대해서는 다음을 보라. Hägglund, *This Life: Secular Faith and Spiritual Freedom*, 222.

11 자유의 영역과 필요의 영역이라는 맥락에서 재생산 노동을 직접적으로 다룬 몇 안 되는 글은 다음을 보라. Browne, 'Disposable Time, Freedom, and Care'.

12 Care Collective, *The Care Manifesto: The Politics of Interdependence*, 33.(한국어판 : 더 케어 컬렉티브 지음, 정소영 옮김, 『돌봄 선언』, 니케북스, 2021년)

13 Dowling, *The Care Crisis*.

14 Marx and Engels, 'The Communist Manifesto', 226; Weikart, 'Marx, Engels, and the Abolition of the Family', 657.

15 Firestone, *The Dialectic of Sex: The Case for Feminist Revolution*(한국어판 : 슐라미스 파이어스톤 지음, 김민예숙·유숙열 옮김, 『성의 변증법』, 꾸리에, 2016년); Piercy, *Woman on the Edge of Time*(한국어판 : 마지 피어시 지음, 변용란 옮김, 『시간의 경계에 선 여자 1·2』, 민음사, 2010년); Lewis, *Full Surrogacy Now*; Lewis, *Abolish the Family*(한국어판 : 소피 루이스 지음, 성원 옮김, 『가족을 폐지하라』, 서해문집, 2023년); King, 'Black

"Feminisms" and Pessimism'; O'Brien, 'To Abolish the Family'; O'Brien and Abdelhadi, *Everything for Everyone*; Weeks, 'Abolition of the Family'; Hester, *Xenofeminism*(한국어판 : 라보리아 큐보닉스 지음, 아그라파 소사이어티 옮김, 『제노 페미니즘』, 미디어버스, 2019년).

16 Lewis, *Abolish the Family*, 1.

17 Voce, Cecco, and Michael, '"Cultural Genocide"'.

18 (오늘날 활동하는 가장 유명한 가족 폐지 이론가 중 한 명이자 이 책에 핵심적 인 영향력을 발휘한) 소피 루이스Sophie Lewis는 저작에서 이런 사실을 거침없이 다룬다. 루이스가 주목하듯, '가족 폐지'라는 용어는 처음부터 '백인, 시스-헤테 로-가부장적·식민적 핵가족 폐지'라고 명시하면 수사적 무기로서 활용하기가 한결 쉬워질 것이다. 그러나 이런 조치는 안전감을 더해줄지는 몰라도 돌봄의 사 유화 제도로서의 가족이 백인성, 시스 규범성, 식민성 등과 관계없이 여전히 문 제라는 사실을 간과하게 만든다. 그래서 '사람들이 가족을 폐지해야 한다고 느 끼는 필요성을 무시하고, 그들을 가족 폐지 정치에서 배제시키는 동시에 백인이 아니고, 다양하고, 동성애가 포함되고, 원주민인 가정의 정치적 속성을 면책하거 나 낭만화하는 것을 권장함으로써 오히려 더 큰 위협을 가한다!' 참조 : Lewis, *Abolish the Family*, 30.

19 Plato, *The Republic*(한국어판 : 플라톤 지음, 박문재 옮김, 『플라톤 국가』, 현대지성, 2023년); Marx and Engels, 'The Communist Manifesto'; Brooks, 'The Nuclear Family Was a Mistake'.

20 Marx and Engels, 'The Communist Manifesto', 230; Rawls, *A Theory of Justice*, 64.(한국어판 : 존 롤스 지음, 황경식 옮김, 『정의론』, 이학사, 2003년)

21 World Health Organization, 'Violence Against Women Prevalence Estimates, 2018', 20.

22 Sooryanarayana, Choo, and Hairi, 'A Review on the Prevalence and Measurement of Elder Abuse in the Community'.

23 Malatino, *Trans Care*, 6.

24 Grossman et al., 'Parental Responses to Transgender and Gender Nonconforming Youth'; McCarthy and Parr, 'Is LGBT Homelessness Different?'; Tierney and Ward, 'Coming Out and Leaving Home'.

25 부모나 자녀와 따로 사는 사람이 10퍼센트, 형제자매와 따로 사는 사람이 8퍼센 트다. 여기에 친척과 따로 사는 사람 9퍼센트가 더해진다. Pillemer, *Fault Lines*, Ch. 1.

26 Usher et al., 'Family Violence and Covid-19'; Ivandic, Kirchmaier,. and Linton, 'Changing Patterns of Domestic Abuse During Covid-19 Lockdown'.

27 Lewis, *Abolish the Family*, 85-6.

28 Seymour, 'Abolition'.

29 바렛과 맥킨토시가 주장하듯, 우리는 '기존에 선호되는 가족생활 패턴에 대한 대안이 현실적으로 가능하고 바람직해질 수 있도록 선택의 가능성을 늘리는 즉각적인 변화를 일으키고자 노력'해야 할 것이다. Barrett and McIntosh, *The Anti-Social Family*, 134.(한국어판 : 미셸 바렛·메리 맥킨토시 지음, 김혜경·배은경 옮김, 『반사회적 가족』, 나름북스, 2019년)

30 Ibid., 159.

31 Rosenberg, 'Afterword', 281.

32 세계산업노동자동맹의 설립자이자 전 지도자였던 빅 빌 헤이우드Big Bill Haywood가 기자에게서 어떻게 값비싼 시가를 피우냐는 질문을 받고 답한 말이다.

33 Davis, 'Who Will Build the Ark?', 43.

34 Gorz, *Paths to Paradise: On the Liberation from Work*, 103.

35 Cohen, 'Capitalism, Freedom, and the Proletariat', 155.

36 Hägglund, *This Life: Secular Faith and Spiritual Freedom*, 261.

37 Hägglund, *This Life: Secular Faith and Spiritual Freedom*, 11-12.

38 'Value, Capitalism, and Communism'[YouTube].

39 Keynes, 'Economic Possibilities for Our Grandchildren', 22.

40 Hägglund, 'What Is Democratic Socialism? Part I: Reclaiming Freedom'.

41 Coffee, 'Mary Wollstonecraft, Freedom and the Enduring Power of Social Domination'; Coffee, 'Two Spheres of Domination'.

42 O'Shea, 'Radical Republicanism and the Future of Work', 1059-61.

43 비교우위가 가정에서의 젠더화된 노동 분화를 설명하지 않음을 입증하는 연구는 여럿 있지만 그중에서 최근의 두 개를 소개한다. Siminski and Yetsenga, 'Specialization, Comparative Advantage, and the Sexual Division of Labor'; Syrda, 'Gendered Housework'.

44 하글런드는 프레드릭 제임슨Fredric Jameson과 무아슈 포스톤-Moishe Postone이 자유를 어떻게 해야 할지에 관해 면밀한 사고가 부족하다며 비판하는 맥락에서 이 개념을 제기한다. Hägglund, *This Life: Secular Faith and Spiritual Freedom*, 274.

45 Roberts, 'Free Time and Free People'.

46 너무 늦게 발견하는 바람에 이 책에 충분히 녹여 넣지 못했지만, 폴 곰버그Paul Gomberg의 연구는 필수 노동이 공유되는 방법과 그 이유에 대해 매혹적인 논의를 전개한다. Gomberg, *How to Make Opportunity Equal*.

47 Fraser, *Fortunes of Feminism*, Ch. 2.

48 곰버그는 병원 내에서 이 사례가 어떻게 작동할지 예를 드는데, 병원을 운영하는 데 필요한 기술과 습관화의 스펙트럼이 상당히 넓음을 감안할 때 이는 까다롭긴 해도 많은 점을 시사한다. Gomberg, *How to Make Opportunity Equal*, 76-7.

49 Barrett and McIntosh, *The Anti-Social Family*, 148.

50 Folbre, *The Invisible Heart: Economics and Family Values*, 229.

51 Rosa, 'Did Cuba Just Abolish the Family?'; Herrera, 'Families, Plural'. 법안의 사본은 다음에서 읽을 수 있다. 'Proyecto Codigo de las Familias', parlamentocubano.gob.cu.

52 Barrett and McIntosh, *The Anti-Social Family*, 78.

53 Covert, 'Child Care'.

54 Esping-Andersen, *Incomplete Revolution*, 138.

55 Topping, 'How Do UK Childcare Costs Stack up Against the Best?'

56 Cameron and Moss, *Care Work in Europe: Current Understandings and Future Directions*, 18.

57 '현존하는 복지국가들은 본질적으로 생산주의적이다. 그들의 관심은 전부 공식 경제의 생산 부문에 원활한 노동 공급을 보장하는 데 중심을 두며, 복지가 그 과정을 방해할까봐 모두 불안해한다.' Goodin, 'Work and Welfare', 13.

58 Baines and Blatchford, 'School Break and Lunch Times and Young People's Social Lives: A Follow-up National Study', 33-5; Dodd et al., 'Children's Play and Independent Mobility in 2020'; Jarrett, 'A Research-Based Case for Recess', 1.

59 Chakrabortty, 'Which Is the Only Country to Protect in Law the Child's Right to Play?'

60 디지털 플랫폼의 더 많은 활용 방안에 대해서는 다음을 보라. Huws, *Reinventing the Welfare State*, Ch. 8.

61 Stronge et al., 'The Future of Work and Employment Policies in the Comunitat Valenciana'; Bottema, 'Housing and Care Cooperatives in the Netherlands: Spatial Diagrams of Cluster Living'; Hester, 'Households Beyond Thresholds'; Leask and Gilmartin, 'Implementation of a Neighbourhood Care Model in a Scottish Integrated Context – Views from Patients'; Leask, Bell, and Murray, 'Acceptability of Delivering an Adapted Buurtzorg Model in the Scottish Care Context'.

62 Scanlon and Arrigoitia, 'Development of New Cohousing'; Arrigoitia and Scanlon, 'Collaborative Design of Senior Co-Housing'; Hudson, 'Senior Co-Housing'.

63 Iecovich, 'Aging in Place'; Sixsmith and Sixsmith, 'Ageing in Place in the United Kingdom'.

64 Mackay, 'Pioneering Cohousing for London's Lesbians'; Shelley, 'Building Safe Choices'.

65 앞으로 나오는 논의 중 많은 부분이 오타너미Autonomy에서 펴낸 다음의 선구적

보고서를 기반으로 한다. Farruggia, Oikonomidis, and Siravo, 'Long Term Care Centres: Making Space for Ageing'.

66   Farruggia, Oikonomidis, and Siravo, 'Long Term Care Centres', 12.

67   Monsen and Blok, 'Buurtzorg'; Drennan et al., 'Learning from an Early Pilot of the Dutch Buurtzorg Model of District Nursing in England'; Leask, Bell, and Murray, 'Acceptability of Delivering an Adapted Buurtzorg Model in the Scottish Care Context'.

68   Prole.info, 'Abolish Restaurants: A Worker's Critique of the Food Service Industry'.

69   Pellikka, Manninen, and Taivalmaa, 'School Feeding', 13.

70   Fakhri, 'Interim Report of the Special Rapporteur on the Right to Food', 22.

71   Hayden, *Grand Domestic Revolution*, Chs. 8, 10; Willimott, *Living the Revolution*, 16.

72   Hardyment, *From Mangle to Microwave*, 175.

73   예를 들어 가부 하인들Gabu Heindl이 접근권 활동가들을 위해, 그들과 함께 설계한 빈의 교차성 타운하우스Intersectional Townhouse를 참고하라. 하인들은 이 프로젝트를 '1주방 주택'으로 묘사한다. GABU Heindl Architektur, 'Intersectional City House, Vienna'.

74   Zaidi, 'The Gift of Food'.

75   Johnson, 'I Dream of Canteens'.

76   UK Parliament, 'Catering Services'; Walker, 'The MPs' Menu'.

77   Johnson, 'I Dream of Canteens'.

78   Atkins, 'Communal Feeding in War Time: British Restaurants, 1940-1947', 149-50.

79   Ryan, 'The Curious History of Government-Funded British Restaurants in World War 2'.

80   Hertog et al., 'The Future of Unpaid Work', 16-17.

81   Kollontai, 'Communism and the Family', 255; Davis, *Women, Race, & Class*, 232.

82   Devetter, 'Can Public Policies Bring about the Democratization of the Outsourcing of Household Tasks?', 382.

83   루스 슈워츠 코완 역시 사생활이 이런 접근법이 거부되는 데 있어 중요한 요인이었다고 주장한다.

84   Hayden, 'What Would a Non-Sexist City Be Like?', 182.

85   Weisman, *Discrimination by Design*, 155.

86   사물 도서관 실험에 대한 설명은 다음을 보라. Robison and Shedd, *Audio Recorders to Zucchini Seeds*.

87 Hatherley, 'Rooftop Pools for Everyone'.

88 Wiltse, *Contested Waters*, Chs. 4, 6.

89 Bridenthal, 'The Dialectics of Production and Reproduction in History', 9.

90 Graziano and Trogal, 'On Domestic Fantasies and Anti-Work Politics', 1144.

91 Hayden, *Grand Domestic Revolution*, 48.

92 Ibid., 48.

93 Fox, 'Frances Gabe, Creator of the Only Self-Cleaning Home, Dies at 101'.

94 Papanek and Hennessey, *How Things Don't Work*, 77, 27.

95 Best, 'Wages for Housework Redux', 916.

96 이 질문에 대한 흥미로운 답변으로서 벨튼은 공산주의의 목표가 주관적 안녕감의 총합을 극대화하는 것을 목표로 하는, 그녀가 '필요를 위한 생산' 개념과 같은 맥락으로 보는 일종의 '공산주의적 복지'라며 간략하되 도발적인 주장을 펼친다. 참조 : 'Value, Capitalism, and Communism' [YouTube].

97 이것이 현실에서 작동할 수 있는 상세한 계획은 다음을 보라. Bohmer, Chowdhury, and Hahnel, 'Reproductive Labor in a Participatory Socialist Society'.

98 탈노동 세상에서 식량 주권의 중요성에 대해서는 다음을 보라. Clegg and Lucas, 'Three Agricultural Revolutions', 104-8.

99 Gourevitch, 'Post-Work Socialism?', 27-32.

100 Brassier, 'Prometheanism and Its Critics'.

감사의 말

1 이 일화를 상기시켜준 로드리고 누네스Rodrigo Nunes에게 감사드린다. 참조 : Lenin, *The State and Revolution*.

| 참고문헌 |

Adkins, Cooper, and Konings, *The Asset Economy*(한국어판 : 리사 앳킨스·멜린다 쿠퍼·마르티즌 코닝스 지음, 김현정 옮김, 『이 모든 것은 자산에서 시작되었다』, 사이, 2021년)

Barrett and McIntosh, *The Anti-Social Family*(한국어판 : 미셸 바렛·메리 맥킨토시 지음, 김혜경·배은경 옮김, 『반사회적 가족』, 나름북스, 2019년)

Barthes, *Mythologies*(한국어판 : 롤랑 바르트 지음, 이화여자대학교 기호학연구소 옮김, 『현대의 신화』, 동문선, 1997년)

Benanav, *Automation and the Future of Work*(한국어판 : 아론 베나나브 지음, 윤종은 옮김, 『자동화와 노동의 미래』, 책세상, 2022년)

Brynjolfsson and McAfee, *The Second Machine Age: Work, Progress, and Prosperity in a Time of Brilliant Technologies*(한국어판 : 에릭 브린욜프슨·앤드루 맥아피 지음, 이한음 옮김, 『제2의 기계 시대』, 청림출판, 2014년)

Care Collective, *The Care Manifesto: The Politics of Interdependence*(한국어판 : 더 케어 컬렉티브 지음, 정소영 옮김, 『돌봄 선언』, 니케북스, 2021년)

Cohen, *Karl Marx's Theory of History: A Defence*(한국어판 : 제럴드 앨런 코헨 지음, 박형신·정헌주 옮김, 『카를 마르크스의 역사이론』, 한길사, 2011년)

Davis, *Women, Race, & Class*(한국어판 : 앤절라 데이비스 지음, 황성원 옮김, 『여성, 인종, 계급』, arte, 2022년)

Doepke and Zilibotti, *Love, Money, and Parenting: How Economics Explains the Way We Raise Kids*(한국어판 : 마티아스 도프케·파브리지오 질리보티 지음, 김승진 옮김, 『기울어진 교육』, 메디치미디어, 2020년)

Ehrenreich and English, *For Her Own Good*(한국어판 : 바버라 에런라이크·디어드러 잉글리시 지음, 강세영 외 옮김, 『200년 동안의 거짓말』, 푸른길, 2017년)

Ehrenreich and English, *Witches, Midwives, and Nurses: A History of Women Healers*(한국어판 : 바버라 에런라이크·디어드러 잉글리시 지음, 김서은 옮김, 『우리는 원래 간호사가 아닌 마녀였다』, 라깡이언, 2023년)

Esping-Andersen, *The Three Worlds of Welfare Capitalism*(한국어판 : G. 에스핑앤더슨 지음, 박시종 옮김, 『복지 자본주의의 세 가지 세계』, 성균관대학교출판부, 2007년)

Firestone, *The Dialectic of Sex: The Case for Feminist Revolution*(한국어판 : 슐라미스 파이어스톤 지음, 김민예숙·유숙열 옮김, 『성의 변증법』, 꾸리에, 2016년)

Fisher, *Capitalist Realism: Is There No Alternative?*(한국어판 : 마크 피셔 지음, 박진철 옮김, 『자본주의 리얼리즘 : 대안은 없는가』, 리시올, 2018년)

Folbre, *The Invisible Heart: Economics and Family Values*(한국어판 : 낸시 폴브레 지음, 윤자영 옮김, 『보이지 않는 가슴』, 또하나의문화, 2007년)

Forty, *Objects of Desire: Design and Society, 1750-1980*(한국어판 : 에이드리언 포티 지음, 허보윤 옮김, 『욕망의 사물, 디자인의 사회사』, 일빛, 2004년)

Fraser, *Fortunes of Feminism*(한국어판 : 낸시 프레이저 지음, 임옥희 옮김, 『전진하는 페미니즘』, 돌베개, 2017년)

Friedan, *The Feminine Mystique*(한국어판 : 베티 프리단 지음, 김현우 옮김, 『여성성의 신화』, 갈 라파고스, 2018년)

Gordon, *The Rise and Fall of American Growth*(한국어판 : 로버트 J. 고든 지음, 이경남 옮 김, 『미국의 성장은 끝났는가』, 생각의힘, 2017년)

Gourevitch, *From Slavery to the Cooperative Commonwealth*(한국어판 : 알렉스 고레비 치 지음, 신은종 옮김, 『19세기 노동기사단과 공화적 자유』, 지식노마드, 2022년)

Gray and Suri, *Ghost Work*(한국어판 : 메리 그레이·시다스 수리 지음, 신동숙 옮김, 『고스트워크』, 한스미디어, 2019년)

Hägglund, *This Life: Secular Faith and Spiritual Freedom*(한국어판 : 마틴 하글런드 지 음, 오세웅 옮김, 『내 인생의 인문학』, 생각의길, 2021년)

Hester, *Xenofeminism*(한국어판 : 라보리아 큐보닉스 지음, 아그라파 소사이어티 옮김, 『제노페미니 즘』, 미디어버스, 2019년)

Lambert, *Shadow Work*(한국어판 : 크레이그 램버트 지음, 이현주 옮김, 『그림자 노동의 역습』, 민음 사, 2016년)

Lareau, *Unequal Childhoods: Class, Race, and Family Life*(한국어판 : 아네트 라루 지음, 박상은 옮김, 『불평등한 어린 시절』, 에코리브르, 2012년)

Lewis, *Full Surrogacy Now; Lewis, Abolish the Family*(한국어판 : 소피 루이스 지음, 성원 옮김, 『가족을 폐지하라』, 서해문집, 2023년)

Marx, *Grundrisse*(한국어판 : 카를 마르크스 지음, 김호균 옮김, 『정치경제학 비판 요강 1·2』, 그린비, 2007년)

Piercy, *Woman on the Edge of Time*(한국어판 : 마지 피어시 지음, 변용란 옮김, 『시간의 경계에 선 여자 1·2』, 민음사, 2010년)

Plato, *The Republic*(한국어판 : 플라톤 지음, 박문재 옮김, 『플라톤 국가』, 현대지성, 2023년)

Rawls, *A Theory of Justice*(한국어판 : 존 롤스 지음, 황경식 옮김, 『정의론』, 이학사, 2003년)

Saito, *Karl Marx's Ecosocialism*(한국어판 : 사이토 고헤이 지음, 추선영 옮김, 『마르크스의 생태사

회주의』, 두번째테제, 2020년)

Sandberg, *Lean In*(한국어판 : 셰릴 샌드버그 지음, 안기순 옮김, 『린 인』, 와이즈베리, 2013년)

Senior, *All Joy and No Fun*(한국어판 : 제니퍼 시니어 지음, 이경식 옮김, 『부모로 산다는 것』, 알에이치코리아, 2014년)

Soper, *Post-Growth Living*(한국어판 : 케이트 소퍼 지음, 안종희 옮김, 『성장 이후의 삶』, 한문화, 2021년)

Tilly and Scott, *Women, Work, and Family*(한국어판 : 조앤 W. 스콧·루이스 A. 틸리 지음, 김영 옮김, 『여성 노동 가족』, 앨피, 2021년)

Veblen, *The Theory of the Leisure Class*(한국어판 : 소스타인 베블런 지음, 김성균 옮김, 『유한계급론』, 우물이있는집, 2012년)

Weeks, *The Problem with Work*(한국어판 : 케이시 윅스 지음, 제현주 옮김, 『우리는 왜 이렇게 오래, 열심히 일하는가?』, 동녘, 2016년)

애프터 워크

초판 1쇄 인쇄 | 2024년 2월 21일
초판 1쇄 발행 | 2024년 2월 28일

지은이 | 헬렌 헤스터·닉 스르니첵
옮긴이 | 박다솜
펴낸이 | 박남숙

펴낸곳 | 소소의책
출판등록 | 2017년 5월 10일 제2017-000117호
주소 | 03961 서울특별시 마포구 방울내로9길 24 301호(망원동)
전화 | 02-324-7488
팩스 | 02-324-7489
이메일 | sosopub@sosokorea.com

ISBN 979-11-7165-008-8 03300
책값은 뒤표지에 있습니다.